微言微语话历史

每一个成功的君主背后总是有着一些大臣在默默地辅佐着。
他们活在历史的时空中，
他们的事迹也在历史的长河中不断流传着。

刘 川○编著

中国华侨出版社

图书在版编目（CIP）数据

微言微语话历史 / 刘川编著 . -- 北京：中国华侨出版社 , 2012.9
ISBN 978-7-5113-2639-3

Ⅰ . ①微… Ⅱ . ①刘… Ⅲ . ①历史人物—生平事迹—中国—古代—通俗读物 Ⅳ . ① K820.2-49

中国版本图书馆 CIP 数据核字 (2012) 第 159283 号

● **微言微语话历史**

编　　著 /	刘　川
责任编辑 /	文　筝
封面设计 /	智杰轩图书
经　　销 /	新华书店
开　　本 /	710×1000 毫米　1/16　印张 18　字数 220 千字
印　　刷 /	北京军迪印刷有限责任公司
版　　次 /	2012 年 10 月第 1 版　2020 年 5 月第 2 次印刷
书　　号 /	ISBN 978-7-5113-2639-3
定　　价 /	48.00 元

中国华侨出版社　北京朝阳区静安里 26 号通成大厦 3 层　邮编 100028
法律顾问：陈鹰律师事务所
编辑部：（010）64443056　64443979
发行部：（010）64443051　传真：64439708
网　址：www.oveaschin.com
e-mail：oveaschin@sina.com

序言

"微博"是最近兴起的一个名词，很多人都拥有自己的微博，他们喜欢将自己以及发生在自己身边的一些事情拿出来"晒"在微博上。这样一来可以让烦躁而紧张的生活多一点轻松和趣味，二来也可以增加彼此之间的了解，缩短人与人之间的距离。

这本书主要以微博的形式向读者们介绍历史。上自帝王将相，下至才子佳人，这本书都选择了比较典型的形象，来向人们展示古人的风姿。在这本书中，我们可以领略到千古帝王的雄心壮志，可以看到将相臣子们的赫赫功劳，可以了解到贤者隐士们的悠然自得，可以感受到才子佳人们的爱恨情愁，甚至还可以感受到神童稚子们的卓绝不凡。阅读这本书，不仅可以让我们见证到历史人物的不平凡，了解到他们的生平事迹，同时这本书还可以激励我们，让我们能够在自己的人生中懂得上进，知晓如何在自己的人生道路上获得成功。

人生之路何其漫长，或许很多时候我们会认为自己是新时代的人，古人的思想和见解并不一定适合现在，但是，我们要知道，古人的事迹之所以能流传至今，古人的思想之所以受到世人的认可，那就一定有可取之处，有值得我们学习的地方。一个人太过尊崇历史，可能会被他人戏称为"书呆子"，但是如果一个人对历史一无

微言微语话历史

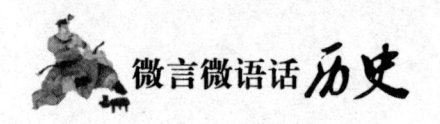

所知，那么他就根本不算是有智识的人。历史是古人留给我们的瑰宝，是取之不尽、用之不竭的文字宝藏，是值得我们学习和借鉴的。

现今社会，人们大多讲求速度，已经很少有人肯花费一定的时间静下心来看书了。历史对于他们来说，只是一些"老古董"，是一些过时的东西，束之高阁是他们对待历史的唯一方式。

《微言微语话历史》这本书以一种最时髦的方式，将历史融入了现代人的生活，告诉人们，不管什么时候，我们是无法忽略历史的，历史上那些名人轶事，并不是一些过时的讯息，历史中蕴藏的道理和知识是永远都不会过时的。在这些历史故事中，我们不仅可以窥知古人为人处世的真理，而且还可以借此让自己的人生更加丰富多姿。我们所在的时代，生活的脚步异常快速，以至于我们的身心皆受到生活压力的冲击。生活呼唤我们放慢脚步，也在祈求我们学会放松。那么，在暖暖的午后，沏一杯清茶，捧一本书，未尝不是一种生活方式，这难道不算是一种人生享受吗？

关爱人生，爱上书籍，探知历史。在历史故事中寻求做人的道理，从历史人物的身上找到人生的志向，找准自己的位置，确定自己的人生目标，实现自己的人生价值。或许，面对这烦躁而杂乱的生活，我们也能够从中得到一丝淡定，获得一份坦然，收获一份成功。爱上自己的生活，爱上自己的人生。

目录

第一篇 帝王篇 天命所授 金口玉言观天下

漫漫历史长河之中，总会出现一些人，他们在那些风起云涌的时代，以一己之力号召天下，率领民众建立自己的王朝。这就是帝王的魅力，凡大起大落者，必有惊世之举；凡体恤民情者，必能千古传诵。修身养性、博古通今、睿智独断就是一代帝王留给我们后世的印象。纵古观今，没有什么是不可能的。能否有所成就、留名青史，一切都在于人的努力。在这里，就让我们更进一步地了解历代君王的思想，探知他们的人生。

1. **秦始皇** ································· 2
 ——嬴政微博：今名号不更，无以称成功、传后世。

2. **汉高祖刘邦** ···························· 6
 ——刘邦微博：三者皆人杰，吾能用之，此吾所以取天下者也。

3. **汉武帝刘彻** ···························· 10
 ——刘彻微博：朕即位以来，所为狂悖，使天下愁苦，不可追悔。自今事有伤害百姓、糜费天下者，悉罢之！

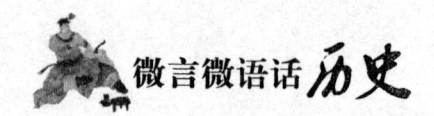

4. 唐太宗李世民 ………………………………………… 14

——李世民微博：君者，舟也；人者，水也。水能载舟亦能覆舟。

5. 周武皇帝 …………………………………………………… 19

——武则天微博：夫修身正行，不可以不慎；谋虑机权，不可以不密。忧患生于所忽，祸害兴于细微。

6. 明太祖朱元璋 ……………………………………………… 24

——朱元璋微博：奉天承运，为惜民命，犯官吏贪赃满六十两者，一律处死，决不宽贷。

7. 康熙帝 ……………………………………………………… 28

——爱新觉罗·玄烨微博：勤政实为君之大本，怠荒实亡国之病源。

8. 乾隆帝 ……………………………………………………… 33

——爱新觉罗·弘历微博：夫吏治以操守廉洁为本，而持廉之道，莫先于谨小慎微。

第二篇　文臣篇　能言会道 青史留名有一套

　　文能治国，武能安邦。每一个成功的君主后面总是有着一些大臣在默默地辅佐着。他们耿直、贤能、淡泊、忠心，做官从来不会计较自身的利益，为民谋利才是他们最大的心愿。这样的人，就算是身死，也依旧活在人民的心中，活在历史的时空中。他们的事迹也在历史的长河中不断流传着，永不褪色。

1. 姜尚 ·· 38
　　——姜子牙微博：得贤将者，兵强国昌；不得贤将者，兵弱国亡。

2. 张良 ·· 42
　　——张良微博：夫为天下除残贼，宜缟素为资。今始入秦，即安其乐，此所谓"助桀为虐"。

3. 萧何 ·· 46
　　——萧何微博：诸将易得耳，至如信者，国士无双。

4. 诸葛亮 ·· 50
　　——诸葛亮微博：非淡泊无以明志，非宁静无以致远。

5. 长孙无忌 ·· 53
　　——长孙无忌微博：德礼为政教之本，刑罚为政教之用，犹昏晓阳秋相须而成者也。

6. 耶律楚材 ·· 57
　　——耶律楚材微博：天下虽得之马上，不可以马上治。

7. 包拯 ·· 61
　　——包拯微博：披肝沥胆，冒犯威严，不知忌讳，不避怨仇。

8. 文天祥 ·· 65
　　——文天祥微博：人生自古谁无死，留取丹心照汗青。

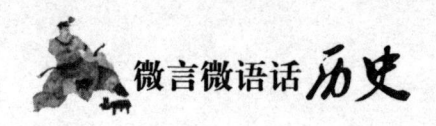

第三篇　武将篇　沙场征战 保家卫国勇无敌

勇者无敌，驰骋沙场保家卫国，抛头颅洒热血，只为社稷安危。他们有的足智多谋善于用兵，有的大气凛然深谙其道，有的英勇善战所向披靡，有的壮志未酬忧国忧民。不管他们有着怎样的境遇，始终拥有一颗充满热情的心，去保卫国家百姓安全。就是这种信仰，带着他们闯过残酷的战场，闯过生死之门，一直向那最危险的地方前进，用生命守卫着疆土，每天都盼着能够收复河山，回家团圆。这样的人在历史中永远被人敬仰，也永远被百姓记挂。

1. 孙武 …………………………………………………… 70
   ——孙武微博：其疾如风，其徐如林，侵掠如火，不动如山，难知如阴，动如雷震。

2. 孙膑 …………………………………………………… 74
   ——孙膑微博：知道，胜；不知道，不胜。

3. 韩信 …………………………………………………… 79
   ——韩信微博：多多益善。

4. 项羽 …………………………………………………… 83
   ——项羽微博：力拔山兮气盖世，时不利兮骓不逝。骓不逝兮可奈何，虞兮虞兮奈若何！

5. 周瑜 …………………………………………………… 87
   ——周瑜微博：刘备以枭雄之姿，而有关羽、张飞熊虎之将，必非久屈为人用者。

6. 霍去病 ·· 92

——霍去病微博：匈奴未灭，何以家为？

7. 关羽 ·· 96

——关羽微博：吾极知曹公待我厚，然吾受刘将军厚恩，誓以共死，不可背之。吾终不留，吾要当立效以报曹公乃去。

8. 岳飞 ·· 100

——岳飞微博：莫等闲，白了少年头，空悲切。

第四篇　隐士篇　知时晓事 名利双收钓鱼翁

历史上有这么一些人，他们有着惊世之才，有着满心的抱负想要实现，但是却因为种种原因深居简出、淡泊名利，始终与现实的社会政治保持着距离；他们虽然与世无争，却又名扬天下；他们并非不关心国家政治，而是阅尽了世间繁华、看透了官场的尔虞我诈之后，甘于一种淡泊、一种平凡。世人给这些人冠以"隐士"之名，将他们的传闻逸事一直流传下去。

1. 许由 ·· 106

——许由微博：尧欲召我为九州长，恶闻其声，是故洗耳。

2. 伯夷 ·· 110

——伯夷微博：登彼西山兮，采其薇矣。以暴易暴兮，不知其非矣。

3. 范蠡 ·· 113

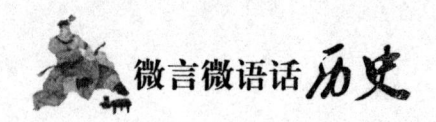

——范蠡微博：飞鸟尽，良弓藏；狡兔死，走狗烹。越王为人长颈鸟喙，可与共患难，不可与共乐。子何不去？

4. 庄周 ·· 117

——庄子微博：日出而作，日入而息，逍遥于天地间。

5. 严子陵 ·· 121

——严子陵微博：昔唐尧着德，巢父洗耳。士故有志，何至相迫乎。

6. 嵇康 ·· 125

——嵇康微博：采薇山阿，散发岩岫，永啸长吟，颐性养寿。

7. 陶渊明 ·· 128

——陶渊明微博：不戚戚于贫贱，不汲汲于富贵。

8. 林逋 ·· 132

——林逋微博：心不清则无以见道，志不确则无以定功。

第五篇　侠者篇　剑胆琴心 劫富济贫留美名

在古代历史中，有一些人，他们喜欢路见不平拔刀相助，看不惯他人欺凌弱小，也看不惯世间的是非不平。有恩必报，有仇必还，正气凛然，剑胆琴心，笑傲江湖。在现代社会中，同样有着这样的一群人，他们置身于公益事业，帮助那些需要帮助的人，为了一个理想不断努力奋斗着。让我们走近中国古代的侠者们，感受一下他们的风范，铭记他们的故事，从而更深刻地理解我们的人生。

1. **曹沫** ·· 138
   ——曹沫微博：齐强鲁弱，而大国侵鲁亦甚矣。

2. **要离** ·· 141
   ——要离微博：重其死，不贵无义，今吾贪生弃行，非义也。

3. **豫让** ·· 145
   ——豫让微博：士为知己者死，女为悦己者容。

4. **鲁仲连** ·· 149
   ——鲁仲连微博：所贵于天下之士者，为人排患、释难、解纷乱而无所取也。即有所取者，是商贾之人也，仲连不忍为也。

5. **侯嬴** ·· 153
   ——侯嬴微博：将在外，主令有所不受，以便国家。

6. **朱亥** ·· 158
   ——朱亥微博：臣乃市井鼓刀屠者，而公子亲数存之，所以不报谢者，以为小礼无所用。今公子有急，此乃臣救命之秋也。

7. **荆轲** ·· 162
   ——荆轲微博：风萧萧兮易水寒，壮士一去兮不复还。

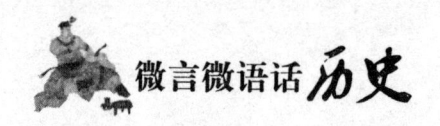

第六篇　佳人篇　仙姿玉质 须眉男儿尚不及

女人是水做的，是多愁善感的。她们曾一贯被认为是弱势群体，可在现今的社会中，事实并非如此。作为女子，她们过着充实的生活，能够撑起半边天。相比现在，古代的女人是什么样的呢？让我们一步步揭开掩在其上的重重面纱，去了解她们的哀愁、她们的迟暮，以及她们的壮志和才智。

1. 卓文君 …………………………………… 168
   ——卓文君微博：凄凄复凄凄，嫁娶不须啼。愿得一心人，白头不相离。

2. 班婕妤 …………………………………… 172
   ——班婕妤微博：出入君怀袖，动摇微风发。常恐秋节至，凉飚夺炎热。弃捐箧笥中，恩情中道绝。

3. 蔡文姬 …………………………………… 176
   ——蔡文姬微博：儿前抱我颈，问母欲何之。人言母当去，岂复有还时。

4. 王昭君 …………………………………… 180
   ——王昭君微博：臣妾有幸得备禁脔，谓身侬日月，死有余芳，而失意丹青，远适异域。

5. 薛涛 ……………………………………… 185
   ——薛涛微博：诸将莫贪羌族马，最高层处见边头！

6. 鱼玄机 …………………………………… 190

——鱼玄机微博：自恨罗衣掩诗句，举头空羡榜中名。

7. 唐婉 ·· 193

——唐婉微博：世情薄，人情恶，雨送黄昏花易落。晓风干，泪痕残，欲笺心事，独语斜阑。

8. 柳如是 ······································ 197

——柳如是微博：素瑟清樽迥不愁，柂楼云雾似妆楼；夫君本志期安桨，贱妾宁辞学归舟。

第七篇 诗人篇 挥毫泼墨 文采风流今尚存

他们眨眼间便得绝妙佳句，才情四溢灵感不断，思想更是驰骋宇宙，天马行空，或抒写少年不得志的悲愤，或描写细腻伤感的爱情，或感慨世事无常的悲凉，或嗟叹国破家亡的仇恨。这些都是他们生活的真实写照和抒发感情的途径。千古文人，挥毫泼墨之间，他们的文采风流今尚存。让我们缩短与他们的距离，领略古代诗人们的绝世风采。

1. 屈原 ·· 204

——屈原微博：沧浪之水清兮，可以濯吾缨；沧浪之水浊兮，可以濯吾足。

2. 苏轼 ·· 209

——苏轼微博：与君世世为兄弟，再结来生未了因。

3. 李白 ·· 213

——李白微博：长风破浪会有时，直挂云帆济沧海。

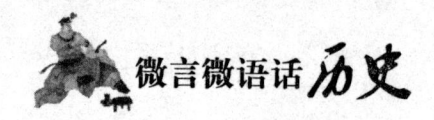

4. 杜甫 218
　　——杜甫微博：朱门酒肉臭，路有冻死骨。

5. 李贺 221
　　——李贺微博：男儿何不带吴钩，收取关山五十州？

6. 李商隐 225
　　——李商隐微博：春蚕到死丝方尽，蜡炬成灰泪始干。

7. 范仲淹 229
　　——范仲淹微博：人不寐，将军白发征夫泪。

8. 李清照 235
　　——李清照微博：生怕离怀别苦，多少事，欲说还休。

第八篇　稚子篇　稚语童言 学问见识不平凡

人总是有着很多的生活方法，而在少年时期的我们，便被教育着为人的道理和人生的意义，这些都是每人必须经历的阶段。但是在古代有这样一些孩童，他们有的英勇多谋，有的机智风趣，有的乖巧懂事，有的看尽世事沧桑，不得不让我们感慨。虽说童言无忌，可是童言中也有着真理的存在。在疲惫之时，如果我们能够走近这些活泼天真的小朋友，去领略一下他们的魅力和快乐，或许就在此时，我们人生中的很多事情都可以释然，当然我们就不会有那么多的执念以及痛苦。

1. 李寄 240
　　——李寄微博：你们怯弱，为蛇所食，甚可哀怜。

2. 甘罗 ··· 243
　　——甘罗微博：夫项橐生七岁为孔子师，今臣生十二岁于兹矣，君其试臣，何遽叱乎？

3. 缇萦 ··· 247
　　——缇萦微博：死者不可复生，刑者不可复属，虽后欲改过自新，其道无由也。

4. 孔融 ··· 252
　　——孔融微博：树有高低，人有老幼，尊老敬长，为人之道也！

5. 曹冲 ··· 255
　　——曹冲微博：置象大船之上，而刻其水痕所至，称物以载之，则校可知矣。

6. 何晏 ··· 259
　　——何晏微博：晏乃画地令方，自处其中。人问其故，答曰："何氏之庐也。"

7. 诸葛恪 ··· 263
　　——诸葛恪微博：昔姜尚父年九十，秉旄仗钺，未尝言老。今临阵之日，先生在后；饮酒之日，先生在前：何谓不养老也？

8. 王戎 ··· 268
　　——王戎微博：树在道边而多子，此必苦李。

11

第一篇
帝王篇 天命所授金口玉言观天下

漫漫历史长河之中，总会出现一些人，他们在那些风起云涌的时代，以一己之力号召天下，率领民众建立自己的王朝。这就是帝王的魅力，凡大起大落者，必有惊世之举；凡体恤民情者，必能千古传诵。修身养性、博古通今、睿智独断就是一代帝王留给我们后世的印象。纵古观今，没有什么是不可能的。能否有所成就、留名青史，一切都在于人的努力。在这里，就让我们更进一步地了解历代君王的思想，探知他们的人生。

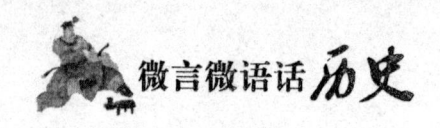

1. 秦始皇

——嬴政微博：今名号不更，无以称成功、传后世。

微博解意

——如今我不更名称皇帝，就不能彰显出我的赫赫功名，自然也就无法流传于后世。

秦始皇（公元前259～公元前210），姓嬴，名政，赵氏，又名赵正。他是中国历史上第一个一统王朝——秦王朝的开国皇帝，也是中国历史上第一个称"皇帝"的人。秦庄襄王的儿子，出生于赵国首都邯郸。公元前247年，年仅13岁的嬴政登基王位，开始了他的帝王生活。前238年，在秦始皇22岁时，他开始"亲理朝政"，之后就开始扩张领土，征战各国。从公元前230年到公元前前221年，先后灭掉了韩、赵、魏、楚、燕、齐六国，在他39岁的时候完成了统一中国的大业，建立起一个统一的中央集权的强大国家——秦王朝，定都咸阳。公元前210年，秦始皇东巡途中驾崩于沙丘。他的主要成就有：统一全国，建立中央集权，修筑长城，等等。秦始皇在位时，他想要后代永远记住他的丰功伟绩，所以要定一个名号来显示他的成就，更认为自己的功劳胜过之前的三皇五帝,所以就与大臣议定尊号,最后改为"皇帝"。秦始皇也就成了中国历史上第一个使用"皇帝"称号的君主,所以又自称"始皇帝"。他的这一举措对中国和世界的历史均产生了深远而重大的影响,被明代思想家李贽誉为"千古一帝"。他也是中国历史上富有传奇色彩的君主,他所建立的封建集权统治,在历史中流传了两千余载。

彰显伟绩,众议尊号

众人皆知,秦始皇是中国的第一位自称为"皇帝"的人,在提起他的时候,大多数人都会想到万里长城、秦陵兵马俑等耳熟能详的名胜古迹,还知道他是中国历史上第一位皇帝。可当初他在定这个名号的时候,也花费了不少工夫,并不是想象中的那样随口说说。

故事要从这里说起,秦王嬴政在他登上秦国王位的第 26 年之后,终于灭掉六国,完成了统一天下的大业。天下初定,国家也开始慢慢从战乱中恢复。而 39 岁的秦王嬴政第一件急着想去做的事情,便是要重新给自己确定一个称号,以便区分于前人,彰显他的丰功伟绩,让后人记住他统一了六国,平定了中原等各项伟大的成就。

在中国历史中,经历了三皇五代,经历了夏商周,辗转到春秋战国时期,直到秦王朝才实现真正的统一。在秦王朝之前的春秋战

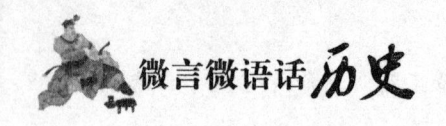

国时期，各国诸侯都被尊称为"君"或"王"。战国后期，秦国与齐国曾一度称"帝"，不过这一称号在当时并不流行，也没有什么太大的改变，只是一种尊称而已。已经一统天下的秦王嬴政认为过去的这些称号都不足以显示自己的尊崇和与众不同，所以说："今名号不更，无以称成功，传后世。"他下令左右大臣们商议称号。经过一番激烈的争论，丞相王绾、御史大夫冯劫、廷尉李斯等人认为，秦王嬴政"兴义兵，诛残贼，平定天下"，功绩"自上古以来未尝有，五帝所不及"。他们援引传统的帝王尊称，说"古有天皇，有地皇，有泰皇，泰皇最贵"，建议秦王嬴政采用"泰皇"为头衔。然而，秦始皇对此并不是十分满意，并未采纳他们的建议。他认为那和其他的君王没有什么区别，只是换汤不换药的老生常谈。所以他只采用一个"皇"字，算是有着一定的传承，因为古籍有记载"三皇五帝"，因而在其下加一"帝"字，创造出这个新头衔授予自己。从此以后，"皇帝"就成为国家最高统治者的称谓。而以后各代君王都称自己为皇帝，昭告天下得知。

在经历了两千多年的封建中国，这一称号如同古代中国的封建制度一样，没有丝毫变更。而在一代代的流传中，"皇帝"这个称号被默认了，自然而然地跟随着博大精深、源远流长的中国历史流传下来。在当时，秦王嬴政的名号就这样经过几番商议定了下来，但他却不知道，正是他这样一个创举，在后世有了传承，影响了不知多少代的人。因为始皇的这个首创性的决定，所以在历代中，每个君王都选择了这个特殊的称谓，觉得很好地阐述了古代帝王的与众不同，并且也明确地区分了他们与寻常之人的地位。在民间凡与"皇""帝"二字有关的字词，全部改口，都是为了显示人们对帝

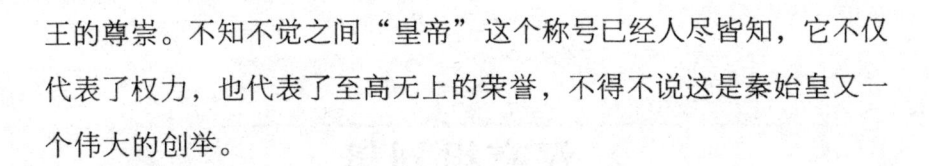

王的尊崇。不知不觉之间"皇帝"这个称号已经人尽皆知，它不仅代表了权力，也代表了至高无上的荣誉，不得不说这是秦始皇又一个伟大的创举。

今人跟贴

通过这个短小的故事，可以从中知道，原来"皇帝"这一词并不是一开始就有的。秦始皇为了彰显自己的伟大成就而创造了与众不同的尊号，以便流传于后人知道。在他想与别人不同时，就要求改变自己，重新定位自己。即使在今天看来，他的这一举措也有着非凡的意义，在接受历史的同时，也在思考着历史，试图改变自己的历史。只有创造才会让一切变得更有意义。一味地复制，只是重演历史，也会被时间所淹没。只有创造才会让历史记住你。

微言小语

每一个名字和称谓都有着其特殊的意义，或纪念事迹，或打响名号，甚至更多的来历。所以在生活中不要小看任何名号，也不要忽视自己的名号，说不定它会是一个更有力量的称谓。只要放开思想，去拼搏，去努力，没有什么可以阻挡自己，古代秦始皇可以做到这些，并被世人纪念，作为新世纪的我们同样也可以，就算没有大起大落，不求大富大贵，只要自己想改变，就一定可以的。创造自己的名号会给你带来无限的快乐，所以请好好经营自己的"名号"，它是属于你自己的个人财富。

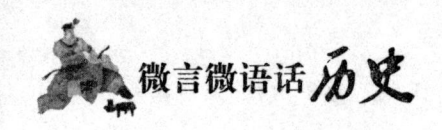

2. 汉高祖刘邦

——刘邦溦博：三者皆人杰，吾能用之，此吾所以取天下者也。

微博解意

——（他们）三个人都是人中英杰，我能够任用他们，这就是我能取得天下的原因。

汉高祖刘邦（公元前256～公元前195），字季，秦泗水郡沛县（今江苏沛县）人。他出身平民阶级，在秦朝时曾担任泗水亭长，后来起兵于沛（今江苏沛县），称沛公。他是汉朝的开国皇帝，也是汉民族和汉文化伟大的开拓者之一，是我国历史上杰出的政治家、卓越的军事家和指挥家。

公元前221年庚辰岁，秦嬴政统一了六国，建立强大的秦帝国，刘邦被任命为秦国泗水郡的泗水亭长。秦始皇死后，秦二世继位，由于他残暴骄横，终于激起民愤。公元前209年陈胜、吴广起义，刘邦在沛县响应，参与推翻暴秦的行动。公元前206年刘邦首先进入关中要地，秦王子婴请降，强大的秦帝国灭亡了。刚开始的时候，刘邦被项羽封为汉王，之后经历四年零三个月的楚汉之争后，刘邦消灭了割据势力，统一了中国，建立了汉王朝，于公元前

202年在定陶即位，建都洛阳，高祖三年的时候迁都长安（今陕西省西安）。刘邦在位12年，登基后，一面平定了诸侯王的叛乱，巩固统一局面，一面建章立制，并采用休养生息的宽松政策治理天下，不仅快速恢复了生产经济，安抚了人民，同时也促成了汉代雍容大度的文化基础。可以说是刘邦让四分五裂的中国真正的统一了起来，而且还逐渐把分崩离析的民心凝集起来。他死后，谥号"高皇帝"，庙号太祖。

知人善任，从谏如流

在公元前202年，刘邦终于兑现了先前对韩信的诺言，封他为楚王、彭越为越王。之后，受封的韩信和彭越还联合原来的燕王臧荼、赵王张敖以及长沙王吴芮一同上书刘邦，请他登基称帝，管理天下。刘邦在刚开始的时候假意推辞，虽说他很想称帝，但在局势刚稳定的时候，不能由于一时心急而犯错，以致成为众矢之的。就在这时，韩信他们说："大王您虽然出身贫寒，却能率领我们众人扫灭暴秦，诛杀不义，平定天下，功劳超过诸侯，您称帝是我们大家所期望的。"于是刘邦就顺水推舟地说："既然你们大家都这样认为，觉得我称帝有利于天下百姓，那就按你们说的办吧。"在经过这一番上书之后，刘邦就开始稳坐王位。而其在位之时，又有这样一件事，证明众人的选择是正确的，他也不愧为历史上有名的皇帝。

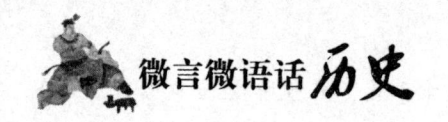

楚汉战争结束之后，刘邦在洛阳东面的汜水称帝，虽然他这个时候称帝于汜水，但是汜水仅仅是一个小小的城堡，远远无法将其当做西汉王朝的政治和军事中心；虽然关中咸阳是刘邦的根据地，但是项羽的一把火早已将秦朝王宫焚烧殆尽。与形同废墟的咸阳相比，洛阳的宫室完整无损，于是洛阳成为了刘邦建都的最佳选地。不久之后，刘邦率军从西边进入洛阳，经过多方考虑之后，最终定都于洛阳，后迁都长安。而在其定都之后，便开始大肆休整，建立了西汉王朝。

有一次，汉高祖刘邦在洛阳的南宫宴饮群臣，他告诉各位大臣："各位王侯将领不要对我有任何隐瞒，都要说出真实的情况，我为何能够得到天下？项羽又为什么会失掉了天下？究竟原因在哪里？"高起、王陵回答说："陛下让人攻下城池，取得土地之后，就把它（城镇、土地）赐还给他们，君王您顾及了天下人的利益；而项羽却不是这样，他杀害那些有功绩的人，忌妒那些有才能的人，这就是他丢失天下的主要原因啊！"刘邦说："你们只说出了其中一方面的理由，却不知道另一个理由。说到在大帐内出谋划策、决定千里以外的胜负，我比不上张良；说到平定国家、安抚百姓、及时供给军饷，我不及萧何；再说到领兵打仗、攻城略地，我远不及韩信。他们三个人都是人中豪杰，我能够发掘他们的才能，得到他们的辅佐，这是我能够取得天下的主要原因。项羽有一位范增而不知道合理地利用，这就是他最终失败的原因。"众大臣都被刘邦的一席话说得心悦诚服。自此之后，众大臣忠心辅佐他，和他一同治理大汉王朝，迎来了战后的安定与繁荣。世人也称赞刘邦"豁达大度，从谏如流"。

今人跟贴

刘邦虽然出身贫寒，可他之所以能压过众人，成为西汉的第一位皇帝，这与他的知人善任有着直接的关系。与其相比之下，项羽虽然贵为西楚霸王，但却失败在看不清时局、不相信人，使得自己身边没有可用之才，是他一步步把自己推到绝路的，最终也只能失败，落得自刎乌江的下场。就个人而言，刘邦自身很多地方都不如项羽，可他善用人才，让很多有才能的人聚集在他的麾下，不得不说这才是真正的高明之处。没有人是万能的，他也有自己不知道的事情，就像不管项羽自身多么优秀，但是他还是败给了刘邦。很多事情，并不是自身能力就能决定的，关键还在于你会不会团结众人，利用众人的力量。俗话说，三个臭皮匠赛过诸葛亮，虽然有点夸张，但是倘若能很好地和团队合作，你也会享受那种人生状态。

微言小语

在现实社会中，不乏那些自身能力很强的人，可他们很多时候都不信任身边的人，以至于终生成就平平，不能很好地发掘自身的价值。而反观一些人，他们懂得如何将在手的资源充分利用，合理分配，以至于越来越多的人都愿意帮他做事，这样的人，想不成功都难。在这之中，如何选择，我想每个人都会很清楚的。我们要学会的是，团队的力量永远比一个人孤军奋战要有成效。在充分发挥自己才能的同时与他人一起合作，善于运用资源，善用人才，以求最小的投入得到最大化的收益。听取别人的意见，在任何时候不要一意孤行，这才是领导人的风范。

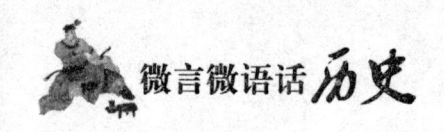

3. 汉武帝刘彻

——刘彻微博：朕即位以来，所为狂悖，使天下愁苦，不可追悔。自今事有伤害百姓、糜费天下者，悉罢之！

微博解意

——我即位以来，办了很多错事，使天下百姓愁苦，现在后悔也来不及了。今后凡是伤害百姓、浪费财物的事情，一律停办。

汉武大帝刘彻（公元前156～公元前87），他是汉景帝刘启的第10子，汉王朝的第7位天子。中国古代伟大的政治家、战略家。刘彻在他4岁的时候，就被景帝册立为胶东王，7岁的时候被封为太子。公元前141年，刘彻登基称帝，统治汉王朝长达54年之久。登基之初，汉武帝继续景帝生前推行的养生息民政策，进一步削弱了诸侯的势力。同时，他设立刺史，监察地方，加强了中央集权。在思想上，他采用董仲舒"罢黜百家，独尊儒术"的建议，为儒学在古中国的特殊地位铺平了道路。

汉武帝本人雄才大略、文治武功，再加上他尊儒重教，得到了诸多贤能之士的辅佐，让西汉王朝成为了当时世界上最强大的国家，他也因此而留名于后世，成为中国历史上伟大的帝王之一。汉武帝在位期间北击匈奴，东并朝鲜，西派使者出使西域。除此之外，汉武帝也开创了中国历史上第一个年号，在这方面他是第一人，不得不说这是历史上的又一个创举。

知错就改，帝王风范

据史书记载，汉武帝用法严厉，他任用的官吏大多都严苛残酷；而太子却待人宽厚，遇上一些人和事情总是酌情处理，从轻发落。虽然太子这样做深得百姓的感恩拥戴，但是同样也招致一些执法大臣的抱怨。皇后卫子夫害怕太子长此下去会招来祸患，于是就经常告诫太子，让他注意顺从皇上的意思，不要擅自决定而有所纵容宽赦。汉武帝听说这件事之后，反而认为太子是对的。朝中众臣中，凡是为人宽厚的都赞同太子的举措，而那些用法严苛的大都会在殿堂上诋毁太子，由此在朝中形成了两派。

在大将军卫青去世之后，一些臣子认为太子不再有靠山，便开始陷害太子。当时不论是皇家还是民间，对神怪诅咒之说都深信不疑，当然汉武帝也不例外。就在某一天中午，他正午睡，忽然梦到有几千个木头人手持木棒向他打来，惊得一身冷汗。醒来之后，他就认为是有人在诅咒他，于是立即派遣江充追查此事。江充率领胡人巫师到各个地方找寻木头人，期间并逮捕了那些用巫术害人、夜间守祷祝以及自称能见到鬼魂的人，指证他们以邪术害人，并施酷刑，强迫他们认罪。于是百姓们开始民心不安，相互之间产生猜疑，诬陷对方用巫术害人；官吏们相互弹劾，称别人大逆不道。全国上下，从京师到地方，因此事而死的人，先后多达数万。当时丞

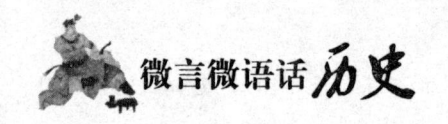

相公孙贺的儿子公孙敬声，担任太仆一职，为人骄横罔顾法纪，曾擅自动用军费1900万钱，事后被捕入狱。正巧赶上武帝下诏通缉阳陵大侠朱世安，公孙贺为了替自己的儿子赎罪，于是请求皇帝让他追捕此人，好替儿子赎罪，武帝答应了他的请求。公孙贺历经千辛万苦，终于将朱世安捕获，他儿子的罪也得以赦免。熟料朱世安因此怀恨在心，反咬他一口，笑着说："丞相你把祸事引到了自己家族里，就算用尽南山的竹子也写不完我所要告发你的罪状。"于是他就在狱中上书，称公孙敬声和汉武帝的女儿阳石公主私通，并将木人埋藏在皇帝专用的驰道上施以巫术。武帝勃然大怒，将公孙贺父子处死，并将其满门抄斩。而阳石公主、诸邑公主、卫青的儿子长平侯卫伉相继被牵连，失去生命。江充看到汉武帝居然对自己的亲生女儿也狠得下心来，于是就更加放心大胆地做起了坏事。他让巫师告诉汉武帝，说是皇宫里还有人在诅咒皇上，并且蛊气很重，若不把那些木头人挖出来，皇上的病就始终好不了。于是武帝下令让他们彻查，为了陷害太子刘据，江充就趁别人不注意，把事先准备好的木头人拿出来，大肆宣扬说："我在太子的宫殿里挖出来的木头人最多，同时还发现了他写的帛书，上面都是诅咒皇上之类的话。我们应该马上将此事奏明皇上，定太子个死罪！"

那个时候汉武帝人不在长安，在甘泉宫养病。太子召问少傅石德，石德怕受到牵连就列举了阳石公主的事情，说这种事情连他们自己都说不清楚，就建议太子越权行事，先逮捕江充等人，追查出他们的阴谋，太子情急之下同意了石德的建议。在一系列的争斗之中，太子被诬陷谋反，武帝听后大怒，下令平定叛乱。地方官围捕太子，太子在屋中自缢而亡。太子的后代，因巫蛊之乱大部分都遇害，仅留下了一位孙子刘病已，也就是后来的汉宣帝刘询。

很久以后，开始有人不再相信巫蛊的事情了。后来经过一系列的调查，汉武帝发现有很多百姓和官吏都是被诬陷的，况且武帝知道太子一向都没有谋反的想法，于是就召见田千秋，征询他对这件事情的看法。田千秋说："儿子冒犯了父亲，应当受到鞭笞；太子的事情纯属误杀，这是一位白发老人在梦中告诉我的！"汉武帝霍然醒悟，于是下令将江充满门抄斩，又将苏文烧死在了横桥之上，那些曾经对太子兵刃相加的人也陆续被捕杀。武帝怜太子无辜受害，于是在湖县修建了一座宫殿，称"思子宫"，同时又修筑了一座高台，称"归来望思之台"，借以寄托他对太子刘据和那两个孙子的思念。天下之人听到后都替他悲伤。

汉武帝在晚年对自己过去的所作所为颇有悔意，于是在轮台诏罪说："朕即位以来，所为狂悖，使天下愁苦，不可追悔。自今事有伤害百姓。浪费财务的事情，一切都要停办！"以表示自己对以前所犯错误的追悔。

今人跟贴

汉武帝听信谣言、巫术之说，终究害人害己。痛失太子又加上军事失利，种种因果，让得他深受打击，从而反思自己的作为，对自己做了一个较为中肯的评价，最终在轮台向天下宣告自己的罪行，决定以修养政策治国。这件事情有利有弊，可他作为一代天之骄子，能大方承认自己的错误并改正，不得不说他的皇帝风范为世人所折服。流言蜚语一直存在，但是聪明的人在听到它的时候会有着自己的分析和思考；愚笨的人在听到的时候只会继续到处传播，

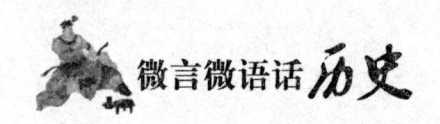

这样才会无限制地一直夸大。虽然茶余饭后会有八卦闲聊，但是不应该将其带入自己的生活，也许一时看不出什么事情，可是逐渐地你会被流言吞噬，开始怀疑生活、怀疑自己。不管你是懦弱还是自卑，一定要有自己的想法，那样才会得到良好的结果，不要被空穴来风的事情打乱自己生活的节奏。把别人的想法看淡一点，把注意力转移到自己身上来。

微言小语

错误并不可怕，可怕的是在犯了错误之后还丝毫不知，没有任何悔改之心。尊为天子的刘彻能大方承认自己的错误并进行改正，更何况身在21世纪的我们。在这个世界上没有一个人是完美的、不会犯错误的，在人生不顺遂的时候，回头看看，反思一下自己，说不定你就会看到自己迷失的地方。大方认错，才会一直不断地向着正确的方向前进下去。

4. 唐太宗李世民

——李世民微博：君者，舟也；人者，水也。水能载舟亦能覆舟。

微博解意

——君主如船，百姓如水，水既能使船安稳地航行，也能使船沉没。

唐太宗李世民（公元598~公元649），他是唐高祖李渊的第二个儿子。隋朝末年，李渊先后担任了山西河东慰抚大使，太原留守，主要负责镇压山西地区的农民起义以及防备突厥的袭击。李世民曾经跟随父亲李渊在晋阳（今山西太原西南）驻守。在当时的时局下，农民起义风起云涌，力量日益壮大。李渊、李世民父子也意识到隋朝即将灭亡，于是在公元617年于晋阳起兵，接着开始向南攻取了霍邑（今山西霍县），西渡黄河之后，进而攻取了长安（今陕西西安）。太原起兵的时候，大儿子李建成被李渊任命为陇西公、左领军大都督，统率三军；李世民则为敦煌公、右领军都督，统率右三军。在胜利攻取长安之后，李渊立隋炀帝孙代王杨侑为帝，杨侑封李渊为唐王，并且将李建成封为唐王世子；李世民为京兆尹，改封为秦国公；李渊三子李元吉被封为齐国公。

公元618年，李世民被封为赵国公。三月，隋炀帝被害。当年五月，李渊在长安登基，改国号为大唐，建元武德，是为唐高祖。李渊让李世民担任尚书令，不久之后，又立长子李建成为皇太子，封李世民为秦王，李元吉为齐王。虽然李世民在统一全国的过程中建立的功绩远远超过了太子李建成和齐王李元吉，但是他身为次子，按道理是不能继承皇位的。太子李建成早就知道李世民不肯居于人下，于是和齐王李元吉联合起来，与李世民展开了争夺帝位的争斗。武德九年（626年）六月四日，李世民发动了历史上著名的玄武门事件，在这次事件中，太子李建成、齐王李元吉相继被杀；唐高祖李渊被迫退位，李世民登上帝位，称唐太宗。公元627年，改元贞观。自此以后，李世民便开始了他的帝王生涯，创造了繁华而闻名于世的大唐王朝。

微言微语话 历史

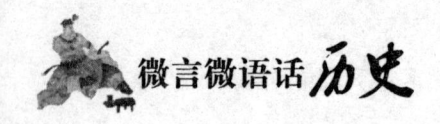

克己纳谏，民贵君轻

话说有一次，一名宠臣向唐太宗进献了一只非常好玩的鹞鹰。这只鹞鹰外形看上去雄健英俊，十分讨人喜爱。于是李世民放下手中的工作，让那只鹞鹰站在自己的手臂上跳来跳去，一人一鹰玩得好不开心。魏征得知皇帝沉迷于玩乐之后，就马上来到了宫中觐见李世民。对于魏征的突然到来，李世民毫无准备，他很清楚地知道如果让魏征发现他因为玩鹰而荒废了朝政，一定又少不了一番劝谏。但事出突然，他想把那只鹞鹰藏起来已经来不及了，于是情急之下只能把它藏在自己的怀里。事实上他的这些举动都已经落在了魏征的眼里，可是聪明的魏征却没有立刻点破，而是与李世民不断地谈论着国家大事。魏征滔滔不绝地汇报着，而李世民则心不在焉地听着，但是又不好催促魏征早点离开。最后终于等到魏征离去，李世民急忙查看怀中的鹞鹰，却发现它已经被闷死了。李世民一时大怒，可是他又努力让自己冷静了下来，认真地思考了一会儿，终于明白了魏征的一片爱国、忠君之心。从此以后，他再也不沉迷于玩乐享受之中，而是一心一意地治理国家，从而使大唐真正地繁盛了起来。

要做到克己与纳谏，其一就是要摆正皇帝自己的位置。太宗曾经问魏征隋朝灭亡的原因，魏征回答说是因为隋王朝失去了民心。民心所向，定能安邦治国；民心所背，离亡国就不远矣。随后李世民又问百姓和皇帝之间的关系，魏征则答道："皇帝就好像是一只大船，而人民就是汪洋大水，大船只有在水中才能乘风前进；但是，水虽然能使船前进，同时也能将船弄翻。太上皇举义旗推翻了隋朝的统治就证明了这一点。所以，作为君王要时刻谨记——水能载舟，亦能覆舟。""兼听则明，偏信则暗。"这就是魏征给李世民的最好建议。李世民采纳了魏征的建议，他鼓励大臣们提出自己的意见，如果皇帝犯了错误，就希望他们能够及时提出来，以使自己少出错，从而能更好地治理国家。

李世民继位后，居安思危，任用贤良，励精图治，虚怀纳谏，施行轻徭薄赋、疏缓刑罚的政策，同时也进行了一系列政治、军事方面的改革，最终促成了社会安定、生产发展、百姓安居的盛世升平景象，历史上称之为贞观之治。贞观之治是中国封建时代最著名的"治世"。公元630年也就是贞观四年，唐太宗派遣李靖平定了东突厥，俘虏了颉利可汗，解除了疆土北边的一大威胁；贞观九年，他又平定了吐谷浑，俘获了他们的王慕容伏允；十四年平定了高昌氏，并在其地设置了西州，在交河城（今新疆吐鲁番西）设置了安西都护府。唐太宗对于投降的东突厥以及依附于突厥的各族实行比较开明的政策，因而也受到了他们的拥戴，被尊称为"天可汗"。贞观十五年文成公主和亲于吐蕃的赞普松赞干布，进而发展了汉、藏两族之间的经济文化交流，促进了两族的和谐关系。但是唐太宗亲征高丽的战争却给两国人民带来了灾难，以至于最后无功而还。

后代史家范祖禹评价唐太宗说，他本来是一个剽悍勇武之人，可是他又能够"畏义好贤、屈己从谏"，也就是说唐太宗能够对道

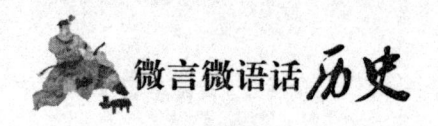

义保持敬畏，对贤者保持尊敬，能做到不固执己见，善于听取臣下的谏诤，努力改过并完善自己。

今人跟贴

"君者，舟也；人者，水也；水能载舟，亦能覆舟！"虽然如今的社会已经不再是君王专政的社会，但是当权者要想获得人民的拥戴，就必须做到克己。众所周知，每个人都有着或大或小的欲望，如果无法做到克己，那么就会在无限扩大的欲望中迷失自我。所以，不管是身居要位的管理者，还是平凡的民众，都要善于倾听他人的意见，做到克己守本分，那么相信我们的社会将会更加美好，我们的生活也会充满幸福。

微言小语

在当今现实社会之中，人们要学会克制自己和听从别人的意见，不要因为自己所取得的一点成就，就忘乎所以。要知道尊贵于万人之上的皇帝都是如此，更何况我们普通人。如果过于放纵自己而骄傲自大，总是活在过去的成功当中，那也就离失败不远了。我们必须时刻提醒自己一切也许因为自己的失误就会导致失败，从而约束自己的行为，多采纳优良的建议。这样才能驾驭住人生的小船，保持一帆风顺。

5. 周武皇帝

——武则天微博：夫修身正行，不可以不慎；谋虑机权，不可以不密。忧患生于所忽，祸害兴于细微。

微博解意

——修身养性，端正品行，不能不慎重；谋划思考机密大事，不能不周密。忧患常源于轻视小事，灾祸常因为忽略细节。

武则天（公元624～公元705），天资聪慧，童年时期就跟随父亲在各地生活，再加上少年好学，喜欢读文史诗集，所以小小年纪就很有才气。父亲在她12岁的时候就去世了，后来她和母亲遭受到了族兄的虐待。贞观十一年，武则天被选入宫而成为了唐太宗李世民的才人。起初太宗因为她的美貌而非常宠爱她，但在不久之后，太宗发现她拥有异常优秀的政治天赋，并且当时民间有"武将代李"的传说，于是便将她冷落在一边不闻不问。

武则天做了12年的才人，地位一直都没有得到提升。后来唐太宗病重，失宠期间武则天又和唐太宗的儿子也就是后来的高宗李治产生了浓厚的感情。李治登基之后，武则天再次受到宠爱，她的

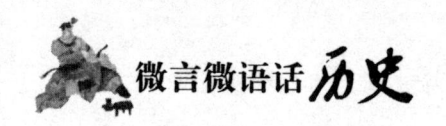

地位也从刚进宫的"才人"上升至"昭仪",最后一直到"皇后"。李治本来就体弱多病,在他患病期间,武则天就替代他处理一部分朝政。执掌朝政之后,武则天就常住在东都洛阳,终身没有再回长安。

高宗李治死后,武则天借着平定叛乱趁机清除了朝中那些反对她的势力;后来设计逼反李唐宗室,借机大开杀戒,扫除了她称帝的障碍。在清除打击反对势力的同时,她还制造了祥瑞之兆,修建明堂,为自己称帝大造舆论。公元690年,武则天废掉了睿宗,自称圣神皇帝,同时改国号为周,定都洛阳,历史上称之为"武周"。她君临天下之时已经有67岁高龄,她是中国历史上唯一一位女皇帝。公元705年,武则天还周于唐,唐中宗继位。当年11月26日,武则天去世,在她临终之前留下遗诏:"去帝号,称则天大圣皇后。"

谨慎周密,胜于细节

不可否认,唐太宗李世民是一个精明能干的皇帝,但是他的儿子唐高宗李治却是个庸碌无能之人。唐高宗继位之后,他自己无法独立处理国家大事,凡事都依靠他的舅父,也就是宰相长孙无忌拿主意。自从他立了武则天为皇后之后,情况逐渐发生了变化。武则天原本是唐太宗宫里的一个才人,十四岁那年,就被选入宫,服侍唐太宗。

当时在太宗的马厩里，有一匹叫"狮子骢"的名贵马，长得肥壮惹人喜爱，但其性格暴躁，不好控制驾驭。话说有一次，唐太宗带着他的妃嫔们去看那匹马，想起那匹马的烈性子，于是就跟大家开玩笑地说："你们之中有谁能够制服它？"

妃子们都不敢接嘴，但十四岁的武则天却勇敢地站了出来，说道："陛下，我能！"

太宗惊奇地看着她，就问她有什么好办法。武则天回答说："只要您给我三件东西，第一件是铁鞭，第二件是铁锤，第三件是匕首。它要是调皮，我就用鞭子抽它；如果还是不驯服，就用铁锤敲它的头；再捣蛋的话，就用匕首砍断它的脖子！"唐太宗听后哈哈大笑。虽然觉得武则天说的方法有点孩子气，但是也很赞赏她泼辣大胆的性格。

唐太宗死后，按照当时宫廷的规矩，武则天是要被送进尼姑庵的。年轻的武则天并不甘心将自己的后半生葬送在尼姑庵里。她深知高宗李治在当太子的时候，就喜欢她的美貌与才华。于是她在等待机会，果然高宗继位两年之后，就把武则天从尼姑庵里接了出来，又封她为昭仪。后来，他又废掉了原来的王皇后，册立武则天为皇后。立后这件事遭到朝中很多老臣的反对，特别是长孙无忌。武则天知道后就在私底下拉拢了一批大臣，让他们在高宗面前支持她当皇后。唐高宗经过一番思想斗争之后，最后终于听取了那批大臣的意见，废了王皇后，让武则天做了皇后。武则天当了皇后以后，她就使出了自己果断泼辣的手段，找各种理由，将那些反对她的老臣一个个降职、流放，最终连长孙无忌也被她逼得自杀。不久之后，高宗得病，无力打理政务，他看武则天能干，又懂得文墨，

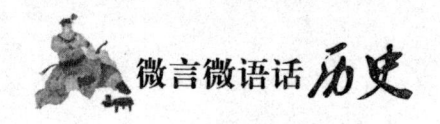

就索性把朝政大事全交给了她。

武则天执掌了实权，便逐渐不把高宗放在眼里。如果高宗想干什么，没有经过她的同意，就干不了。这让唐高宗心里很是气恼，有一次，他和宰相上官仪商量朝政，上官仪是反对武则天掌权的，于是他就向高宗建议："陛下既然嫌皇后太过专断独行，倒不如把她废了。"高宗本来就是个耳根极软的人，在听了上官仪的话之后，考虑片刻就说："好，那就请你去给我起草一道废后诏书吧。"两人的谈话，刚好被旁边的太监听见，那些太监都是武则天的心腹，于是连忙把废后之事报告给了武则天。上官仪刚把起草好的诏书递给高宗，武则天就赶到了。她厉声质问高宗说："这是怎么回事？"高宗见了武则天，心中早就怕了，连忙把诏书藏在了袖子中，结结巴巴地说："我原本没这个意思，都是上官仪教我干的。"武则天听后就下令把上官仪杀了。

她后来说，修身养性，端正自己的品行，不能不慎重对待；谋划思考国家机密大事，不能不周密。忧患常源自人们最容易忽视的小事，灾祸也常常因为忽略了细节。一个人行事如果不慎重周密，大多都会后悔终生。眼睛明亮观察细微的人总是能看到别人看不到的事物；耳朵聪敏的人可以听到话语中的弦外之音；善于谋划的人总是在预兆出现之前就已经想好了对策；做事慎重的人在事情没发生之前就十分谨慎小心。想远离困窘之境就必须提前谋划，不想失败就必须趁早预计。不应该说的话就一定不说，这样才可以避免祸患；不应该做的事情就一定不做，可以躲避危险。

今人跟贴

正是由于武则天的慎重行事，才使得她从一个小小的才人，慢慢走上皇帝的宝座，这期间少不了的权力争斗，稍有疏忽就会人头落地。不管是开始的"武将代李"的谣言，还是后来受宠高宗，清除异己，都是经过精心的计划，从种种小事情上逐渐积累，建立威信，掌握政权，治理国家。不得不承认武则天是一位聪明能干的政治家，她的才华能力和她的习惯有着直接的关系。成大事者虽不拘小节，可是细节也决定成败，不积硅步无以成千里，什么事情只要你肯努力去做，就一定会有收获。虽然生活中有着很无奈，但还是会有好的一面，我们不能要求事事都顺遂，但是至少我们可以创造它，努力让生活变得容易。

微言小语

时代在进步，每个人每天都处于忙碌的状态，因为忘记或者忽略一些生活中的小事，由此而酿成错误的事情时有发生。其实生活中不仅仅只有忙碌，幸福快乐生活的缔造者也不是忙碌，而是一些我们最容易忽略的细节。不要轻视生活中那些细小的事情，也许正是因为它，我们才可以在工作中顺心，在生活上幸福。多关注一些细节，在做事的时候谨慎考虑，三思而后行，这样才能更好地完成任务。

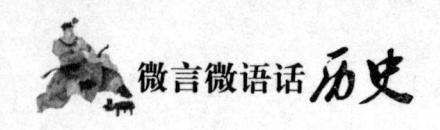

6. 明太祖朱元璋

——朱元璋微博：奉天承运，为惜民命，犯官吏贪赃满六十两者，一律处死，决不宽贷。

> 微博解意

——皇帝受命于天，继承新的气运，因为爱惜人民的性命，所以只要贪官污吏贪污的赃款满了六十两，全部都要处死，坚决不放过。

朱元璋（公元1328~公元1398），是明王朝的第一任皇帝，原名朱重八，后改名为朱国瑞。在家里排行第四，家族中排行第八。朱元璋从小就饱受贫寒之苦，自幼孤苦无依，父母兄长都死于瘟疫，不得以只能到凤阳城西门外的皇觉寺当了一名小沙弥，靠着做各种杂事和体力活生存。祸不单行，朱元璋入寺还不到两个月，寺庙因为时值年荒香火不好，众僧人没办法生活下去，于是寺里的主持就遣散了众人，朱元璋不得不离开家乡，过起四处漂泊的流浪生活。

后来经过一个朋友的引荐，25岁的朱元璋参加了郭子兴领导的红巾军，一起反抗蒙元暴政。由于他骁勇善战，很快就得到了郭子兴的赏识，同时郭子兴还把自己的养女马氏嫁给了他，那个养女也就是历史上有名的"马大脚"马皇后。郭子兴死后，朱元璋接管了他的部队。随着战功的不断累积，朱元璋连续升迁，到了公元1356年的时候，他被各个将领奉为吴国公。公元1367年十月甲子日，朱元璋任命中书右丞相徐达为征虏大将军、常遇春为副将军，总共率领25万军队，向北挺进中原。在此期间他发文告于北方官民，从而确立了"驱逐胡虏，恢复中华，立纲陈纪，救济斯民"的纲领，希望借此来号召北方人民和他一起来反抗元朝的残暴统治。

凭借着自身的雄才大略和远见卓识，朱元璋对这次北伐战争做了精心的部署。他先是下令让徐达率兵占取了山东，借以扫除元朝的天然屏障；又命人率兵进攻河南，切断它的羽翼；随后夺取了潼关，将它的门槛占据；接着进军大都，这个时候的元都早已是势单力孤，没有任何外援了，于是朱元璋很轻易就攻下了元大都。最后他派兵西进，依次占领了山西、陕北、关中、甘肃等地之后便席卷而下。北伐大军一直按他的计划而行，从而一举统一中原。公元1368年，朱元璋在南京称帝，改国号为大明，年号洪武。

朱元璋在位总共31年，在他的身上我们可以找寻到历史上很多皇帝的特点，有秦始皇的英明与残暴、汉高祖的知人善用、唐太宗的民本思想，还有宋高祖的专制集权。总的来说，他是历史上很有才能的一位皇帝。

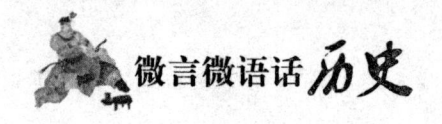

惩治贪官，为民惜命

朱元璋出生在贫苦的农村家庭，他从小就饱受元朝贪官污吏的压迫，他的父母和兄长就是被迫害至死，无奈之下，年仅12岁的他只能出家做了和尚。所以他参加起义军时就希望当上皇帝，然后杀光天下的贪官污吏。他登基后果然没有食言，执政期间，在全国掀起了轰轰烈烈的"反贪官"运动，矛头直指从中央到地方的各级贪官污吏。他所实施的政策就是这样的，惩治所有的贪官污吏，使老百姓免受压迫之苦。

后来他还制定了很多规定，首先是只要一个官员贪污六十两银子以上，就必须判死罪。有一次，朱元璋无意中发现御史宇文桂的身上藏着十几封书信，这些书信都是一些拉关系、拍马屁、私托求进的贿赂信件，于是他立即派人对中央各部和地方官府进行彻底调查，结果发现贪污腐败现象从上到下都非常严重。因此他龙颜大怒，立即昭告天下百姓："奉天承运，为惜民命，犯官吏贪赃满六十两者，一律处死，决不宽贷。"并且还说，"从地方县、府到中央六部和中书省，只要是有人贪污受贿，一律彻查到底，其中不管牵涉到谁，该怎么处置就得怎么处置，一定不能徇私枉法。"为了表明自己的决心，他也敢于从自己身边的高官开刀，明朝初期的时候，中书省下辖吏、户、礼、兵、刑、工六部，留用了很多之前元朝的官吏，以及一些以造反起家的有功之臣。他们大多仗着自己的功劳而有恃无恐，贪赃枉法对他们来说就是小菜一碟。朱元璋才不管他们，只要是他们牵涉到贪赃，就大胆地对这些官员进行惩处，以儆效尤。

朱元璋在惩治贪官的时候绝不姑息，就算是他自己培养出来的人才，他也不会有丝毫的偏袒。他当时还专门成立了培养人才的国子监，借以培养和提拔新生力量，为没有入仕的年轻读书人提供了升迁的机会。他平常对这群新科进士和监生都厚爱有加，时常教育他们要尽忠至公，不能为私利所动摇。但是在洪武十九年，他派出了大批的进士和监生到民间查勘水灾，了解民情，结果却有141人接受了各地方官员的宴请，并且收受了银钞和土特产品。尽管朱元璋觉得十分惋惜，但还是斩杀了他们。他还花费了将近两年的时间编纂了《大诰》一书，其中记录了许多他亲自审讯和判决的贪污案例，书中也阐述了他对贪官的态度。办案的方法和处置手段等一些内容。他下令全国广泛宣传这本书，还命人节选抄录贴在路边显眼处和凉亭内，为的是能让官员读后自律，百姓学后对付贪官。

今人跟贴

朱元璋因为早年的遭遇而对贪官污吏产生恨意，并且矢志杀尽天下的贪官。他的一生都在与贪官污吏作斗争。从上到下，从大事到小事，他在惩治贪官上不会有所懈怠。他还经常在生活中告诫官员们不得奢华，不得沉迷于金钱物质的享受，从而动摇了做官为民的本心。虽然贪官一直存在，可是朱元璋的手段还是震慑了很大一批官员，极力遏制了贪污之风，从而使明朝初期官风端正，国家繁荣。贪污在任何一个朝代都是存在的，有的人想要拥有特权，那么

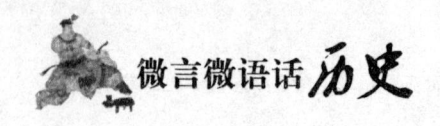

他就必须有所付出，为达私利而去贿赂别人，于是便会形成一股贿赂的风气。事情一旦发展到这个程度之后就已经不是平常的道德范围所能约束的了，必须运用法律的手段来限制它。欲望的沟壑是永远也填不满的，整治贪污腐败，既要惩治那些收受贿赂的人，更应该劝诫那些贿赂别人的人，这样才能从上到下、从里到外解决问题。

微言小语

不管是在历史上还是现今社会中贪官一直是存在的。作为一名公民，我们首先要约束自己的行为，不要一味地追求金钱物质享受，从而蒙蔽了自己的本心。同时我们也要监督那些官员，使得他们知道，有人在一直看着，人民并不是愚昧无知的。至少我们可以从自身做起，确定正确的人生观价值观，从而更好地为社会做贡献。

7. 康熙帝

——爱新觉罗·玄烨微博：勤政实为君之大本，怠荒实亡国之病源。

微博解意

——勤劳于朝政是君王治国之本，怠情荒废朝政是国家灭亡的源头。

爱新觉罗·玄烨（公元1654～公元1722），被称为清圣祖仁皇帝，他是清朝第四位皇帝，同时也是大清定都北京之后的第二位皇帝，年号康熙。康熙帝在8岁的时候就登基，在位总共61年，是中国历史上在位时间最长的君主。他在位期间逐步恢复了国家经济，使大清王朝成为当时世界上幅员最为辽阔、人口众多、经济最为富庶的帝国。在政治上，他铲除了鳌拜，完善了国家政治；在经济上，他大力发展经济，减轻赋税；军事上，他平定了内乱，收回台湾，进一步扩展了疆土。可以说清朝兴盛的根基是由他一手奠定的，而康乾盛世的大局面也是自他手中开创的。他足以称为英明的君主、伟大的政治家。康熙死后葬在了清东陵的景陵。

御门听政，爱民之本

康熙勤于政事，他之所以这样是吸取了明朝灭亡的教训。明朝朱元璋在位的时候，他亲自处理朝政；但是之后的皇帝，慢慢地开始懈怠，懒于朝政，以至于最后到了万历年间，在朝堂上根本就看不到皇帝的身影。其实当时的大臣们也是要求皇帝上朝的，但是又无法拿出一个制度或者祖宗的家法来批评皇帝们。这也是后来明朝灭亡的直接原因之一。康熙认为作为皇帝，就应该做到亲自处理朝政，只有这样才能最为清楚地了解民情以及军国大事，进而治理好

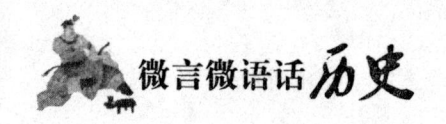

整个国家。康熙自己也有一个远大的抱负，那就是使清王朝强盛繁荣起来，为了实现这个抱负，他就告诫自己必须亲自来处理朝政国家大事。

其实御门听政这个制度在前朝的时候就已经存在了，其意思也就是说作为皇帝，应该亲自主持朝廷会议。之前虽然有这种说法，但是却没有人将其制度化，是康熙开始把它制度化，明确规定以后皇帝都要御门听政，以避免有事而不议，议而不决，决而不行，行而不果。遇到事情先是等大臣们商议，完了之后就直接上奏到皇帝那里，然后由皇帝亲自决定是否执行。每天进行军国大事的讨论是清朝兴起的一个重要原因，因为每天皇帝和大臣都会讨论政务得失，从而使其有所记录，以备之后从中吸取经验教训。

康熙皇帝一生都以身作则，他说："勤政实为君之大本，怠荒实亡国之病源。"在历史上清朝的皇帝，从天命汗到清末的光绪皇帝其中除同治皇帝之外，大都是勤于政事的。而自从康熙开始，每个皇帝每天都要御门听政，也就是在皇宫乾清门的门前，由皇帝本人亲自主持御前的朝廷会议。因为康熙听政的地点主要是在乾清门，所以又称做御门听政。御门听政的时间是有一定的限制的，大多是一个时辰，也就是现在的两个小时，如果有什么比较重要的事情，也可以稍稍延长一下时间的长短。一般情况下，是一天听政一次；要是遇上重要事情的时候，一天之内也会举行多次。例如，在康熙十八年，北京曾经发生了一次大地震，康熙还是照常上早朝，御门听政，丝毫不肯耽误片刻。当日早朝之后，下午时分康熙又再次传旨到内阁、九卿、詹事、科、道等，众臣都聚集在乾清宫，商讨震后救灾事宜。康熙从他亲政之日一直到去世之前，除了因为生病、三大节、重大变故之外，他几乎每天都是按时听政的。

有这么个故事，北京在历史上曾被称为顺天府。有一次在朝廷会议上众臣都在讨论顺天府尹的员缺人选，这个时候吏部官员就奏报并且提出两个人来，一正一陪。吏部提出来第一人选名叫王继祯，第二人选是一个名叫张吉午的人。这时候康熙表态，说第一个王继祯，就不要讨论了，也没有什么值得评论的；然后就问张吉午这个人怎么样，让大臣们说说自己的看法。大学士明珠第一个站出来，他只说了四个字，大概的意思也就是说张吉午没有什么才能，不能担当重任。于是康熙当场就宣布说关于这个事情，等朝会结束之后让众大臣再继续商议一下，等到明天再一起决定。第二天，会议又照常举行，康熙就问众臣，顺天府尹的人选决定出来没。大学士明珠就上报，说经过大家的一再议商，提出正一人选是熊一潇，陪二人选是徐旭龄。康熙问其他大臣有没有什么意见。汉大学士说熊一潇为人宽厚老实，而徐旭龄这个人思维敏捷可以重用，两个人各有优点，所以就成为了合适的第一人选和第二人选。康熙征求了众臣子的意见之后经过再三思考，才决定让熊一潇做顺天府尹。从这件我们可以看出来，康熙在位的时候是多么地勤于政事，事无巨细，只要上报，就会由大家商议，最后由他做决定。他这样做，就可以避免出现决策上的错误，同时也为康乾盛世奠定了一定的基础。

今人跟贴

要决定做一件事情并不难，难的是我们能否一直坚持下去。清朝康熙帝能够坚持御门听政，这也是他能治理好大清的决定性因

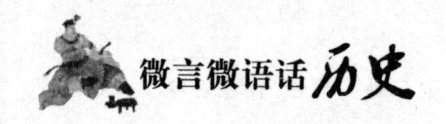

素。通过每天的朝政议事,他能知道国家发生的大事,了解到边境的战事,从而做出正确的决断。把一个国家治理得井井有条,繁荣昌盛,同时还体察民情,多次下江南,从而创造了清朝历史上的第一个盛世。决定事情成功的关键往往不是我们所决定的方向,而在于坚持不懈的努力。就像爱迪生一样,他为了发明电灯,先后试验了几百种材料之后,才找到了最适合电灯的金属材料钨。不是他的聪明才智和能力有多么出众,而是他为了自己认定的方向不断努力才使得他最后成功。如果一个人能够明确地知道自己的兴趣,并不断地为之努力,那么他离成功就已经很近了。

微言小语

在信息化的现代社会,计划永远赶不上变化。不管任何事情都只有在掌握了第一手资料之后,我们才能够做出较为合理的判断和决定。可这些资料从哪里来?那就得靠个人的积累和不断的学习。勤于学习,才能让自己不断进步,才能比别人更有优势,更具有优先的选择权。不更新知识,只能坐井观天,逐渐失去判断力,最后流于庸碌。

8. 乾隆帝

——爱新觉罗·弘历微博：夫吏治以操守廉洁为本，而持廉之道，莫先于谨小慎微。

◆微博解意◆

——凡是治理官员应该以清正廉洁为基本的操守，而秉持廉洁的方法，莫过于谨慎细小的事情。

爱新觉罗·弘历（公元1711～公元1799），是雍正的第四个儿子。乾隆在他12岁，也就是公元1723年的时候就被秘密册立为太子，公元1732年封为和硕宝亲王，开始了他的政治生涯。公元1735年，雍正皇帝去世，弘历继位。乾隆皇帝登基之后，他在政治上矫正了雍正的严厉政策，实行"宽严相济"的策略，并整顿官员作风，制定了各项典章制度；对有才能的人特别加以厚待；在经济上奖励开垦荒田，大兴修建水利工程，对农民减免税赋，从而促进了当时经济的繁荣；军事上他曾多次平定了西部少数民族的叛乱，并对边境廓尔喀对于西藏的入侵进行了平定，进一步完善了清朝对新疆和西藏等偏远地区的管理，巩固了多个民族并存的封建国家的统一，也为今日中国的版图奠定了基础。文化上，他主持编制修订了《四库全书》等大型文化典籍；乾隆时在外交上清王朝继续以

33

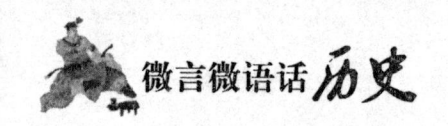

"天朝上国"自居，并和周围边属国家友好往来，但是对于西方国家则坚持"闭关锁国"的排外政策。他在位期间六次下江南，大肆修建宫殿、园林；又大兴文字狱用以加强思想统治。在其后期宠信大贪官和珅，再加上自己年事已高，以至于吏治作风败坏，弊政百出，进而激化了社会矛盾。乾隆六十年，他宣布在第二年将皇位禅让给皇十五子永琰，改元嘉庆，自己称太上皇帝，之后仍掌握着朝中的实权。嘉庆四年正月初三的时候，乾隆病逝，享年89岁，死后被安葬在河北遵化清东陵马兰峪裕陵。

防微杜渐，廉洁为本

乾隆元年，乾隆皇帝发现地方总督和巡抚有收受下属地方土特产等小礼物的现象，他觉得有必要做预防措施，让官吏们明白受贿的后果，以保证各个官员清正廉洁地治理地方。于是在乾隆元年十二月四日，他颁发上谕《禁督抚受土宜》，大概意思是说："朕听说近几天在地方各个督抚之中，有下属官员送上了地方土特产，听说有的人接受了一些，这样的坏风气一定不能再让它持续下去了。官员治理地方应该以清正廉洁为基本的操守，妄想秉持廉洁，莫过于着眼于一些谨慎细小的事情，应该以前人'悬鱼留犊'的典故来引导自己。古代的那些名臣，他们自身都能够做到谨慎小心、恪守本分。而我的祖先皇考世宗宪皇帝，昼夜辛勤操劳，每天都整治官风，为的是能够让官员们清正廉明地治理百姓，使恩泽惠及百姓。

我自从登基以来，实际上希望不管是京城中的大臣还是各个地方上的官员，都能够遵守圣祖的训谕，诚实地做事，就像先皇刚刚亲政的时候一般。怎么可以因为交际的小事情，而开始贪污腐败呢？况且那些地方上守旧的规章制度也没有改革，他们每年的收入还算丰盛。随即就将其收入赠送一些给自己的顶头上司，这也并非全是剥削百姓所得。自己酌定廉正的限制，都有一定的金额，贪污多的大概约有几千两，少的也有几百两，这些也仅仅够赡养自己一家人，又要花在宴请宾客的事情上，哪还有剩余来贿赂你们这些上司。所以说拿来贿赂的钱，一定是通过一些非法的手段获得的，这会让百姓们深受压迫之苦。督抚贵为一个省的表率，既然收取了各个州县的土特产，又有其他下属官员赠送钱财，但又不可以推却拒绝的。层层累积，督抚自己所收取的也是有限制的，但是下属官员要上赠的钱财，已经明显不够了。更何况先皇制定了规矩，希望各官员之间有良好的廉正风气，原本希望不论上司还是下属官员，都没有一丝一毫接受贿赂的。官员之间的弹劾举报都出自一颗公平之心，没有敢徇私枉法的。到督抚养廉的事情上，政策也是很宽容的。一丝一粟，不一定都要收取税赋。而下属官员也不应该借机谄媚讨好上司，才能让督抚秉公办事、清正廉洁，尽全力了解到百姓们的真实情况，没有任何的疏漏。仅仅因为收取一些土特产，而使自己牵涉到贪污案中，此事以后会彻查到底。清正廉洁应当是每个官员都必须遵守的，怎么可以忍受半点逾越之事的发生，以至于放任其滋长？所以才特地昭告天下，如果有在暗中收取贿赂者，或是被我查到，或是被别人听到举报弹劾的，一定会严格加以审讯论罪，以整顿官风。"乾隆的这段话说得非常明白，督抚之中如果有收取钱财

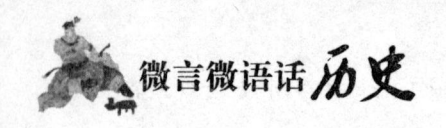

等贿赂之物的话，则在朝堂之上的弹劾一定不会非常公正公平，为了杜绝这种情况的发生，就必须严加治理贪污腐败。

乾隆皇帝也曾经说过，天子代替上天统治人民，督抚代替天子而统治百姓。作为一个地方的父母官，如果不能够廉洁守法，则他的下属一定会阿谀奉承、投机取巧，而最终受苦的一定是百姓。谨小慎微，防微杜渐，也可以说是乾隆皇帝整饬官风吏治、防止腐败的一个思路。在他的治理之下，整个朝廷还是比较廉正的，这也是他把国家治理得繁荣富裕的一个重要因素。

今人跟贴

一个要把整治贪污腐败做到彻底的皇帝确实很不容易，一个把国家治理得繁荣昌盛的皇帝也很不容易。体察民情，做到以民为天，正是乾隆皇帝的愿望，并且他做到了。与明朝的朱元璋不同，他虽然没有直接受害于贪官污吏，但他和朱元璋一样痛恨贪官，希望天下百姓能安居乐业、大臣们能清正廉洁。

微言小语

高调做事，低调做人。每个人都有着不同的想法和境遇，可是本身的修养和习惯大部分是靠自己后天培养起来的。我们不应该忽略自己身边的小事，也不应该因为一些小错误而不加以纠正。人的一生不仅是在做事，同时也是在学做人。懂得克制自己，从而不为外物所迷惑，也不受别人的影响，有自己的原则，才能让自己真正地强大起来。

第二篇
文臣篇 能言会道青史留名有一套

文能治国，武能安邦。每一个成功的君主后面总是有着一些大臣在默默地辅佐着。他们耿直、贤能、淡泊、忠心，做官从来不会计较自身的利益，为民谋利才是他们最大的心愿。这样的人，就算是身死，也依旧活在人民的心中，活在历史的时空中。他们的事迹也在历史的长河中不断流传着，永不褪色。

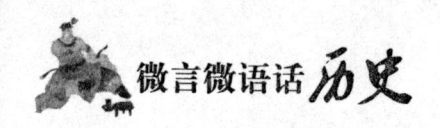

1. 姜尚

——姜子牙微博：得贤将者，兵强国昌；不得贤将者，兵弱国亡。

微博解意

——得到了有贤才的将帅的君王就会兵力强大，国家昌盛；得不到有贤才的将帅的君王就会兵力弱小，国家衰亡。

姜尚（公元前1128～公元前1015），本名吕尚，姓姜，字子牙，商末周初人。一名望，尊称太公望，世人也称他为"姜太公"。吕尚是伯夷的后代。伯夷是炎帝的后裔，因为曾经帮助大禹治水立过功，就被封在吕，因此他的子孙跟随了他的姓。可是到了姜子牙出世的时候，当时家境已经败落了下来。为了维持生计，姜子牙年轻的时做过屠夫，也开过酒店卖酒。虽然生活贫穷，但是姜子牙人穷志不短，他一直勤奋刻苦地学习军事谋略，研究天文地理、治国安邦的思想，期望自己能有一大为国家效力。但是事情并没有想象的那么如意，他一直怀才不遇，直到六十岁的时候才遇到周文王，虽然已经满头白发，但是他还是用自己毕生所学辅佐周文王兴周灭商，成就功业。姜太公创建了齐国，他不但辅佐周文王兴周，还协助武王克殷，是周朝的开国元勋之一。他是当时有名的韬略家、军事家和政治家。他的著作《六韬》更是集军事、政治、思想于一体，而且其中还表达了爱民、顺民、举贤的思想；他制定的九府圜法，是利国利民的财政经济政策和金融管理制度，对后来的齐国乃至历代王朝都有着深刻的影响。在历代典籍中享有崇高的地位。

太公钓鱼，愿者上钩

殷商末年，殷纣王残暴无道，荒淫无度，残害忠良。朝廷更是小人当道，朝政十分腐败，民不聊生。而反观西部的周国，西伯侯姬昌在他管辖的地区开始实行仁政，国内经济发展良好，百姓安居乐业，国力也渐渐强盛起来。所以天下百姓都倾心于周，四边的诸侯都开始依附周国。而此时一直志不得伸的姜尚在听说姬昌为了治国兴邦，广招天下的贤能之士的时候，毅然选择离开商朝，独身一人来到了渭水之滨的西周领地，就住在了磻溪，每天只是一个人钓鱼，静观世态时局变化，等待着机会出来一展抱负。

姜子牙钓鱼和一般人不一样，一般的人钓鱼都是用的弯钩，利用弯钩上的鱼饵来吸引水中的鱼吃，从而钓到鱼。可是姜子牙不但使用的是直钩，而且还没有在上面放鱼饵，同时还离水面有三尺多高。他一边用他的方式钓鱼，一边自言自语说："不想活的鱼儿啊，如果你们愿意的话，就自己上钩来吧！"

有一天，有一个砍柴的人看到了姜子牙奇特的钓鱼方式，就劝解道："老先生，如果像你这样钓鱼的话，就算是钓个 100 年也不

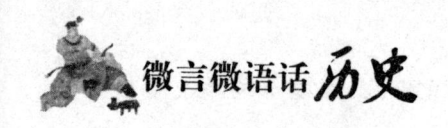

会钓到一条鱼的啊！"可是姜子牙却举了举钓竿，说："我这样做不是单纯地为了钓到鱼，而是为了钓到王和侯的位置！"

果然不久之后，姜子牙这种奇特的钓鱼方法传到了姬昌那里。姬昌得知后，派了一名士兵去请姜子牙来见他。可是姜子牙不理会这个士兵，只顾着自己钓鱼，还自言自语地说道："钓啊，钓啊，鱼儿不来上钩，虾儿反而来胡闹！"士兵回去后之后将他的原话禀报给了姬昌，姬昌知道士兵请不动他，于是又派了一名官员前去请他来。可是姜子牙还是不理睬，自言自语道："钓啊，钓啊，大鱼不来上钩，小鱼别来胡闹！"这个时候姬昌才真正地意识到，这个钓鱼的老者肯定是一位难得的贤能之士，必须亲自请他才对。所以他吃了三天的素食，然后洗了澡换了干净的衣服，带着厚礼去到磻溪去聘请姜子牙。两人见面之后谈得十分投机，姬昌见姜尚这么博学多才，就开始向他请教一些治国兴邦的良策，姜子牙毫不犹豫地提出了"三常"的说法，就是想要治国兴邦，必须以贤能的人为本，重视发掘和使用人才。姬昌听了之后非常高兴，说道："我的先君太公曾经预言'当有圣人来到周国之后，周才可以兴盛'。想必您一定就是那位圣人吧？我可是盼望先生很久了啊！"

姜子牙看到姬昌也是诚心诚意地来聘请自己，便答应为他效力。然后姬昌亲自把姜子牙扶上车辇，回宫之后拜为太师，称"太公望"。自此之后姜子牙就一直辅佐姬昌，兴邦立国，还帮助姬昌的儿子周武王姬发，最终灭掉商朝，建立周朝。之后被武王封于齐地，姜子牙最终实现了自己建功立业的愿望。

今人跟贴

姜子牙一直心怀建功立业的伟大抱负，奈何时运不济，直至他

60岁高龄，还郁郁不能得志。但是他一直没有放弃自己建功立业的理想，时时关注时局，等待着施展抱负的那一天。因为他深深地认识到，要想国家发展、国富民强，君主必须得到贤能之士的辅佐，而他自己就是当世的大贤。避世垂钓的他终于等来了属于他的机会，钓到了属于他的时代。姜子牙用自己的才能辅助周文王和周武王，建立了不朽的功勋。而他自己更是在中国的历史上占据了绝高的地位，成为享誉盛名的政治家、军事家和谋略家。

微言小语

无论是何时何代，只有贤者才是真正引领时代的先驱者，他们心怀壮志，有着经天纬地之才，以改造世界为己任。正所谓"得贤将者，兵强国昌，不得贤将者，兵弱国亡"。一个国家要想谋求发展，就必须有贤者的辅助；要想保持立足之地而不会灭亡，也必须要有贤者的辅助。今天的社会也是如此，国家有了贤者就会国富民强，企业有了贤者就会蓬勃向上。所以我们必须积累知识，争取成为一个贤者，无论现在怎样也不能轻言放弃。姜子牙沉寂了那么多年才能一展宏图，成就一番功业，所以我们也必须懂得韬光养晦。要相信，是金子总有发光的一天。

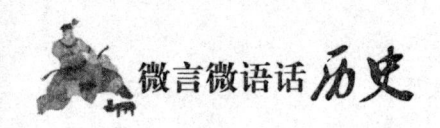

2. 张良

——张良微博：夫为天下除残贼，宜缟素为资。今始入秦，即安其乐，此所谓"助桀为虐"。

微博解意

——大凡为天下人铲除残民之贼，就应该像丧服在身，要把抚慰百姓作为根本的出发点。现在刚刚进入秦朝的都城，就想要安然地享受其中的乐趣，这也就是人们经常所说的"助桀为虐"了。

张良（公元前250~公元前186），字子房，汉高祖刘邦帐下的谋臣，也是秦末汉初时期的杰出政治家、军事家，在汉王朝的建立过程中立下了很大的功劳。当时人称"汉初三杰"之一，与韩信、萧何齐名。张良的祖先五代都在辅佐韩国。在秦朝灭掉韩国后，他就在博浪沙狙击秦始皇没有成功，之后一直逃亡到下邳，在那里遇到了黄石公，并读到《太公兵法》一书，为日后的深明韬略、足智多谋打下了基础。在秦末的农民战争中，他聚集众人一起归顺了刘邦，成为刘邦的主要"智囊"。在楚汉战争之中，提出联结当时的英布、彭越等人一起对抗暴秦，重用韩信等很多策略，还主张乘胜追击项羽，最后歼灭了楚军，为刘邦完成统一大业建立汉王朝奠定了坚实的基础。刘邦称赞他"运筹帷幄之中，决胜千里之外"。在汉朝建立的时候封留侯，之后他就功成身退，流芳千古，成为世人称赞的贤能之臣。

进谏安民，智斗鸿门

当初刘邦率领兵将向西进入咸阳的时候，因为百姓忍受不了暴秦的统治，所以迎接他们进入咸阳。众将领一进到秦朝宫殿，就争先恐后地跑到秦朝藏宝的地方前去瓜分财物。只有萧何和众人不一样，进入宫殿之后就取得了秦朝丞相府的地理图册、文书、户籍簿等档案，收藏了起来，使得刘邦更加全面地了解了到当时天下的山川要塞和人口、财力、物力的分布状况。刘邦看中了秦王朝宫室之中堆放的各种把玩之物、贵重宝器和数以千计的宫女，他内心想要长久留在皇宫之中享受这些。樊哙知道他的想法之后就上前进谏说："您是想要拥有天下，还是只想做一个有钱的人啊？现在看到的这些奢侈华丽的东西，都是招致秦朝覆灭的东西，您要它们有什么用呀！还是希望您能够尽快地返回灞上，而不是滞留在宫里！"刘邦根本不理睬他的劝告，辅佐他的贤达之士对此心急如焚。张良就说："秦朝因为没有施行仁政，所以您才能够来到这里替代他。大凡为天下百姓铲除残民暴君的人，就应该像是在守丧一样做一个孝顺的人，首先要把抚慰百姓作为最基本的出发点。您现在刚进入秦朝的宫殿，就被眼前的一切所迷惑，想要安然地享受这些财富，这也和人们所说的'助桀为虐'没有什么区别了。况且忠言虽然难

微言微语话*历史*

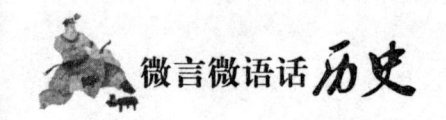

听但是更加有利于做事，良药虽然苦口但是会治好疾病，希望大王您能听取樊哙的劝告！"张良语说话的时候语气非常平和，态度不卑不亢，尤其懂得动之以情晓之以理的道理，他对古今成败的揭示以及"助桀为虐"等苛刻的字眼，隐隐地让刘邦近乎沉醉的心清醒过来。刘邦也不是小气的人，在听了张良的一番话之后就接受了樊哙的进谏，并且依照张良所说，下令封存了秦王朝的宫室、府库和财物，带领着众兵将一起返回灞上，开始整治军队，以等待项羽等几路起义军的到来。在此期间，他还采纳了张良的另外几个建议，召集了各个县的乡亲父老以及当地的豪杰，并且和他们约法三章，通告各个地方废除秦朝的残酷刑罚；另外，又派人和秦朝的官吏一起巡视各地，好让大家都知道这个告示，结果博得了百姓的一致拥戴，百姓都争先恐后地用牛羊酒食等物品慰劳他的军士。刘邦看到这种情况之后，就下命令让士兵们不要接受百姓的好意，并且还传话出去，说军中的粮食已经十分充足，不要让老百姓们破费了。秦地的百姓听到这样的话之后，就越发的开心，心里十分担心刘邦不做秦地的王。刘邦采纳了张良的建议，没有贪图一时的享受，而是采取了这一系列的安民措施，从而争得了民心，这也为他以后经营关中，并以这个地方为根据地和项羽争雄天下，奠定了很好的基础。

在公元前206年农历二月，项羽率领诸侯到达了函谷关。刘邦命令守门的士兵紧闭城门，阻止诸侯的军队进入城中。项羽在得知刘邦已经攻下咸阳的时候，就十分恼怒，恰巧又赶上刘邦的部下曹无伤告密，说刘邦要在关中称王。项羽听了之后就立刻下命令让英布、督军强行攻进城。同年十二月，项羽大军攻破了函谷关，进驻新丰、鸿门，准备好要和刘邦决一死战。其间经过几番波折，最后刘邦和张良一同被邀请，亲自去鸿门商谈，刘邦明明知道此去就如同如虎口做客，危机四伏，但又不能不去，真是前后为难，不知如何是好。张良知己知彼，经过一番精辟地分析，下定决心深入虎穴，并且谨慎而周到地与项羽他们斗智斗勇，从而保护刘邦周全，最终成功离开了鸿门，并且在项羽军中制造了君臣不和的矛盾。

今人跟贴

得民心者得天下，楚汉之争，刘邦取得了最终的胜利，逼得项羽自刎乌江，张良可谓是功不可没。张良深知治民之道，在开始辅佐刘邦的时候就十分清楚军民关系要处理好，不然只能重蹈秦王朝灭亡的覆辙，所以他就进谏劝说刘邦，让他暂时放下享受，为统一大业做准备。他勇敢智斗鸿门宴，后又离间项羽君臣关系，可谓是用计之深，心思缜密，为以后刘邦取得楚汉之争的胜利奠定了基础，成就了汉王朝，同样也成就了他自己。

微言小语

一个聪明的人，他的人生也是精彩而成功的。就好像张良，他有建功立业、光耀门楣的理想，所以他选择了辅佐刘邦，辅佐刘邦成就了伟业，当然他自己的理想也得以实现。所以，作为现代人，不仅应该拥有属于自己的理想，还要善于发现自己的长处，并适当地发挥出来。只有这样，我们才能够让自己的人生更加完美。

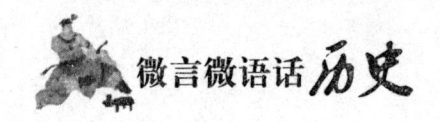

3. 萧何

——萧何微博：诸将易得耳，至如信者，国士无双。

微博解意

——很多将才都很容易得到，但是像韩信这样的，可以说没人能比得了他的才能。

萧何（公元前252~公元前193），西汉初期的政治家。早年时候担任秦沛县狱吏，秦朝末年开始辅佐刘邦，跟随他起义。在攻克咸阳之后，他得到了秦朝所收藏的律令图书等，从而掌握了全国各地的山川险要之地和郡县户口的分布状况，以便在日后的战争中把握全局作出相应的对策。在楚汉战争的时候，他一直留守在关中，进而使关中成为汉军的强有力的后方，不断地输送士兵们的粮饷支援前方战事，在刘邦战胜项羽、统一天下的过程中起了非常重要的作用。在任职期间他采用秦朝六法，重新制定律令制度，作为《九章律》。在治国思想上，他崇尚"黄老之术"，主张"无为"而治。高帝十一年，他和高祖一起设计灭掉韩信、英布等异姓诸侯王。高祖死之后，他继续辅佐惠帝。去世于公元前193年，谥号"文终侯"。

第二篇 | 文臣篇　能言会道 青史留名有一套

成也萧何，败也萧何

　　萧何，出生于秦泗水郡丰邑县。在他年轻的时候就去了小沛担任功曹，也就是狱卒。他平时没事干的时候就在一边钻研学问，因此对前朝各代的律令很有见解。为人性格随和，十分聪慧，很会识人，同时也结交了许多好友。其中包括刘邦、樊哙、曹参、夏侯婴、周勃（名将周亚夫的父亲）等。由于他们的年龄相仿，又加上志趣相投，感情越来越好。他尤其看重刘邦，因此两人感情更加要好。刚认识刘邦的时候，萧何就觉得他器宇轩昂，风骨不凡，谈吐之间常常流露出与众不同的气质，认定他是位贵人，所以就对他非常佩服，曾经在暗中多次利用职权保护他。公元前209年农历七月，陈胜、吴广顺应民心在大泽乡揭竿而起，举起了反抗暴秦统治的大旗。当时，各地豪杰云集响应，天下时局动荡不安。此时的萧何没有什么动静，仍然在小沛当着小小功曹，倒是和曹参、夏侯婴、樊哙、周勃等人的聚会更加频繁，还密切注视着局势的发展变化，一直在暗中刘邦保持着联系。

　　韩信在年轻的时候投奔了项梁，之后他一直默默无闻，不被外人知道；之后又在项羽手下做事情，但也只是做个郎中。期间他多次献策以求能够重用他，项羽都没有采纳他的意见。刘邦攻入蜀地的时候，他就背弃楚而投奔汉，却依没有受到重用，只是担任像迎宾这样的小官，因为触犯了法纪而被判处斩刑，在行刑前口出狂

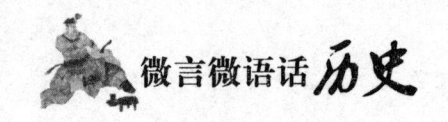

言。滕公夏侯婴注意到了他，并且举荐为治粟都尉；但是韩信最终是由萧何发掘的，那个时候还是没有得到重用。随军队到南郑，韩信觉得自己再这样下去永远不会有出头之日，于是就跟随众将一起逃跑。萧何因为时间紧急没有请示刘邦，就趁着夜色去追韩信。有人看见之后，就向刘邦报告说丞相也跟着一起逃走了，刘邦得知后十分震惊，大发雷霆。可是过了两天之后，萧何又回来了，刘邦又开心又很生气，就问："你为什么也跟着别人逃跑呢？"萧何回答说："我不是要逃跑，而是去追逃跑的人了。"刘邦得知他去追的人是韩信就说："将领们总共跑了十几个人，你不去追他们，偏偏只追韩信一个，难道是在欺瞒我！"萧何说："逃跑的众将军很容易就会得到，但像韩信那样的人才，可以说是没有人能比得上的。大王你如果只是想在汉中称王，那就用不着韩信了；如果想要争夺天下，除了韩信之外，就没有第二个人可以和您一起共谋大事的了！"于是就建议刘邦选择一个良辰吉日，斋戒设坛，隆重风光地拜韩信为大将。一夜之间，韩信就从一个无名小卒变成了上将军。在此之后就一统三军，运筹帷幄，逐鹿中原，并且为汉王朝打下了半壁江山，最后被封王列侯。这就是所谓的"成也萧何"。

随着权力的增大，当时有人就怀疑韩信想谋反，于是向刘邦告密，刘邦就削了他的兵权。在汉十年的时候，刘邦亲自挂帅征讨陈豨。韩信当时说生病就没有跟随前去，但是在暗中派人告知陈豨此事，不料被家臣知道此事之后，秘密告诉了太后。当时吕后坐镇京城，想要召见韩信问清楚，但是又怕他拥兵自重不肯乖乖就范，于是就和萧何一起商议计策。毕竟萧何跟随刘邦那么多年，老谋深算，又经验丰富，于是他派人传旨韩信，说是陈豨已经被捉拿并斩杀了，列侯和群臣们都要进宫一起朝贺。萧何就欺骗韩信说："即使你是有病在身，也得勉强进宫来朝贺，免得皇上心中生疑。"韩信就听信了萧何的话。可惜他聪明一世，糊涂一时，刚一踏进宫门，就被吕后的手下捆绑了起来，一直抬到长乐宫的悬钟室，被斩杀了。他感叹着说："我恨当初没有采纳蒯通的计谋，竟然被一个妇人和小子欺骗，这难道不是天意吗？"之后刘邦诛杀了韩信一家三族，这就是所谓的"败也萧何"。

今人跟贴

萧何能慧眼识英才，一开始他就觉得刘邦不是一个平凡的人，于是就一直在暗中帮助他，直至刘邦统一天下，不得不说他拥有识人的才能。韩信也是萧何举荐给刘邦的，但是在完成统一大业之后，萧何却得知韩信有造反之心，一个是自己举荐的将军，一个是自己一心辅佐的君王，面对抉择，萧何选择了刘邦。为了表明自己的忠心，他献计害死了韩信。做事果断、狠绝，这也是他的厉害之处。正因为如此，他才能够深受刘邦的宠信，获得了成就。

微言小语

人生有时候就好像是做选择题，面对抉择，很多人可能会因为种种缘由而手足无措，但也有这样一些人，他们永远会选择正确的东西。当我们的人生面临抉择的时候，我们是舍弃大义为自己，还是遵从良心和道德而亏待自己？有时候小小的一个选择可能会影响我们的一生，所以我们在做出选择的时候，一定要再三考虑清楚。只要是自己觉得值得去做的事情，就一定要去做，不然只会后悔莫及。

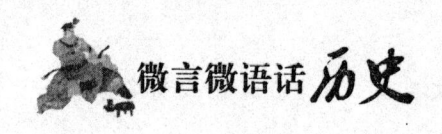

4. 诸葛亮

——诸葛亮微博：非淡泊无以明志，非宁静无以致远。

微博解意

——不清心寡欲就不能使自己的志向明确而坚定，不安定清静就不能实现远大的理想。

诸葛亮（公元181~公元234），字孔明，号卧龙，琅琊阳都人，三国时期蜀国的丞相。他是杰出的政治家、战略家、发明家、军事家，在世时曾被封为武乡侯，谥曰忠武侯；后来，东晋政权追封他为武兴王，以推崇诸葛亮的军事才能和谋略。他一生有很多作品，其中为世人熟知的有《前出师表》《后出师表》《诫子书》等。同时他也是一个发明家，发明了木牛流马、孔明灯等。他早年时期隐世避俗，一直勤奋学习，学成之后躬耕农亩，后来被刘备知道，三顾茅庐请他出山，辅佐蜀汉势力，一直到生命的尽头，可谓鞠躬尽瘁，死而后已。诸葛亮在后世也受到很大的尊崇，在成都建有武侯祠，后代很多诗人如杜甫也有赞扬诸葛亮的《蜀相》名篇传世。

淡泊明志，宁静致远

诸葛亮在3岁的时候母亲就病逝了，在他8岁那年父亲也去世，姐弟三人无依无靠，就跟随着叔父诸葛玄到了豫章郡，后来又去投奔刘表。叔父去世以后，三人就在襄阳城西二十多里一个叫做隆中的地方，置买了田产定居下来。他亲自种田，在闲暇的时候，就博览诸子百家的著作，学到很多知识。诸葛亮当时还结交过很多荆州的有名之士，并且十分谦虚恭敬地向他们请教，从而使得他的知识更加广博。很多人都知道他很有学问，但是诸葛亮从来不自傲，并且经常虚心向别人请教学习。后来经当时著名的古文经学家司马徽引荐拜一个名叫萼玖的人为师，在他身边学到了很多知识，后来又去武当山拜师学习。学成之后他就一直隐居在隆中。刘备在第二次拜访诸葛亮的时候，看到草庐的门上写着一副对联："淡泊以明志，宁静而致远。"意思是说用淡泊简朴来显示自己的志趣，用心境平静来远离名利世俗。从这幅对联上我们可以看到诸葛亮的品德修养。诸葛亮在他自己身上，一直保持着勤奋好学的习惯，才使得他辅佐刘备建立蜀国形成当时三国鼎立的政治局面。他对自己的儿子诸葛瞻也抱有很大的希望，还写下《诫子书》来告诫他怎样做人做事。

诸葛瞻擅长书法绘画，并且记忆力很强，在当时很受赏识。延熙六年，诸葛瞻开始担任骑都尉，第二年出任羽林中郎将，后来又升

微言微语话历史

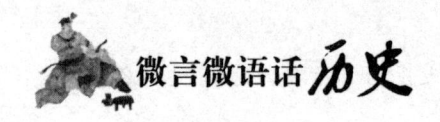

迁为射声校尉、侍中、尚书仆射，还兼任军师将军一职。当时蜀国很多人都因为他是诸葛亮的儿子而对他比较偏爱。乡井百姓之间就流传着这样的故事，每当朝廷有什么好的政策和措施公布的，即使不是诸葛瞻建议和倡导的，他们也会相互流传说："是诸葛瞻的功劳。"所以诸葛瞻的名声一直很好，并且流传很广，但却是名不副实。

诸葛亮知道自己的儿子太早熟，害怕他走错道路，所以一直希望能够帮助他，提醒他，于是写下了《诫子书》，用来告诫自己的儿子。大概意思是说，那些品德高尚、德才兼备的人，都能做到安定内心，不被外物影响，集中精力修身养性，通常依靠着俭朴的作风来培养自己的品德。如果一个人看不清世俗的名利，那么他就不能明确自己的志向，不身心宁静也就不能实现远大的理想；在学习的时候必须专心致志，不能一心二用，增长才干就必须刻苦学习；不努力学习的话就不能增长才智，不明确自己的志向就不能在学习上获得成就；过度的享乐和怠惰会磨灭人的品质，使人不能奋发向上，轻浮急躁就不能陶冶性情；青春年华是随着光阴逐渐流逝的，意志也随着岁月一点点消磨殆尽，到得最后就像枯枝败叶那样成了无所作为的人，对国家没有任何用处，只有悲伤地困守在自己的穷家破舍里面，等到那时候再后悔也来不及了。

今人跟贴

诸葛亮的一生，可以概括为"鞠躬尽瘁，死而后已"。他不仅天资聪颖，更是诚心求学，在学有所成之后，辅佐刘备建立了蜀国，让其与魏国、东吴形成三足鼎立之势。对于自己的后代，他也是要求严格，希望他们能够有明确的人生目标和高尚的品质，不为世俗之事所烦扰，还专门写下《诫子书》，以告知后人为人处世的道理。没有目标的人生就不会有动力，没有动力的人生就不会成功，所以我们做什么事情都要有一个明确的目标，这样才能在不断的奋斗和努力中实现自己的人生价值。

微言小语

人活着就应该有一个明确的人生目标，只有确定了目标，才能不断地为之奋斗。只有在目标明确的时候，人们才能够斗志激昂，取得事半功倍的效果。没有目标的人生，就好像是被装在瓶子里的无头苍蝇，除了撞得晕头转向之外，毫无所获。现实社会的步伐越来越快，几乎每个人都梦想着能够有所成就。所以，面对人生，我们不仅要确定自己的人生目标，而且还要做到淡定，适当的时候把生活的节奏放慢一点。或许慢下来，我们才可以实现自我。

5. 长孙无忌

——长孙无忌微博：德礼为政教之本，刑罚为政教之用，犹昏晓阳秋相须而成者也。

微博解意

——以礼义教化作为治理国家的基本方法，而以刑罚制裁作为治理国家的辅助手段，就犹如早晚四季交替是相辅相成的。

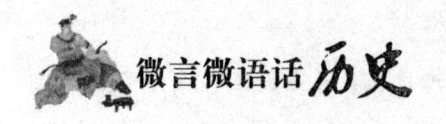

长孙无忌（公元597～公元659），字辅机，今河南省洛阳人。父亲名叫长孙晟，当时效忠于隋朝。在其死后，长孙无忌就和8岁的妹妹因忍受不了同父异母的兄长虐待，决定离开家中，前去投奔舅舅高士廉。幸好高士廉是个厚道的人，那时候他算是找到了暂时的避难所，不愁吃喝，并且在潜移默化中学会了很多知识，才有后来他那出众的文才。公元617年，李渊在太原起兵。长孙无忌前去投奔，李渊爱惜他的才能，就授予他官职，让他担任渭北行军典签。从此之后他开始辅佐李渊父子，建立了唐朝政权。他是唐朝的开国功臣，因为期间功劳最大，从而被封齐国公，后又改为赵国公。武德九年，他参与发动历史上著名的玄武门之变，帮助李世民夺取帝位。曾经担任过尚书仆射、司空。他为人十分谨慎，在贞观十一年的时候奉命和房玄龄等一起修订《贞观律》。贞观十七年，太宗让人把有功之臣的画像挂在凌烟阁以示褒奖，一共有二十四人，长孙无忌位居第一。唐高宗李治即位，就册封他太尉，同中书门下三品。最后因为反对高宗立武则天为皇后，被许敬宗污蔑陷害，官位被削流放到黔州，因此上吊自杀。终其一生，都为唐朝效劳，可谓三朝元老，死在遗憾之中。

重以德礼，辅以刑罚

长孙无忌的官运一直沉沉浮浮。当初在打天下的时候，李世民立了大功，他也就跟着水涨船高，从开始的一个记录资料的小文

第二篇 文臣篇 能言会道 青史留名有一套

书，到比部郎中、上党县公。李世民得到天下之后，长孙无忌理所当然成了第一功臣，因此担任吏部尚书和右仆射这样重要的职位。在此期间，他大刀阔斧地办完了三件大事：第一，精简机构，最后确定朝廷定员为643人；第二，削弱宗室，为保证江山稳固，所以就把李家远亲从"郡王"的队伍中降级；第三，调整外交，决定在国力没有恢复之前，对突厥等国服软。在他任职一年以后，就已经得罪了无数人。从此之后在唐朝王室之中，外戚的身份就变得敏感起来，很多人都怕得罪他而被降级。一向谦和的长孙皇后对此感到很不安，还曾经多次要求哥哥辞去官职以远离是非。由于他们兄妹俩人天天在这些事情上犹疑不决，最后把李世民弄得很是无奈。于是他写了一篇《威凤赋》，大意是说当年夺位之时，他自己连死的心都有了，要不是长孙无忌一直在帮忙，他哪会有今天的成就，长孙无忌就是他最亲的人，以后谁也不要说一些闲言碎语。从此，长孙无忌就获得了很多头衔，例如开府仪同三司、司空、司徒等，不过他不掌握实权，只是挂名，事情还是手下的人一直在做。

平时他对长孙家的传家武学也没有什么兴趣，就算是从舅舅那里学的诗书文史，也不怎么上心，而是把大量的时间和精力花到了"法律"之上。从贞观元年开始，十年间，他著有大唐《贞观律》一书。之后，又费劲力气整理修改出一部《大唐仪礼》。在1300多年后的今天，人们都惊叹："西有罗马法，东有唐律。"但是，在贞观那个时代，很多人并没有意识到，以"法""礼"为核心的制度的建设，正是使国家繁荣昌盛的源头。当时很多饱学之士仍然在重人治、轻法治的路上徘徊，还盛赞魏征的铁骨铮铮，却忽视了长孙无忌的严密律条。他当时闲归闲，可是一旦有了什么事情，众臣做

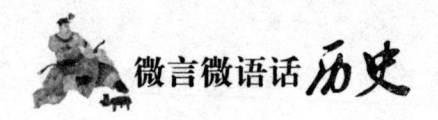

不了主的，都会去找长孙无忌。

后来唐太宗李世民下诏令长孙无忌与房玄龄、杜如晦、于志宁等大臣一起修改律法，以省去那些烦琐的不重要的法制，减轻刑罚。因为《唐律》一直贯彻以百姓为根本的原则，任何法律都是为了百姓，因此从根本上促进了唐朝建国初期封建经济迅速恢复和发展，所以唐朝历史上出现了"贞观之治"的安定繁荣新局面。他曾在《律疏义序》一文中写道："当天地人三才各自就位，世间万物刚刚分离的时候，蕴含灵气的人类成为了世界的主宰，没有不约束百姓并设立司法，进行教化并施行刑法与法律的。当中有那些放纵感情、平凡蠢笨的人，没有见识还性情凶暴，从大的方面说会引起国家地区的混乱，从小的方面说会影响个人的品行，不确立制度的国家，我以前都从没听说过。所以说要用刑法来压制犯罪的人，用死罪来遏制杀戮。"长孙无忌在这里就告诉人们，之所以要设置刑法，是因为有的人天性懒惰。在他的思想中充满了恶念，大可以扰乱天下政权，小则会影响个人的道德品行。如果没有制定出一定条例法度来约束并且加以制裁的话，就会危急国家政权。刑罚的地位等同于国家，也等同于政体，这就是长孙无忌所说的自然之理。因此他提出了"德礼为政教之本，刑罚为政教之用，犹昏晓阳秋相须而成者也"，承认德礼治国的前提下，认为刑罚是不可或缺的，它们之间没有等级之分，只会相得益彰。

今人跟贴

长孙无忌的一生一大部分时间都是陪着李世民度过的，在他年轻之时，曾经立下很多的汗马功劳，是李世民帐下的第一谋士。之后随着唐王朝的建立,他开始实施自己一系列的治国之道,尽力辅佐君王,使得天下繁荣昌盛。他的一生很大一部分时间都花在律法的研究之上,对于治国之道和律法之间的关系他看得很明白,也正是因为这样,才使得唐朝封建统治的发展在历史上空前绝后。

微言小语

古人大多数提倡"以德服人",但是我们也可以发现,很多时候仅靠这个是行不通的。而长孙无忌针对时局就提出了"重以德礼,辅以刑罚"的治国之策,他提倡以德服人,但是必要的时候也应该辅以刑罚。这是一种思想上的进步,他将"德礼"和"刑罚"相提并论,可谓是独创一格。所以,我们做事的时候,没必要拘泥于一些约定俗成的套路,该改变的时候就改变,有了改变才会有创新,有了创新才能更好地发展。

6. 耶律楚材

——耶律楚材微博:天下昜得之马上,不可以马上治。

微博解意

——我们的天下虽然是在马背上取得的,但是不可以像在战争

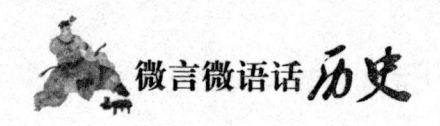

时那样治理天下。

耶律楚材（公元1190~公元1244），契丹族人，元代著名的政治家，也是元朝的三朝重臣。耶律楚材出身于贵族家庭之中，他秉承家族的传统，在年幼时就开始学习汉籍，并且精通汉文，小小年纪就已经"博览群书，旁通天文、地理、律历、数学以及中医占卜等学说，下笔写文章的时候，文思泉涌，就好像在大脑里已经构思好了"。耶律楚材任职将近三十年，期间他提出了一系列有利于中原地区经济、政治等方面发展的策略。在窝阔台死后，他遭到排挤，死后追封为广宁王，谥文正。

博学多思，共创盛世

耶律楚材早年跟随成吉思汗并受到重用，号称成吉思汗身边的第一谋士。刚开始做官时，担任开州同知、左右司员外郎。公元1215年，蒙古军开始攻占燕京，成吉思汗私下得知他才华横溢，于是就派人前去向他请教治理国家的策略。那时候他看到战争四起、生灵涂炭的大金，早已经失去了信心，他决定尽自己的全力来辅助成吉思汗，在乱世之中拯救黎民百姓。之后他就跟随成吉思汗四处征战，开始了马背上的生活，一直到元朝的建立。成吉思汗临终前，曾经对窝阔台说："耶律楚材是上天赐给我家的，以后你们遇到什么重大的事情时，都可以放心交给他去处理。"足以见得成吉思汗对他的信任。

在蒙古族征服了中原地区之后出现了一个很急迫的问题,那就是如何治理这个文化先进的地区?耶律楚材上奏说:"我们的天下虽然是在马背上取得的,但是不可以像在战争时那样治理天下。"多年研究汉文化的经验告诉他,要统治中原这块地方,就必须用中原的制度,推行儒家治国之道。他在得势的时候大力保护汉朝有才能的儒士并亲自引荐他们进入仕途,在朝为官。公元1230年,耶律楚材在中原管辖区域内总共设立十路,每路都任命正副课税使,由儒士来担任。这也成了蒙古族最早开始大批任用汉人的起始点。之后在蒙古灭金和征伐南宋的时候,很多名士,如元好问、窦默、王磐、赵复等人都受到保护并被委以重任。这对于北方学风的兴盛有很大的影响,并且在无形中促进了汉族、蒙古族两族文化的交流。在当时蒙古国虽然有着一定的尊卑之分,但是没有像汉朝那样存在明显的等级制度,在窝阔台继承大汗位置之后,耶律楚材效仿汉朝带领众大臣向窝阔台下拜,自此在蒙古引入下拜的礼仪。他还根据汉朝的一系列政策用来改进完善蒙古国的政治制度,在各个地方设置官府,分区域管辖百姓。由于长年征战,百姓生活困苦,民不聊生,为了改善这样的状况,他还提出了减轻赋税、爱惜民力、恢复生产的办法,建议窝阔台实行新的爱民政策,以快速恢复经济,并颁布临时的律法来规范蒙古人不要滥杀汉朝百姓,随之社会局势逐渐安定了下来,元朝也快速地发展起来。

公元1237年,随着金朝的灭亡,元朝统治的地域不断地扩大,这种时候朝廷需要大量的人才来辅佐君王一同治理国家。耶律楚材

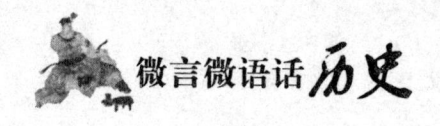

上奏说："制造器皿等用具时一定要用能工巧匠，同样治理天下一定要任用汉族的人才。"窝阔台听从了他的意见，下令以经义、辞赋、论文为三科，如有汉族学者被抓获为奴隶者，也可以让他们参加考试。此政策一出，总共得到人才4030人。这次选中的人才有杨奂、张文谦、赵良弼、董文用等人，后来都成了忽必烈时代的名臣，也为完成蒙古国的汉化做出了巨大的贡献。但是，蒙古族属于马背上的民族，他们的习俗是崇尚武力，而不是舞文弄墨。在当时有很多人看不起耶律楚材，还有人曾经在公堂之上出口侮辱他，不过都被他机智地接了下来，并教训了那人。

今人跟贴

耶律楚材虽然是契丹族人，但是他却十分崇尚汉学。在他为官期间，他多次向成吉思汗进谏，劝他启用汉族官员，建议他利用儒家思想来治理天下。耶律楚材的政绩颇佳，他能够做到关心百姓，体谅民情，不得不说他是一个不可多得的贤能之臣。

微言小语

耶律楚材能够积极学习汉族文化，并提倡以儒学思想来治理国家，他的胸襟和气度不得不让人佩服。所以，很多时候，我们并不能以一副"唯我独尊"的态度来对待一切，太过自我只会让人讨厌。谦虚一些，多学一些知识；胸怀宽阔一些，多接触一些新事物，我们就可以学到更多的东西。

7. 包拯

——包拯微博：披肝沥胆，冒犯威严，不知忌讳，不避怨仇。

微博解意

——真心实意，坦诚相见，就算冒犯了威严，也不会因害怕而忌讳，更不会因为仇怨而回避。

包拯（公元999~公元1062），字希仁，宋朝庐阳人（今合肥）。包拯二十八岁考上进士，按照当时宋朝的制度，凡是考中进士的人都可以入朝当官，但他信守前人的训谕，所谓"父母在，不远游"，就一直没有去做官，直到三十六岁的时候才入朝为官，开始只是一个小小的知县，一直奉公守法，为民出力。期间因为断了一个奇案，而声名远播。三十八岁时升任知州，由于清明廉洁，受到上司的重视和世人称赞。此后，他升迁监察御史，曾经建议练兵选将用来充实边境军备力量，奉命出使过契丹，担任过三司户部判官，京东、陕西、河北路转运使。在朝廷担任三司户部副使的时候，曾经请求朝廷准许私盐买卖，进一步促进商业的发展。后来又任进谏院的一员，多次弹劾权倾朝野的大臣。皇帝授予他龙图阁学士的职位。后来他又去到知瀛、扬诸州等地，再召他入朝的时候，

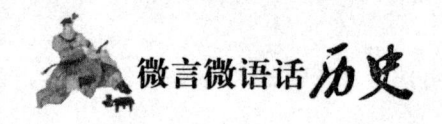

任开封府尹、权御史中丞、三司使等职。在嘉裕六年的时候，任枢密副使。死在任职期间，谥号"孝肃"。包拯做官一直以来都以他断狱英明刚直而被后人所知道。在庐州当官的时候，他秉公执法也不会回避亲人朋友，该怎么断案就怎么断，一丝一毫不包庇护短。

秉公执法，铁面无私

皇祐二年，包拯担任谏官，他以唐朝著名的谏官魏征为师，并精心挑选了魏征三篇奏议用小楷抄写，呈奏给了仁宗，请求仁宗虚心采纳进谏，明辨是非曲直，不要先入为主，以至于偏听偏信，更要爱惜人才，减免苛捐杂税，杜绝一切妖言迷信的说法，不随便大兴土木，劳民伤财。在任期间，包拯对朝政的很多建议都被采纳并且施行，使朝廷在面临重大决策的时候，避免了很多错误。包拯总结他谏官的经历时说："披肝沥胆，冒犯威严，不知忌讳，不避怨仇。"

皇祐二年九月的时候，涝灾终于结束，天气开始放晴，宋仁宗认定这是天降大吉大利的预兆，他决定在京城举行祭祀、庆祝活动，同时还下诏大赦天下，并给文武百官晋级，历史上称为"覃恩"。当时包拯并不认同仁宗的做法，他说："罪犯服刑就是对他们所犯罪行的惩罚，目的是为了他们以后不敢再冒犯，我们不能因为洪水退去而对他们减轻惩罚，这样一来犯法的人只会越来越多。并且在朝官员晋升必须有一定的政绩，无缘无故就升迁对那些确实有政绩的人是不公平，如此下去，以后还会有谁勤政勉力效劳的为朝廷呢？"宋仁宗听了之后，也觉得他说的有道理，于是就没有再提此事。

张尧佐是宋仁宗的一个宠妃张氏的伯父，他本人没有任何才能，却凭借着张氏的裙带关系一直官运亨通。开始的时候，张尧佐被皇上任命为"三司使"，对于靠裙带关系升迁这件事，包拯一直非常反对，他也不怕开罪人，就直言进谏说："像张尧佐这样无能的人，给他一个小官当，怕是也当不好，更何况是三司使这样的官职，恳请皇上收回成命。"仁宗当时因为宠妃的关系就没有理会他的进谏，反而又给张尧佐加封。包拯一再进谏，甚至当皇帝大怒的时候仍然当面与他辩论，最后终于说服皇帝将张尧佐革除职务。

包拯不仅敢于直谏，对那些贪官污吏或者做下伤天害理之事的恶人更是严惩不贷，因此他获得了"铁面无私"和"包青天"的美称。

京城有个叫刘保衡的酒坊商，因为经营不好，欠了官府的小麦，折现钱约是一百多万贯，他自己一时半会也没办法偿还。而三司使张方平下令刘保衡变卖家产偿还债务，但是在私底下却用十分低廉的价格买下了商户的家产。民不与官斗，刘保衡深知自己斗不过张方平，只好眼睁睁地看着贪官将自己的房产贪走。张方平身为朝廷命官，利用职权巧取豪夺的事情无意中被包拯知道了，于是包拯就在皇帝面前参奏了张方平一本，而张方平也因为此事被革职查办。

"为民伸冤，为民请命"，这就是包拯为官的最大心愿。我们也知道包拯是由他的嫂娘抚养长大的，所以一直以来，包拯对嫂娘都

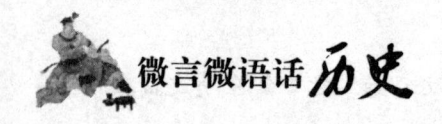

怀着一种特殊的感激之情。包勉是包拯的亲侄，但是他在担任地方官的时候，罔顾国法，贪赃受贿，终有一天事情败露了。案卷几经辗转，传到了开封府包拯的手上。包拯阅卷后，怒不可遏，但是却又十分为难。他深知嫂娘对自己恩重如山，而包勉又是嫂娘唯一的儿子，要是他徇私放过包勉，实在难以向天下百姓交代；但若是公事公办，斩了包勉，那么见到嫂娘该怎么交代。在公私两难之中，他终于选择了大义灭亲，决然下令斩了包勉，然后就回到了赤桑镇向嫂娘赔罪。

包拯为官清廉、言行一致，他刚正不阿、不畏权贵的形象深入人心，特别是他执法无私、为民请命的精神，千百年来更是获得了无数民众的好感和钦佩。他是专制社会中，老百姓敬仰、崇拜的少数几个大清官之一。而包拯的故事，也通过话本、小说、戏曲等各种文学形式在民间流传越来越广，历上千年而不衰。包拯永远活在老百姓的心中。

今人跟贴

包拯一直就是这样一个人，他不畏强权、直言进谏，不怕得罪权贵，只是一心想着能够辅佐君王、治理天下。他断过无数起冤案，而被后世之人津津乐道，也因为他的大公无私而成就了他的好名声。所以说宋仁宗时期的百姓是幸福的，他们有一个真正为他们着想、为他们请命申冤的人。

微言小语

生活于世，无所畏惧，才能看清前方究竟是什么样子，而不被世俗蒙蔽眼睛，才能明确自己想要什么，而不被别人左右。在人生的大舞台上，很多时候都会身不由己，可是既然来到了这里，站在了这个舞台上，就应当有所作为，顺从自己的内心，坚持自己的原则，做自己认为应该做的事情。即使有时候会得罪他人，可是至少面对自己的时候，可以做到问心无愧。

8. 文天祥

——文天祥微博：人生自古谁无死，留取丹心照汗青。

微博解意

——自古以来，人终不免一死，但死应该死得有意义，倘若能够为国尽忠，死后仍然可以光照千秋，青史留名。

文天祥（公元1236~公元1283），吉州庐陵人。他刚开始名字叫做文云孙，字天祥，后来选中贡士，就换成文天祥了。宝祐四年他高中状元，从此开始了他的政治生涯。文天祥以忠诚刚烈而被后世之人称道。在他兵败被俘获期间，元世祖以高官厚禄诱惑劝诫他投降，但他宁死不屈，态度从容地面对了死亡，生平的很多事迹被后人们传颂称赞。文天祥与同时期的陆秀夫、张世杰被称为"宋末三杰"。他一出生后就遇到国家危机四伏、民不聊生的战乱年代。

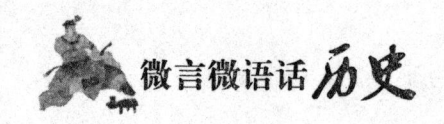

在13世纪初的时候，蒙古族逐渐在中国北方发展并且强大起来，之后铁木真建立了蒙古汗国。在短短的几十年之中，他率领士兵纵横欧亚，到处攻城略地，烧杀掳掠，给百姓带来极大的痛苦。在他的儿子窝阔台继承王位之后，继续他父亲未完成的事业，又灭了金国，随即向南进军，矛头直指风雨飘摇的南宋王朝。从公元1235～公元1279，双方战斗了将近40年，南宋朝廷最终灭亡。而文天祥的一生都与这场残酷的民族征服战争息息相关。在北方强敌入侵、国土即将沦陷、生灵涂炭的危急时刻，他自愿卖掉自己的家产，用来组织义军，号召百姓们举兵抗敌。不幸战败被俘之后，他也义正辞严，丝毫不畏权贵，也不为利益所动。

生于战乱，死亦无憾

公元1276年，益王在福州登基帝位，改元景炎。当时文天祥担任枢密使兼都督诸路军马。同年七月，文天祥在南剑州开设督府，当时福建、广东、江西等离南剑州近的地方上的许多文臣武将、地方名士还有一些忠诚于宋王朝的旧臣们纷纷前来投靠效力。与此同时，文天祥又派人到全国各地招兵买马，筹备军饷，很快地就组成了一支督府军，声势和规模都比以前的江西勤王军大很多。但是，当时朝中大臣人心涣散，不能同心同德对付敌人，而这成为了抗元军事行动的一大隐患。德祐二年十月，朝廷下令让文天祥出兵汀州，不幸战斗失败。军队在元军的攻击下，损失惨重。而南剑州也落入了敌人之手，当时的行都福安也失去了这个天然的屏障。

第二篇 | 文臣篇　能言会道 青史留名有一套

丞相陈宜中、枢密副使张世杰听到战败的消息后乱了阵脚，急急忙忙地护送端宗和卫王登上船进入大海，以躲避元军。紧跟着福安陷落，南宋朝廷失去了固定的处所。景炎二年初，元军进一步逼近汀州，文天祥带领军队撤退到广东梅州。经过一番休整，同一年五月中旬又从梅州出发，准备和元军作战到底，希望可以收复失去的江西等地。而各个地方的起义军也配合督府军并肩作战，在期间前后分别夺回会昌、兴国、雩都、分宁、武宁等地。在文天祥统一安排部署之下，军队继续挥师席卷赣南，从而收复了大片土地。

景炎二年八月，元军军队意气奋发，进攻更加猛烈。由于督府军由很多义军组成，没有经过严格的训练，所以作战经验不足，战斗力也不强，又加上元军经常在马上作战，骑兵异常勇猛，最终只能惨淡收场。督府军中的一些文臣武将有的战死沙场，有的被当场捕获。文天祥家里只剩下老少三人，虽然文天祥承受着国破家亡和妻离子散的残酷现实，但他的抗元意志没有丝毫动摇。他带兵进入广东地界，在潮州、惠州一带继续组织战争抗元。公元1278年，文天祥不幸被偷袭的元军俘获。他在被俘后想要以身殉国，但是自杀没有成功。当时元朝的元帅张弘范率领水陆两路军队直下广东，想要彻底消灭南宋王朝。文天祥也被他们用战船一路押解到珠江口外的零丁洋。张弘范派人请文天祥写信，招降张世杰，文天祥当场拒绝写招降书，写了一首七言律诗，用以表达自己的内心。这首诗也就是留芳千古的《过零丁洋》："辛苦遭逢起一经，干戈寥落四周星。山河破碎风飘絮，身世浮沉雨打萍。惶恐滩头说惶恐，零丁洋里叹零丁。人生自古谁无死，留取丹心照汗青。"文天祥就这样走到了生命的尽头，他不怕死，怕的是百姓流离失所、山河破碎。

微言微语话历史

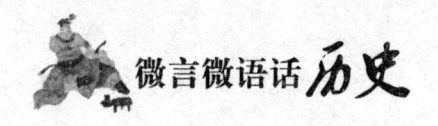

国将不国，家将不家，他舍弃了自己的小家，而为大家奋斗，到头来还是抵抗不了命运，只能在遗憾中死去。死时虽然看似平静，可是又有谁愿意自己国破家亡，兵败被俘。

之后在元军的猛烈攻势之下，宋、元两方在海面上展开最后的战争，张世杰统领的宋军战败，陆秀夫背负登基不久的小皇帝投海自尽。就这样南宋灭亡了，经历了战争的伤痛，也经历了历史的更替。国已经不是原来那个国，物是人非，留给后人的只是书页上记载的几句话。

今人跟贴

文天祥一生都在战争中度过，在他出生之时起一直到最后死亡都没有逃脱战乱带来的伤痛。可他并没有抱怨命运的不公平，而是奋起反抗命运强加给他的人生。战争是残酷的，没有人喜欢战争，因为在战争中受苦受难的只有老百姓。经历了时代的变迁，饱受流离失所之苦，文天祥深谙民心，所以他一直战斗到了最后，是为自己的国家，也是为自己的人民而战，虽死犹荣。

微言小语

人活着，就是因为有所追求。我们都知道人的一生其实是非常短暂的，我们没必要将时间花在叹息和感慨中。每个人都有自己的理想，文天祥为了自己的国家可以不惧生死，虽然我们生活在和平年代，但是我们面对自己的人生，也要有一种不惧艰难的决心。只有不断地奋斗，不断地打拼，才可以让自己活得有价值，才可以让自己的人生拥有更高的质量。

第三篇

武将篇　沙场征战 保家卫国勇无敌

勇者无敌，驰骋沙场保家卫国，抛头颅洒热血，只为社稷安危。他们有的足智多谋善于用兵，有的大气凛然深谙其道，有的英勇善战所向披靡，有的壮志未酬忧国忧民。不管他们有着怎样的境遇，始终拥有一颗充满热情的心，去保卫国家百姓安全。就是这种信仰，带着他们闯过残酷的战场，闯过生死之门，一直向那最危险的地方前进，用生命守卫着疆土，每天都盼着能够收复河山，回家团圆。这样的人在历史中永远被人敬仰，也永远被百姓记挂。

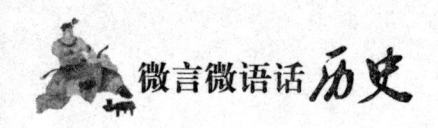

1. 孙武

——孙武微博：其疾如风，其涂如林，侵掠如火，不动如山，难知如阴，动如雷震。

微博解意

——部队快速行动起来犹如疾风；舒缓行进起来犹如森林；侵掠起来犹如烈火；不动时候稳如山岳；难以窥测有如阴云蔽日；发起进攻有如迅雷猛击。

孙武，生卒年不详，字长卿，汉族人。他出生在一个祖辈都精通军事的贵族家庭之中，祖父和叔父都是将军，受此影响孙武从小就立志做一名将军为国效力。少年时期的他就十分聪明，更是喜爱读书。后来学有所成，受到吴王阖闾的赏识。他曾领兵杀入楚国郢都，还差点灭了越国。可惜阖闾死后，吴王夫差并不看好孙武，不仅不听孙武和伍子胥的劝谏，反而骄傲自大，不但接受了越国的投降，并且大兴土木，沉迷于享乐。伍子胥屡次劝谏夫差收回成命，但是他听信谗言，活活将伍子胥逼死，还把尸体投入河中喂鱼。孙武看到伍子胥的下场之后心灰意冷，意识到吴国已经无药可救了，于是他选择了归隐山林，并将所有的心思都放在编写兵法上。他所撰写的《孙子兵法》十三篇流传于世，是我国历史上最早的兵法书籍，被人们赞誉为"兵学圣典"，一直居于《武经七书》的首位。后世的人们一般都尊称他为孙子、孙武子或者是兵圣。他是百世兵家之师也是东方兵学的开山鼻祖。

吴宫教战，怒斩美姬

孙武既然是兵圣，那么他对于带兵自然有着他自己的方法，而对于一支军队而言，令行禁止是非常重要的，他自己曾经就所过："其疾如风，其徐如林，侵掠如火，不动如山，难知如阴，动如雷震。"这就是他对于他的士兵的要求，可是想要做到这样，对士兵就必须要有十分严格的训练，才能达到效果。在孙武带着他撰写的《兵法》十三篇前去谒见吴王阖闾的时候，吴王对他非常赏识，觉得他的兵法写得非常好，可是怕孙武是一个只会纸上谈兵的人，所以每次孙武和吴王讲解兵法的时候都有意刁难他，看他是不是真有领军打仗的才能。

有一次孙武说："战争的胜负，很大程度上取决于将军指挥的本领。一个杰出的将领调动千军万马，就像运用自己手脚那么自如。"还说，"不仅如此，杰出的将领还可以将一支弱兵带成一支强兵，即使是娇小的女子，也可以训练得像平常兵士一样坚强勇猛。"吴王听了之后就不相信了，说："女子怎么可能训练成军队呢，不可能吧！"孙武听后便说："大王若是不信我的话，我们可以试一试，你把宫中的宫女、妃子交给我来训练，保证一个月后可上战

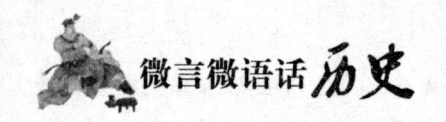

场，成为合格的士兵！"吴王终于遇到了一个实践的机会，可以让他得知孙武究竟有没有能耐，于是他答应了孙武的要求，把一百多名宫女、妃子交给孙武训练。孙武首先把宫女分成两队，让吴王最宠爱的两位美姬夏、姜两妃当头目，然后指派自己的陪乘担任军吏，负责执行军法。然后孙武站在指挥台上开始讲解训练要领，他问道："你们应该都知道自己的左右手和前心后背吧，现在开始依照鼓声为准，向前就是看前方，向左就是看左手，向右就是看右手，向后就是看后面。"安排好了之后孙武开始下达号令，可是宫女们却只是感觉十分有趣，并没有认真，也没有按照孙武说的做，特别是夏、姜两个妃子，更是旁若无人地在一旁打闹。孙武看了之后便让他的军吏实行了军法，杀掉了两个宠妃，然后重新任命了两个人做头目，之后所有的宫女都被孙武吓到了，全部乖乖听从他的命令。吴王知道这件事情之后非常生气，本想斥责孙武一顿。可是孙武却说："令行禁止，赏罚分明，这是军队的规矩，作为一个将领一定要有威严，这样才能训练出优秀的士兵，打仗才能克敌制胜。"吴王听了之后怒气渐渐消退了，他也意识到孙武确实是一个能带兵打仗的良将，所以便任命孙武为将军。

之后孙武果然没有辜负吴王的信任，为吴国立下汗马功劳。当时吴国最大的敌人是楚国，孙武与伍子胥一起辅佐阖闾经国治军，制定了以破楚为首要的任务，然后在南面收服越国，最后进图中原的争霸方略；并且实施分开军队以扰乱楚国和拖垮楚国的作战方针，使吴国取得与楚国争雄的主动权。公元前512年，吴军攻克了楚的属国钟吾国6年之后，公元前506年，吴国进攻楚国的条件已经成熟，孙武与伍子胥率军大举攻楚，直接进军楚国国都郢都。吴军乘胜追击，5战大获全胜，占领了楚的国都郢城，几乎将楚国灭国。吴国从此开始强盛起来，野心也随着不断扩大，准备讨伐越国。阖闾在战争中受伤，不久之后就病死了，后来太子夫差继承王位，他准备开始报仇雪耻大业，就让孙武和伍子胥一起整顿军队。公元前494年越王勾践向吴屈辱求和，而夫差没有听从伍子胥的劝阻，同意了勾践的求和要求。吴国借着大军的士气，一直将势力延伸到北方中原地区。公元前485年，吴国联合鲁国，大败齐军。公元前482年，吴国联合鲁国，再次大败齐军。公元前482年，夫差又率领着数万精兵，由水路北上，到达了黄池，与晋、鲁等诸国的国君会盟。而吴国在这次盟会上，以强大的军事力量争得了霸主的地位。之后夫差开始自以为是，也不再像以前那样勤政爱民了。这个时候越王勾践一方面派西施迷惑夫差，一方面还亲自侍奉他，消除他的疑虑，等待时机报复夫差。夫差被身边的小人迷惑，不再信任孙武和伍子胥，后来还因为勾践的事情和伍子胥闹翻。伍子胥被逼死，孙武得知此事之后就对夫差失去信心，便悄悄地隐退了。

今人跟贴

一支优秀的军队，必须令行禁止、赏罚分明。而要想做到这样，必须要有良好的军纪，将领要有威严。如果士兵违反了军规则一定要按照军法处置，没有人能够例外。只有这样士兵才能做到令行禁止，将领才能在战争中随心所欲地指挥军队，取得最大化的效果，获得胜利。孙武就是这样训练军队，因此之后吴楚大战的时候孙武才能以区区6万军队就打败了楚国的20万军队。

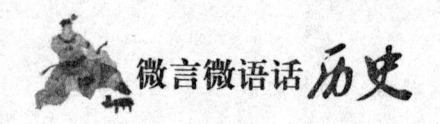

> 微言小语

对于我们来说战争可能很遥远,可是社会就是一个战场。没有规矩不成方圆,无论是公司还是学校,官场还是职场都有自己的规矩,所以如果我们身在其中就要遵守其中的规矩,做到令行禁止,这样才能使效率最大化。如果我们是"将领",那我们必须要赏罚分明,不能有丝毫徇私。只有惩治违反规矩的人,才可以让其他人去遵守规矩。这样在指挥自己的"士兵"时才能做到行云流水,取得胜利。

2. 孙膑

——孙膑微博:知道,胜;不知道,不胜。

> 微博解意

——明白"道"之后,你就能获得胜利;不明白它,就只会失败。

孙膑生卒年不详,据说是孙武的后代,他曾师从鬼谷子学习兵法,和庞涓是同窗。后来庞涓下山被魏惠王封为将军。庞涓嫉贤妒能,唯恐孙膑取代了自己的位置,于是骗孙膑来到魏国,然后使用奸计,孙膑被处以膑刑。后来孙膑被齐国使者偷偷救回齐国,受到田忌的器重，成为他的幕僚。在田忌赛马中，田忌借机将他引荐于齐威王，齐威王任他为军师。马陵之战中，孙膑身居辎车，打败了魏军，使庞涓自杀身亡。孙膑的著作有《孙膑兵法》，一部分失传。孙膑曾经明确地指出，战争并不是什么别的东西，而是先王传布的"道"，也就是一种政治的工具。先王不是不想要"责仁义，式礼乐，垂衣裳，以禁争夺"，为社会创造和平的生活环境；但是，仅仅凭着空口说教并不能让一切都实现，所以才"举兵绳之"，用战争的手段禁止争夺。然而，战争作为政治斗争的一种工具，并不是可以随便使用的。战胜固然可以"存亡国，继绝世"，而一旦战败，则会"削地而危社稷"。所以，对待战争"不可不察"，要慎之又慎。喜好战争的国家一定会灭亡，贪图胜利的人也一定会受辱。孙膑的这种战争观显然比《司马法》所说的"以战止战"的思想更加深刻。所以，一个国家，要合理地利用战争，才能够达到"固国强民"的效果。

领兵作战，胜在有道

孙膑的一生可谓是传奇性的，他年幼的时候师从鬼谷子学习兵法，学成出山之后受到师兄庞涓的欺骗，被施以膑刑。但是孙膑却没有放弃生存的念头。当他知道自己的一切遭遇都是庞涓的诡计的时候，熟知兵法的他决定赌一把。他先是装疯，乱喊乱叫，不仅烧毁了自己所写的兵书，后来又当着庞涓的面倒身卧在粪秽之中，终

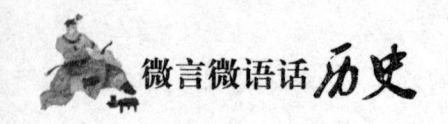

于降低了庞涓对他的防备。趁着齐国的使者来到魏国都城的时候，他暗中会见了使者并向其游说。齐国使者认为孙膑是个有才能的异人，于是就偷偷地载着他回到了齐国。齐国将军田忌十分赏识孙膑的才能，视他为座上宾。而孙膑终于可以发挥自己的才能了。

当时，在齐国的王室贵族中，流行一种赛马游戏。田忌和齐威王赛马，经常是胜少负多。孙膑在场观察了多次之后，发现双方出场的马大致可分为上、中、下三等，每一等的马力相仿，于是对田忌说："下次赛马，我可以保证将军获胜，赌注可以下得大一些"。田忌因为敬佩孙膑的才能，对他几乎是言听计从，听了孙膑的保证后非常高兴，和齐威王赛马"逐射千金"。比赛当天，孙膑给田忌出了个主意，让田忌用自己的上等马对齐威王的中等马；用中等马对齐威王的下等马；最后再用下等马对齐威王的上等马。田忌依计而行，结果，田忌两胜一负，赢得了千金的赌注。看似一场简单的比赛，但是这个小比赛却揭示了军事上一条很重要的规律，那就是在战争中要从全局着眼，善于统筹，为了总体的胜利，局部的利益是可以牺牲的。不管是比赛还是行军打仗，只要正确地运用了这一规律，就可以从全局上看处于劣势的一方，必要的时候做出某种让步，采取出奇制胜的战术，而获得全面的胜利，达到以弱胜强的预期目的，这也就是孙膑所提出的"道"。孙膑在"田忌赛马"中所采用的方法，也被视为"策对论"的最早运用。

在后来与庞涓的作战中，孙膑采用的战术同样可以体现出"胜在有道"这一理论。公元前354年，魏国攻打赵国，赵国向齐国求救。齐威王便任命田忌为大将，孙膑为军师，让他们前去解救赵国。田忌本想带领军队直接到赵国去解围，孙膑却说："解乱丝的时候不能整团地抓住了去硬拉，劝解打架的人也不能在双方相持很紧的地方去搏击，只有击中要害，冲击对方的空虚之处，才能改变形势，当然危急的局面也会自行解除。现在魏国和赵国打仗，魏国的轻装精锐的士兵必定全都集中在赵国，留在国内的只会是一些老弱病残。如果这时候，我们去攻打魏国国都，那么赵国之围也就解了。"田忌听从了孙膑的建议，于是率兵直攻魏国的国都大梁。魏国的军队果然丢下赵国的都城邯郸，撤兵回国自救，在桂陵又遇上早就等在那里的齐兵，被打得溃不成军。这就是著名的"围魏救赵"的故事。

公元前342年，魏国和赵国联合攻打韩国，韩国向齐国告急。齐威王派田忌带兵去援救韩国。田忌同样采用孙膑的建议，直奔魏都大梁。正在前线的庞涓听到这一消息，立即撤兵离开韩国回魏国。庞涓回国的时候，齐军已经越过了魏国的国境而向西进了。孙膑告诉田忌："那魏国的军队向来强悍勇猛，不将齐国放在眼里，齐军被称为是最胆小的军队。善于用兵的人完全可以根据这一情势，把战争朝着有利的方向加以引导。《孙子兵法》说'每天行军百里去争利，一定会使大将受挫折；每天行军五十里去争利，军队只有一半能到达'。现在命令齐军在进入魏地的第一天造十万灶，第二天减为五万灶，第三天减为三万灶。"这样一定可以让庞涓上当。庞涓在齐军的后面追了三天，看到齐军留下的痕迹，非常高兴地说："我本来就知道齐军怯弱，进入我国境内才三天，士兵逃亡的数量就已经超过一半了。"于是就丢下他的步兵，率领轻兵锐卒，日夜兼程追赶齐军。孙膑按照推测，估计魏军晚上应该赶到马陵了。马陵道路狭窄，而且两边的地形险要，是军队埋伏的好地点。

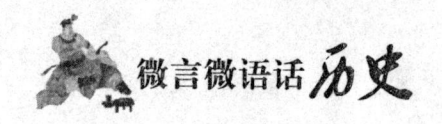

于是就命人砍下一棵大树的外皮露出白木质并且在上面写着："庞涓死在这棵树下！"接着命令一万名擅长射箭的弓弩手，在马陵道两边设伏，并且事先和那些弩手约好说："晚上见到燃起火把就一齐射箭。"庞涓果然在夜晚赶到了马陵，并且看到了一棵树上刻了字，于是就取火把来照看。他还没有把上面的字读完，齐军就万箭齐发，魏军一片混乱，彼此之间失去了联系，庞涓自知智谋不及孙膑，看大势已去，便挥剑自刎。临死前说："这样一来倒成就了这小子的名声！"庞涓死后，齐军乘胜追击，彻底打败了魏国的军队，并且俘虏了魏太子申，并将其带回了齐国。孙膑自此便扬名天下，而他的兵法也受到后人的推崇。

今人跟贴

"领兵作战，胜在有道"，虽然孙膑说"道"是一种政治的工具，并不怎么推崇战争，但是他却深谙这个"道"。领兵作战，只有懂得战术，在"天时、地利、人和"的条件下，才能够取得胜利，所以才会有那么多"以少胜多，以弱胜强"的著名战争。

微言小语

人生就是一场没有硝烟的战争，我们要想打赢这场战争不能只是一味地去拼命，去硬碰硬，要学会观察事物的客观规律，尊重它并且学会利用规律帮助我们取得成功。有时候看起来不占有任何优势的事情，但只要用心观察，换一种方式去思考，这样或许会得到不一样的收获，人生本无定性，主要在于我们是否懂得合理利用自身的优势。

3. 韩信

——韩信微博：多多益善。

> 微博解意

——韩信觉得自己带兵，越多越好。

　　韩信（公元前231~公元前196），江苏淮阴人。他不但是西汉的开国功臣，还是中国历史上杰出的军事家，"汉初三杰"之一。韩信出生贫穷，但是却有过人的志气与才学。他曾经跟随项羽，但是却没有受到重用。之后项羽兵败，韩信便投靠了刘邦，可是在刘邦手下只做了一个小吏，不能发挥自己的才能。后来韩信心灰意冷之下只能出走，但是萧何知道韩信是真正有才能、能够辅佐刘邦统一天下的人，如果放走他实在是很可惜，在听到韩信逃跑之后，情急之下就连夜骑马追了回来。刘邦自此觉得韩信真的是位能人，开始重用他。韩信没有让刘邦失望，后来为汉朝立下汗马功劳。曾经先后做过齐王、楚王，后来被贬为淮阴侯。最后韩信遭到刘邦的疑忌，被安上谋反的罪名而被处死。韩信是中国军事思想"谋战"派代表人物之一，被后人尊称为"兵仙""战神"。"王、侯、将、相"韩信一人都做过。而"国士无双""功高无二，略不世出"则是楚汉之时人们对他的评价。

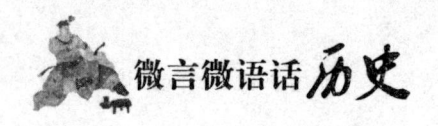

韩信点兵，多多益善

秦朝末年的时候，楚汉之间战争频发。有一次，韩信带领1500名将士与楚王的大将李锋交战。经过一场苦战，最终楚军不敌汉军，无奈之下只好暂时回到营地。因为汉军也死伤了大约四五百人，于是韩信就地整顿了一下兵马，返回了营地。当他走到一个山坡的时候，突然有后面的军士前来报告，说有楚军的骑兵追了过来。韩信回头一看，只看到不远处尘土飞扬，喊杀声一片。汉军因为经历了刚才的战争已经十分疲惫，顿时军队之中哗然大乱，每个士兵的心中都十分惶恐。韩信骑着马来到坡顶，看见前来的敌人还不足五百人，于是就迅速地点兵迎敌。他首先命令士兵3人一排，结果就多出了2名；然后命令士兵5人站成一排，结果多出3名；最后他命令士兵7人一排，又多出2名。韩信马上对将士们宣布："我军现在一共有1073名勇士，而敌人只有区区五百人，我们占据着良好的地势可以居高临下，以多打少，所以这场战争一定可以获得胜利。"汉军本来就十分信服韩信，听韩信这么一说，就更加相信韩信的"神机妙算"，于是士气受到很大的鼓舞。一时间旌旗摇动，鼓声震天，交战不久之后，楚军大败而逃。

这就是历史上有名的韩信点兵。看似神奇，其实韩信只是运用了一个简单的算术技巧，就马上得出了士兵的数量。这样一来士兵觉得不可思议，就更加相信可以取得胜利，后来果然大败楚军。

有一次刘邦和韩信谈论朝中的各位大将，说到带兵打仗的时候，刘邦就问韩信说："你觉得我能带多少兵？"韩信看了刘邦一眼说："你最多能带十万兵吧！"汉高祖听了之后心里很不畅快，心想："你竟然这样小看我！"于是便问韩信："那你呢？"韩信信心十足地说："我啊！当然是越多越好啰！"刘邦听后就更加不舒服了，勉强地说道："将军您有这样的才能，我非常佩服。但是现在，我有一个小小的问题想向将军请教，我想凭借将军无人能敌的才能，肯定会不费吹灰之力地回答出来。"韩信很不在乎地说："可以可以，大王尽管问就是了，臣保准知无不言，言无不尽。"刘邦狡黠地一笑，然后就传令叫来一小队士兵隔着墙站着，刘邦发令："现在每三个人站成一排。"队伍马上就站好了，小队长进来报告说："多出两个人。"刘邦又传令："这次每五个人站成一排。"小队长报告说："又多出了三个人。"刘邦再传令："每七个人站成一排。"小队长报告说："还是多出两个人。"刘邦转脸笑着问韩信："请问将军，这队士兵到底有多少人？"韩信听后脱口而出："二十三人。"刘邦大惊，没想到他这么厉害，心想："这个人本事确实很大，估计以后留着也是祸患，会危及到江山社稷，最好能够找个机会把他杀掉。"刘邦没有为难住韩信，无奈之余只能称赞韩信确实很有才能。可是韩信却从刘邦的眼神中看出了他无意中刺伤了刘邦的虚荣心。他连忙回答说："陛下您不善于带兵，但是却擅长指挥将领，因为这样我始终在你的手下做事。而且您是真龙天子，受命于天，哪是我们这些武夫所能企及的！"刘邦听后才慢慢忘记了刚才的不快，开心地笑了。

韩信一生为刘邦征战，在当时群雄并起的时代先后灭掉了各方

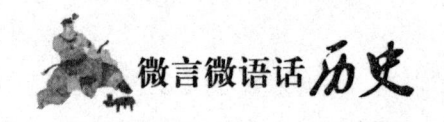

诸侯，最终帮助刘邦确立了汉朝基业。但是正如韩信所说："果若人言，'狡兔死，良狗烹；高鸟尽，良弓藏；敌国破，谋臣亡。'天下已定，我固当烹！"韩信不仅仅是一个只会带兵打仗的武夫，可以说他是文武双采，虽然比不上当时的张良等人，但是他很早就料到了自己的结局，那就是"功高震主"。最后韩信被萧何和吕雉设计，安了一个叛乱的罪名而被处死，世人也为之惋惜。

今人跟贴

韩信从小就有大志向，刻苦学习，希望能成就一番事业。可是他投靠项羽之后却不得重用，后来到了刘邦手下也只是做一个小吏。可是是金子总会发光，经过萧何的推荐，韩信最终成为了刘邦手下的大将。他的能力是不容置疑的，正如他所说，多多益善。而韩信点兵不但体现了他的算术天赋，更是作为一个将领所拥有的领兵之才。明修栈道、暗渡陈仓、夏阳偷渡、背水为营、木罂渡军、拔帜易帜、半渡而击、传檄而定、沉沙决水、四面楚歌、十面埋伏等，这一系列的经典战役就是对他"多多益善"的最好诠释。

微言小语

多多益善体现了韩信无比的自信和卓越的才能，而作为现在的我们，首先需要的是用学习知识来充实自己，如果没有才能何谈"带兵"，更不用说多多益善了。空有一番想法只能是纸上谈兵，这样一到了实践的时候就会手忙脚乱，如果这样子去"带兵"，又能带多少"兵"呢？而有了才能之后就是要有自信，要敢于向别人展示出自己的才华，让别人知道自己的能力。这样不但能给我们自己信心，也能给我们的上司以及部下信心。有信心的部队才能成为胜利之师。

4. 项羽

——项羽微博：力拔山兮气盖世，时不利兮骓不逝。骓不逝兮可奈何，虞兮虞兮奈若何！

微博解意

——我的力量能拔起大山啊，我的气概能压倒当世，奈何时势不利啊，乌骓马也不再飞驰，乌骓马也不再飞驰啊！我该拿它怎么办？虞姬啊虞姬啊，我该怎么办！

项羽（公元前232～公元前202），名籍，字羽，通常被人们称做项羽，是中国古代杰出军事家以及著名政治人物。虽然他只活了短短的30年，却在中国历史上绽放出了璀璨的光芒。他是中国军事思想"勇战"派代表人物，秦末起义军的领袖。秦消灭各方诸侯一统天下，项羽的祖父项燕因为楚国兵败被杀。项羽与弟弟项庄跟随着叔父项梁流亡到吴县。项羽在年少的时候，项梁曾经教他读书识字，但是学了没多长时间之后就开始厌倦；项梁又教他习武，没过多久他又不学了。项梁就非常生气，项羽却说："读书能够用来记姓名就行了，学武只不过能敌得过一人，我要学便学能够抵挡住

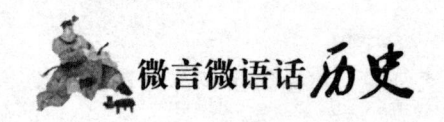

千万人的方法!"项梁于是就开始教他兵法。但是学了一段时间后又不想学了,项梁只好顺着他的意思不再去管他。秦二世元年,陈胜、吴广在大泽乡揭竿起义,项羽便跟随叔父项梁在吴中刺杀了太守殷通以响应起义,这一战中项羽一人斩杀卫兵近百人,第一次展现了他举世无双的武艺!24岁的项羽就这样响应起义,自此登上了历史的舞台。后来在巨鹿之战中大破秦军主力,消灭了秦国,之后自立为西楚霸王,统治黄河及长江下游的梁、楚九郡。后来在楚汉之争中兵败,在乌江自刎而死。项羽的勇武古今无双,古人曾经评价他"羽之神勇,千古无二"。

四面楚歌,霸王别姬

楚霸王四年十二月,刘邦、英布、刘贾、韩信、彭越等五路大军在垓下基本完成了对楚军的合围。进过一番艰苦的战斗,刘邦的30万部队在韩信的带领下和在垓下困守的10万楚军进行了生死决战。

不幸的是项羽战败回营,面对着汉军的重重围困。到了晚上,楚军周围四面八方的汉营中又传出了楚国的歌声,项羽听到之后大惊失色:"难道汉军已经占领了楚地,为什么会有那么多的楚人的声音?"项羽一时悲伤,十分忧愁,就在帐中饮起酒来。项羽有一位很宠爱的妃子,名叫虞姬,经常跟随在项羽身边;项羽还有一匹骏马,名叫乌骓,他十分喜爱它。酒过三巡之后,项羽感慨良多,他作歌唱道："力拔山兮气盖世，时不利兮骓不逝。骓不逝兮可奈何，虞兮虞兮奈若何！"。虞姬听了之后便和道："汉兵已略地，四面楚歌声，大王意气尽，贱妾何聊生！"歌声结束之后，虞姬就自杀而死了。项羽悲伤流泪。旁边的侍卫都不敢抬头看他，这就是历史上著名的"霸王别姬"。而韩信就借用四面楚歌这个计策，成功地扰乱了项羽的心，使得他在慌乱之下做出了突围的决定。

虞姬死后，项羽挑选了八百勇士，趁着夜色便向南边突围。天亮之后，汉军才发现项羽已经离去，于是灌婴率领五千骑兵追击，等到项羽渡过淮河的时候，跟随他的骑兵只剩下一百多人了。来到阴陵一带，这时项羽又迷路了，于是他前去问一个老农，老农回答往左去，之后项羽和他的部队便一直往左走，不料陷入了一片沼泽，因此耽误了不少时间，使得汉军追了上来。项羽又往东去，到达了东城的一座山上，这时跟随他的骑兵只剩 28 人了。项羽感觉自己这次恐怕不能脱身了，就对骑兵们说："我从起兵到现在算算也已经有八年时间，经过的大小战争有七十多场，凡是抵挡我的人都被我杀死了。我作战从来没有失败过，今天被困在这里，不是因为我不会打仗，而是天要亡我！决战的时候已经到来了，就让我们痛快地一战。我一定要胜利三次，击破汉军的包围、斩将杀敌，让你们知道，是上天要亡我，不是我不会打仗。"于是他把骑兵分为四队，这时汉军已经把他们团团围住，项羽对他的手下们说："我先杀掉对方的将领！"于是他命令骑兵们分四面向山下冲去，然后再在山东面会合。项羽大呼一声，冲到汉军队伍中斩杀了一名汉将。赤泉侯杨喜想追项羽，项羽大喝一声，杨喜的人因为害怕马上退后了数里！项羽与骑兵分成了三队，汉军根本不知道项羽在哪个

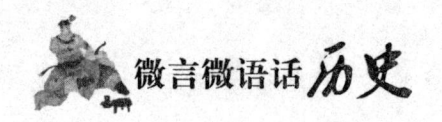

队伍中，所以也只能分三队包围。项羽飞驰而出，又斩杀了一名汉将，同时斩杀了将近百人，部队汇合之后发现仅仅少了两名骑兵，项羽便问："怎么样？"骑兵们跪倒回答："大王英勇无人能敌。"

项羽成功突围东城之后发现了一线生机，于是他想渡过乌江，乌江的亭长把船停在岸边，对项羽说："江东地方虽然很小，可是方圆也有千里，百姓数十万之多，大王你留下来也足以称王，赶快渡江吧，现在只有臣有船，汉军到这里是没有办法渡过的。"项羽听了之后，才知道楚地并没有被汉军攻陷。项羽十分内疚，为了捍卫"霸王"的荣誉，他最终没有渡过乌江，而是选择了死战。于是他将自己的爱马乌骓送给了亭长，然后与汉军在乌江决一死战，最后在江边自刎，时年30岁。一代西楚霸王，至此结束了他辉煌壮烈的一生！

今人跟贴

项羽的一生无愧于"霸王"的称号，想当年火烧秦宫，分封十八路诸侯，是多么的霸气无双、天下间舍我其谁。但是项羽终究只是"霸王"而非当世枭雄，不但没有重用人才，连韩信都"送"给了刘邦，鸿门宴上更是优柔寡断，没有狠心杀掉刘邦，导致放虎归山。后来直到兵败之时还执著于"时不利兮"，怨天不利而不是自己不会打仗，呜呼哀哉！一代霸王享年仅仅30岁就自刎于江边而无颜面对江东父老。

微言小语

项羽出生名门，力拔山兮气盖世，但是却兵败于被人们称为地痞无赖的刘邦。并不是如他所说的因为天时不利，真正的原因是他的性格，他骄傲自大、刚愎自用，不懂得运用人才，所以他只能成为一代霸王，而不能成为一代君王。我们要如同项羽一样勇猛，但是不能如他一样目中无人，要重视敌人，更要重视身边的人。三人行必有我师，如果失败了也不要怨天忧人，要学会反省，要有面对失败的勇气。宁愿做卧薪尝胆的勾践，也不学不渡乌江的霸王。

5. 周瑜

——周瑜微博：刘备以枭雄之姿，而有关羽、张飞熊虎之将，必非久屈为人用者。

微博解意

——刘备现在就是枭雄，再加上关羽、张飞这等熊虎一样的猛将辅佐，一定不会长久地屈居人下被人所用。

周瑜（公元175～公元210），字公瑾，汉族，庐江舒县人。周瑜是东汉末年东吴的名将，因为他相貌英俊所以有"周郎"的称号。他在军事方面很有才华，并且擅长音律，江东向来有"曲有误，周郎顾"的说法。周瑜出生在一个官宦家庭，他的堂祖父周景、堂叔周忠，都是汉朝时期的太尉。父亲周异曾经担任过洛阳县令。周瑜少年的时候就和孙坚的儿子孙策交好，后来一直受到孙策

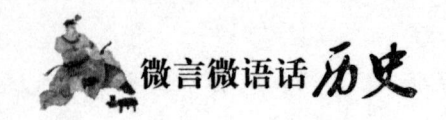

的重用。孙策娶了大乔，周瑜娶了小乔，膝下有两个儿子和一个女儿。公元200年，孙策遇害，年仅26岁的他在临终之时把军国大事托付给了他的弟弟孙权，并一再嘱咐他重用周瑜。后来孙权也一直很是器重周瑜，让他出任吴国的水军都督。公元208年，在周瑜的指挥之下孙、刘联军在赤壁以火攻击败曹操的军队，这就是著名的赤壁之战，这一战同时也奠定了三分天下的基础。公元210年，周瑜病故在巴地，英年早逝，年仅36岁。

志定天下，深谋远虑

三国时期，战火四起，天下诸侯各踞一方。曹操在官渡之战之中打败袁绍之后，基本统一了北方，在军中的威望也开始强盛起来。志得意满之余，曹操的野心也逐渐显露了出来，他不仅想统一北方，更想要统治整个中原，于是他又开始向南出兵。首当其冲的就是荆州之地，荆州向来是兵家必争之地，东吴的孙权和蜀汉的刘备都对其垂涎已久。这个时候，孙权首先任命周瑜为大都督，命他出兵江夏，打败了一直盘踞在那里的黄祖。曹操害怕孙权占了先机，所以在同年的九月，大举挥师南下。那时候刘表病故，荆州地区只剩下以蔡瑁为首的众臣，他们又都是降曹派，刘琮也是不战而降。刘备势单力孤，没办法和曹操大军抗衡，只能带领众兵将向南逃跑。在曹操顺利占据荆州之后，他更加自信，扬言要顺流而下，率八十万大军席卷江东。东吴的谋臣听说曹操将要率领八十万大军来袭,都十分惊恐。孙权就召集他们商讨对策,但是在朝中意见很不统一,以张昭为首的绝大部分人都认为应该"迎曹"。只有鲁肃等少数的人觉得应该"抗曹"。面对进退两难的局势,鲁肃就建议孙权把周瑜从外地召回来,听听他的看法。周瑜在回来之后对于局势有十分清晰的看法,他认为当务之急应该抗曹。首先曹操虽然名义上是魏国的丞相,但是他野心颇大,向这样的人低头名不正言不顺,所以不能投降。第二,虽然号称有八十万大军,其实也只有二十万左右。第三,曹操常年在北方征战,他的部队只擅长陆战,对于水战完全不通,更何况他们这次南下,一定会有士兵水土不服,不适宜这里的环境。最后周瑜还说出了最重要的一点,那就是臣可降,而君不能降。对于其他朝廷官员来说降了曹操之后也还是可以做官,可是一旦孙权投降了,就会一无所有了。孙权听了之后很是赞同他的看法,于是就下定决心和曹操一战。

那个时候,刘备正想率军渡过长江,在当阳和鲁肃相遇,就一同谋划计策,之后刘备就进驻夏口,派诸葛亮前去谒见孙权,两人谈得十分融洽,于是孙权与刘备结成联盟,共同抵抗曹军。孙权任命周瑜、程普为左右督,领兵三万。鲁肃为赞军校尉,在旁协助周瑜,两军人马在赤壁相遇,一场大战即将开始。果然不出所料,这个时候因为水土不服曹军之中已有疾病流行,刚一接战,曹军立即败退,曹操只好下令驻扎在长江以北等待时机。

之后,周瑜的部下黄盖献了一计:"现今敌人军队众多,我军人数少,但是我观察他们的船只都是首尾相连在一起的,所以我们可以用火攻。"周瑜听从了黄盖的计谋之后。就选了蒙冲斗舰几十艘,里面装满了柴草,浇上油脂,再在外面用帐幕包裹起来,插上

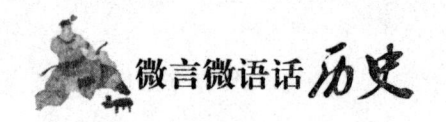

牙旗，做好了火攻的准备。之后黄盖诈降，与周瑜上演了历史上有名的苦肉计，最终得到了曹操的信任。在交战的那天东南风急，黄盖带领着数十艘战船，乘风向曹营进发。曹操以为黄盖真的前来投降，丝毫没有防备。等到船队行到距离曹军水寨二里多的时候，黄盖就下令各船同时点火。曹操的军队已经来不及往逃跑了，结果被火船冲入阵中，大军一片混乱，很多士兵被烧死、淹死。周瑜乘机大举进攻，曹操大败，无奈之下曹操只好留曹仁守在江陵，自己带一部分人马返回北方。后来周瑜又与程普进军南郡，经过几番交战之后，终于将曹仁也逼回了北方。

当时孙权想要拜周瑜为偏将军，兼任南郡太守，以下隽、汉昌、刘阳、州陵为封地，军队驻扎在江陵一带。刘备以左将军兼任荆州太守，周瑜就将荆州长江以南的地区分给刘备，刘备将军队驻扎在营口，后来改名为公安。当时刘备原来的部属全都归在刘备的营地之中，刘备因为周瑜分给他的土地太少，不足以容纳自己的部下，于是他前去拜见孙权，请求孙权把整个荆州交给自己管理。周瑜就上书说："刘备现在就是枭雄，再加上关羽、张飞这等熊虎一样的猛将辅佐，一定不会长久地屈居人下被人所用。我认为为大计考虑，应该把刘备安置在吴国之内，给他大兴土木建筑华美的宫殿，并且赏赐他美女和各种娱乐的物品，这样来迷惑他的心志。再把张飞关羽分开安置在两个地方，让像我这样的将领统率他们作战，这样国家大局就可以稳定了。现今乱割土地给他作为资本，使这三个人聚集在边界之地，恐怕就会像蛟龙得到云雨的帮助，终究不会再留在水池中了。"孙权认为曹操雄踞北方，应该广招天下贤能人才为自己所用，就没有听从周瑜的建议。刘备回到公安之后，通过一些渠道知道了周瑜上书的事情，就叹息着说道："天下的智者谋士的看法都很相似，当时诸葛亮就劝诫我不要去见孙权，就是担心会发生这样的事情。我正在危急之中，所以不得以才走这一步险路，差一点就逃不出周瑜的掌控了。"就这样北方有曹操虎视眈眈，在荆州又有刘备寄居，天下大局未定、动荡不安的时候，周瑜就去世了。他临终的时候还上书给孙权要率领众将士奋发向上，让他任用为人忠烈的鲁肃，以辅佐孙权统治吴国。他一生的志向还没有达成，只能寄希望在后面的人身上了。

今人跟贴

周瑜少年就和孙策交好，他一生都在为吴国效忠，不曾有丝毫改变。他为人足智多谋，宽宏大度，深谋远虑，更是在赤壁之战中凭借着谋略在北方火烧曹营，大败曹军。"大江东去，浪淘尽，千古风流人物。故垒西边，人道是，三国周郎赤壁"，这就是后世之人对他最好的评价。当时刘备居于荆州的时候，周瑜就看出了他的虎狼之心，只可惜孙权当时并没有采纳他的建议，以致后来出现三国鼎力的局面，真可谓是养虎为患。生平志向还没有得到完全施展，他就病故了，在临死前还不忘上书给孙权，其忠心由此可见一斑。

微言小语

人不可以为了贪图一时的功名利禄就鼠目寸光，那样只会让自己陷入困难的境地。我们可以这样认为，如果孙权听取了周瑜的建议，早点对刘备采取措施，或许之后就不会有三国鼎立的局面了；

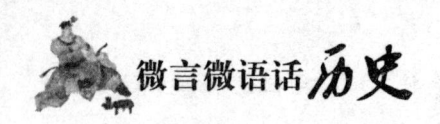

要是周瑜能够活得久一点，或许东吴的结局可能会是另一种。不过这一切都是假设，由周瑜的故事我们可以看出，有时候做事应该果断一些，试着放开眼光去看待身边的一切，不要太过于计较眼前的得失，那样才会让自己在人生的道路中少一点曲折，多一些平顺。

6. 霍去病

——霍去病微博：匈奴未灭，何以家为？

微博解意

——匈奴还没有消灭，把哪里当家呢？

霍去病（公元前140～公元前117），汉族，河东郡平阳县人。霍去病出生在一个富有传奇性的家庭，他是公主府的女奴和平阳县小吏的儿子，因为身份低微，不敢让世人知道他们私通。霍去病只能以私生子的身份来到这个世上，虽然这样，但还是会有贵人前来相助。在他满一岁的时候，姨母卫子夫有幸被汉武帝看中，之后就进了后宫，很快就被封为夫人，地位仅次于皇后。借着这个关系，霍去病的命运就此发生改变。汉武帝爱惜他的才能，就拜他为将，带领士兵冲锋杀敌，到后来因为战功卓越曾经担任大司马骠骑将军。他一生多次率领军队和匈奴在北方交战，匈奴军队被汉军杀得节节败退，霍去病也因此留下了"封狼居胥"的佳话。

英雄少年，封狼居胥

汉武帝刘彻在军事方面有着突出的政绩，一开始汉朝建立，边境地区特别是在北方，局势动荡不安，百姓经常遭到匈奴人的侵扰。匈奴人几乎把汉朝当成了自己的库房，所以就在边境地区烧杀掳掠无所不为。面对这样的情况，长城以内的国家从秦朝以来就没有办法从根本上整治，派兵和匈奴交战，大多时候都是以失败告终。但是汉武帝并不希望这样的事情继续发生，他下定决心要改变这样的状况，就派大将卫青等人前去作战。卫青英勇善战，取得胜利，因而受到了汉武帝的重用。

在自己这位英雄舅舅的影响之下，霍去病也慢慢长大成人，他自小就擅长骑射，虽然还很年轻，但是不想和那些王孙公子一样，待在长安城里享受长辈的荫庇。他渴望能有一天像舅舅卫青一样杀敌立功。公元前123年，漠南之战中，18岁的霍去病担任嫖姚校尉，第二次跟从卫青出征，带领八百骑兵，作为一支奇兵在沙漠里到处偷袭匈奴军队。在这场战争中，霍去病一共斩敌2028人，并且还杀了匈奴单于祖父，俘虏单于的国相和叔叔。回到都城之后，汉武帝十分高兴，立即将他封为"冠军侯"，赞叹他的英勇善战，并赐食邑二千五百户。霍去病的第一次战争大获全胜。

公元前121年的春天，19岁的霍去病被任命为骠骑将军，率领精兵一万出征匈奴。他在千里大漠中奔袭，打了一场漂亮的迂回战。六天之中他转战匈奴五处部落，一路凶猛进攻，锐不可当，并在皋兰山和匈奴卢侯王、折兰王打了一场硬碰硬的生死战。在此战中，霍去病也是险些失败，带去是一万精兵仅剩下三千人。但是匈奴损失更加惨重——卢侯王和折兰王都战死沙场，浑邪王子及相国、都尉被俘虏，斩敌8960人，匈奴休屠祭天金人也成了汉军的战利品。在这场河西大战之后，汉王朝中再也没有人敢去质疑霍去病的统军作战能力了，他也因此成为汉军中的一代军人楷模、尚武精神的化身。

公元前119年，汉武帝为了彻底消灭匈奴主力，发起了规模空前的"漠北大战"。这时的霍去病已经毫无争议地成为了汉军对抗匈奴的王牌。但是在这场战争的事前策划中，原本安排霍去病去打单于，结果由于情报错误，这个对局变成了他舅舅卫青，霍去病没能遇上他最渴望的对手，而是碰上了左贤王的部队。在大军深入漠北地区寻找匈奴主力的过程中，霍去病率部奔袭两千多里，最终歼敌七万多人，同时还俘虏匈奴王爷三人，以及将军相国当户都尉八十三人。大约是他很渴望碰上匈奴单于，所以他一路追杀，来到了今蒙古肯特山一带。就在这里，霍去病下令部队暂作停顿，率领大军进行了祭天地的典礼——祭天封礼仪式在狼居胥山举行，祭地典礼于姑衍山举行，并且说道："匈奴未灭，何以家为？"虽然这只是一个仪式，但也表现出他的一种决心。在他封狼居胥之后，霍去病继续率军深入追击匈奴，一直打到瀚海，才停止继续追寻。经此一役，于是就有了"匈奴远遁，漠南无王庭"的说法。霍去病和他的"封狼居胥"，从此也成为中国历代兵家人生的最高追求、终生奋斗的梦想。而在这一年，霍去病病故，年仅23岁，就此在他人生最辉煌的时刻画上了一个句号。

今人跟贴

虽然霍去病出身低微，但是他却并没有因此而自暴自弃，他以自己的舅舅卫青为楷模，自小就立下了报效国家的远大志向。长大后，他凭借着自己的英勇果真为大汉立下了汗马功劳，他的成就在中国历史上是无人能及的。也正是他抗击匈奴的决心让他有了满腔的激情，在当时取得了这么大的成就。人应该在年轻的时候多奋斗，不应该一直待在父母的羽翼之下寻求庇护，那样以后的生活才会更加美满一些。不管在你身边的是谁，只有自己强大起来才会有能力在这个社会中立足。

微言小语

一个人，他的出生可以微薄，但是他的志向却不能太过渺小。我们知道，很多人都渴望成功，渴望自己的人生活得有价值，但是很多人却又难脱庸碌，这到底是为什么呢？其实主要的原因在于我们没有一个远大的人生理想。理想是一个人对自己人生的追求，是为自己制定的目标。只有远大的人生理想才能够让我们不断去奋斗，去拼搏，去实现自己的人生价值。所以，我们应该像霍去病一样，为自己的人生确立一个目标，并且为之去不断奋斗，不断拼搏。

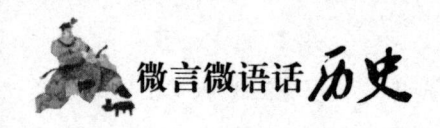

7. 关羽

——关羽微博：吾极知曹公待我厚，然吾受刘将军厚恩，誓以共死，不可背之。吾终不留，吾要当立效以报曹公乃去。

微博解意

——我深知曹公对我一直很好，但是我受到刘备的恩惠，发誓会誓死效忠于他，不可以背弃他。我最终是不会留下来的，我应该立刻离开这里报答曹公的知遇之恩。

关羽，生卒年不详，字云长，河东解人。他是东汉末年著名的将领，自从刘备在乡里聚众起兵之后就一直追随刘备，是刘备最为信任的将领之一。关羽暂时任职曹操手下时，因为阵前斩杀颜良，解白马之围有功，于是曹操上表封他为汉寿亭侯；刘备在蜀中称王之后，拜关羽为前将军，总领荆州。在关羽去世之后，他的形象开始被人们逐渐神化，成为民间百姓祭祀的主要对象之一，人们称他为"关公"。

身在曹营，不忘汉蜀

关羽当初在涿郡的时候，遇上东汉政府动员各地豪强地主组织武装，共同镇压黄巾起义。他因此结识了当地正在聚众起兵的刘备。刘备自称是西汉景帝之子中山靖王刘胜的后代。后来关羽和刘备又遇上了张飞，三人因为志同道合，便在桃园结为异姓兄弟，结拜后的三人异常友爱，相互定下了永不相负的誓言。关羽和张飞自中平元年起就始终忠心耿耿地追随着刘备，一直到他们身死。

关羽是一名十分罕见的猛将，曹操当时十分欣赏他的为人处世，一心想要让他担任自己的将军，并授其汉寿亭侯的爵位，一直以来对他都是礼遇有加。可是时间久了，曹操却发现关羽心神不定，好像根本就没有想要留在曹营的心思，于是他就对和关羽关系甚好的张辽说："爱卿，你去问一下关羽的想法，看他是否答应留在我身边，为我效力。"张辽前去询问关羽的意思，关羽却叹息着说："我深知曹公对我一直很好，但是我深受刘备的恩惠，曾经发誓会誓死效忠于他，所以我不可以背弃他。我最终是不会留下来的，我应该立刻离开这里以报答曹公的知遇之恩。"张辽就将关羽的话如实转告给曹操，曹操听了之后，不但没有怨恨关羽，反而认为他是一个有情有义的人，更加器重他。关羽斩杀颜良之后，曹操知道他一定会离开，于是就加倍赏赐他。关羽把曹操多次给他的赏赐都封存妥当，写了一封告辞信，之后就保护着刘备的家小，离开

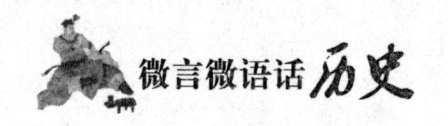

了曹营，到袁绍军中前去寻找刘备。曹操的将士听了之后，想要去追赶，曹操劝阻着说："大家都是各为其主，你们就不要再为难他了。"

公元215年，刘备夺取了益州之后，孙权让诸葛瑾找刘备索要荆州。刘备当时不答应，这让孙权十分恼恨，于是派吕蒙率领大军夺取了长沙、零陵、桂阳三郡。长沙、桂阳的蜀将因为抵挡不过就投降了。刘备得知这件事情之后，亲自从成都赶到公安，并且还派大将关羽率军夺取三郡。孙权也随着进驻陆口，派鲁肃把兵营驻扎在益阳，用以抵挡关羽的大军。双方剑拔弩张，孙刘联盟即将破裂，在这万分紧要关头，鲁肃为了维护孙刘联盟，不给曹操可乘之机，于是决定当面和关羽商谈。双方经过几番会谈之后，紧张的局势终于得以缓和。随后，孙权与刘备就一起商定要平分荆州，最后达成协议，双方各自退兵返回，孙刘联盟因此继续维持了下去。之后刘备、孙权都逐渐地强大起来，终于建立了与曹魏可以抗衡的蜀、吴二国，中国历史上也出现了三国鼎立的局面。

公元220年农历十一月，吕蒙奉命攻打蜀国，他率军到浔阳，并把精锐的士兵埋伏在伪装的商船之上，还命令将士身穿白衣，化装成普通商人，召集百姓摇橹划桨，日夜兼程赶路，逆水而上，直向江陵进军，一切都进行得十分隐蔽和诡密。当时浔阳的驻守将军是关羽，吕蒙事先就已经知道关羽兵少，料到他肯定会逃走，途中必然会走麦城北边那条通向西川的小道，于是就事先派兵埋伏在那里。十二月，孙权派使者前去到麦城劝关羽投降，关羽提出了让吴军退兵十里，然后在南门相见的要求。吕蒙答应了他，果然退兵十里，等候关羽投降。在期间关羽和他的长子关平趁着这个机会就带着十几个骑兵，偷偷地出北门向西一路逃去，最后却被吴将潘璋部司马马忠擒获，被绑着去见孙权，孙权爱惜关羽的才能，想要招降关羽为他效命，可是关羽宁死不屈，最后和儿子关平在临沮一起被潘璋杀害。蜀汉怀帝刘禅在景耀三年追谥关羽为"壮缪侯"。

今人跟贴

关羽虽然人在曹营之中，但是他一直心系汉蜀。曹操对他礼遇有加，并许以官爵，可是他丝毫不为所动。他是一个极重情义的人，在他看来荣华富贵都是空的，只有兄弟之间的情义才是最重要的。等到后来的孙吴大军大败蜀军，要他投降，关羽既然已经追随了刘备，那么他就不会再有任何的改变，抱着必死的心态，为自己的兄弟肝脑涂地，也是在所不辞的。

微言小语

我们可以看出，关羽的一生其实都秉承着"义气"二字。他珍惜自己和刘备的兄弟之情，所以即使是面对高官厚禄也不动摇。有人评价说，曹操才是真正了解关羽的那个人，关羽其实辜负了曹操的知遇之恩。这也确实是事实，曹操自始至终都很欣赏关羽。而关羽之所以在死后备受世人的尊敬，也是因为他的"义"。可见一个人在世上，应该坚持自己的原则，要想得到他人的尊重，首先就要拥有值得让人尊重的品质。

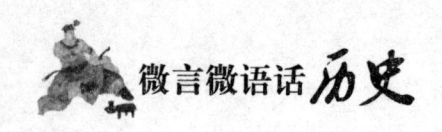

8. 岳飞

——岳飞微博：莫等闲，白了少年头，空悲切。

微博解意

——要抓紧时间为国建功立业，不要空将青春消磨，等年老时徒自悲切。

岳飞（公元1103~公元1142），字鹏举，汉族。北宋相州汤阴县永和乡孝悌里人。是中国历史上著名的战略家、军事家、民族英雄和抗金名将。他的一生都是在和金兵作斗争，怀着满腔的爱国热情，为南宋王朝收复了半壁河山。他精忠报国的精神，受到百姓的敬佩。率领的军队被当时的人们称为"岳家军"，乡井之间还流传着"撼山易，撼岳家军难"的名句。在出师北伐的时候，由于心情悲愤写下了《满江红》的名作，流传后世。绍兴十一年，奸臣秦桧以"莫须有"的罪名，蛊惑皇帝将岳飞毒死在临安的风波亭中。公元1162年，宋孝宗下诏官复原职，谥号武穆；宋宁宗的时候追封为鄂王，改谥号忠武。

精忠报国，誓死抗金

北宋时期，掀起了轰轰烈烈的抗金民族战争。岳飞和当时的抗金名将宗泽、韩世忠等一起，站在抗金斗争的最前线。靖康元年冬，岳飞在刘浩的军中做事，刘浩让他前去招安吉倩。岳飞果然不负众望，招降吉倩和他的部属总共380人，因此获得了补承信郎一职。靖康二年四月，金人最终取得胜利，消灭北宋王朝，俘虏徽宗赵佶、钦宗赵桓及皇家宗室。同年五月，康王赵构在南京继位，史称南宋。在刚开始的时候，宋高宗一直主张要收复失地，于是他启用大批主战将领，其中就有岳飞。岳飞一开始就坚决反对议和，主张抗战到底。建炎元年，岳飞上书，大意是说：现在皇上已经继位，这是收复北宋朝廷失地的绝好机会，应该坚决抵抗金兵。但是宋高宗却没有采纳岳飞的建议，还用越职的罪名将岳飞罢官。之后岳飞就一路北上，进入河北招讨使张所军中，借补"正八品修武郎"，担任中军统领。张所这个人深明大义，很赏识岳飞，岳飞很快就升为"从七品武经郎"，任统制。建炎元年九月，张所让岳飞进入王渊的军队，和他们一起北上抗击金兵。岳飞作战有勇有谋，多次取得胜利，之后声威大震。岳飞知道自己和刘豫有怨恨，所以就归到宗泽的部队中，担任留守司统制。在宗泽死后，杜充取代了他的职位，岳飞官复原职，建炎三年，杜充将要回到建康，岳飞于是进言说："中原之地我们不可放弃，现今前脚一走，这块地肯定

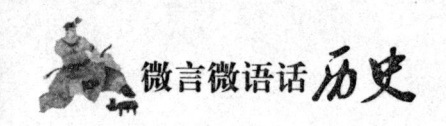

就不会属于我们了。如果以后想要再收复他，一定要几十万军队才行。"但是杜充不听他的建议，岳飞没有办法，也只好跟随军回到建康。回去之后，杜充驻守建康，金军和叛贼李成在乌江会合，杜充却对此事不闻不问。岳飞知道事情的严重性，他多次前去请见杜充，但是被杜充以各种理由拒绝了。

绍兴九年，岳飞在鄂州听说宋、金两方即将达成协议，于是他立刻上书表示反对，说金人不可以相信，他们很可能会借此机会，变得更加嚣张跋扈，还直接抨击出谋划策的相国秦桧用心不良。因为这件事情，使得秦桧一直对岳飞有怨恨。绍兴十年五月，金国撕毁了和议，金兀术等分四道来攻打宋朝。由于宋朝没有事先防备，因此节节败退，城池相继失陷。随后宋高宗命韩世忠、张俊、岳飞等出师正面抗敌，很快，抗金大军在东、西两线均取得大胜，失地也相继被收回。岳飞在黄河中游一带作战，他等待已久的收复河山的时机终于到来了。岳家军在进入中原之后，由于军纪严明，受到了中原人民的热烈欢迎。同年七月，岳飞亲自率领一支轻骑驻守在河南郾城，和金兀术的一万五千名精骑发生了激烈的战斗，最后把金兀术打得大败而归。岳飞手下部将杨再兴，一个人闯进敌阵，想活捉金兀术，可惜没有找到，被金兵射到几十处箭伤，英勇无人能及。郾城大捷之后，岳飞就开始乘胜向朱仙镇进军，金兀术当时集合了十万大军抵挡，但还是被岳家军打得落花流水。在这次北伐中原的战争中，岳飞一口气收复了颍昌、蔡州、陈州、郑州、河南府、汝州等十余座州郡，并且消灭了金军的有生力量。金军军心开始动摇，金兀术连夜准备从开封撤逃。南宋抗金斗争有了根本性的转机，再向前跨出一步，沦陷了十多年的中原之地，就有希望收复了。岳飞兴奋地对大将们说："我们要直抵黄龙府，到时候和各位畅饮一番！"反观敌营，金军则发出了"撼山易，撼岳家军难"的哀叹。

就在抗金战争取得辉煌胜利的时刻，朝廷连下十二道金牌，急令岳飞班师回朝。一回到临安，岳飞就陷入了秦桧、张俊等人布置的阴谋之中。绍兴十一年，他遭到诬告说想要"谋反"，于是被关进了临安大理寺。与此同时，宋、金两国又开始策划第二次议和，当时双方都视抗战派为眼中钉、肉中刺。金兀术写信给秦桧："一定要先杀死岳飞之后才可以议和。"但是岳飞一向光明正大，正气凛然，忠心报国。从他身上，根本找不到他任何反叛朝廷的证据，韩世忠就当面质问秦桧，秦桧闪烁其词地说："其事莫须有。"韩世忠当场驳斥："'莫须有'三个字，如何让天下百姓信服？"绍兴十一年农历除夕夜，高宗下令赐死岳飞。于是在临安大理寺之内，岳飞被害，时年39岁。同时岳飞的部将张宪、儿子岳云也被斩首示众。民族英雄岳飞，就在一个"莫须有"的罪名下，含冤而死。在他临死前，他在供状上写下"天日昭昭，天日昭昭"八个大字。

今人跟贴

一代名族英雄岳飞就在朝中奸臣的迫害下，被扣上"莫须有"的罪名冤杀了。这是历史上的一桩惨案，但是尽管被冤杀，岳飞"精忠报国"的浩然正气依旧常存在人们心中。他就好像是一个典范，拥有崇高的民族气节，成为人们千古传颂的英雄人物。

微言小语

做人就应该轰轰烈烈的，就好像是岳飞，生前为了收复失地而

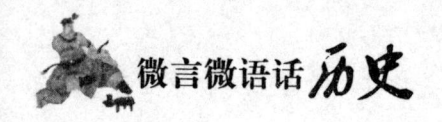

出生入死，受到世人的尊敬。后来虽然含冤而死，但是他的美名却让后人传颂。"雁过留声，人过留名"，从古至今，人们就希望自己的一生能够留下一个不错的名声，当然这也算是人生中的一种成功。所以从岳飞的故事我们可以得知，其实人有时候活得轰轰烈烈未尝不是一件好事。至少，在后人看来，这样的人生也算是有价值的。

第四篇
隐士篇 知时晓事 名利双收钓鱼翁

历史上有这么一些人，他们有着惊世之才，有着满心的抱负想要实现，但是却因为种种原因深居简出、淡泊名利，始终与现实的社会政治保持着距离；他们虽然与世无争，却又名扬天下；他们并非不关心国家政治，而是阅尽了世间繁华、看透了官场的尔虞我诈之后，甘于一种淡泊、一种平凡。世人给这些人冠以"隐士"之名，将他们的传闻逸事一直流传下去。

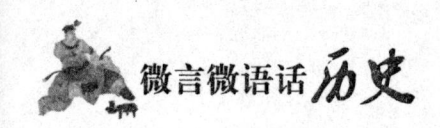

1. 许由

——许由微博：尧欲召我为九州长，恶闻其声，是故洗耳。

微博解意

——尧想要禅让皇位给我，（我）不想听到他这样说，所以就用水清洗了自己的耳朵。

许由，生卒年不详，字武仲，阳城槐里人。是尧舜时期的一位贤者，当时尧帝想要找人来继承王位，在得知许由的贤德才能之后，就前去拜访他，想将帝位禅让给他。许由却坚决不受，并且在颍水边清洗了自己的耳朵，然后隐居在荒山野林之中一直没有出来过。尧帝封他为"箕山的山神，配食五岳，享受后世之人的祭祀"。许由因为尧帝禅让帝位的事情，成为了古代最早的一位声名显赫的隐士。据传说他曾经还做过尧、舜、禹的老师，后人也因此称他为"三代宗师"。他拒绝荣华富贵、谦让隐退的高贵品质，对于后来的隐士文化以及道家文化都产生了极大的影响，也成为了中国传统文化的一部分。

淡泊名利，只为自由

在三皇五帝时代，传说尧帝遍访各地寻找能够继承帝位的人才，后来他听说阳城有巢父、许由这样的大贤者，于是就不辞辛苦前去拜访他们。他到阳城之后首先拜访了巢父，因为巢父不想继承帝位，所以连他的面都没有见到；后来尧帝就去了许由那里，拜访他。许由是一个不问政治并且自视"清高"的人，他认为自己的才能比不上虞舜，并且还担心尧帝的几个儿子不会心服，从而引起帝位之争耽误国家大事，祸害天下百姓，于是就直接拒绝了尧的请求。随后他连夜逃到了箕山上，此后一直隐居在那里不问世事，过着日出而作日落而息的生活。

一天，他来到岐山西北部的山脚下面，看到那里土地肥沃、山清水秀，于是就决定在那里定居。一开始，尧帝误解了许由的意思，以为许由是因为谦虚，所以才没有接受他的邀请，他自己也不生气，反而更加敬重他。在得知许由隐居在岐山之后，于是又派人前去请他，说："如果您坚决不肯接受帝位，那么希望您能出来当个'九州长'和我一起管理天下。"不料许由听了这个消息之后，反应却让人大吃一惊，他立刻跑到山下的颍水旁边，捧起水来清洗自己的耳朵。当时巢父正巧牵着一头小牛来给它饮水，便问许由这是干什么。许由把他听到的消息告诉了巢父，并且还说："我听了这样不干净的话后，怎能不赶紧来清洗一下我清白的耳朵呢！"巢

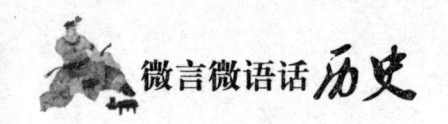

父听了之后，冷笑了一声说："哼，谁让你平时在外面招摇，造成了名声，现在惹出麻烦来了吧，这完全是你自找的，还洗什么耳朵啊！我看还是算了吧，不要弄脏了这清溪的水而沾污了我小牛的嘴！"说着说着，就牵起小牛，径自走向了水流的上游。通过这件事尧帝也知晓了许由的意思，于是就不再为难他了。他知道虽然许由有着超世的才能，但是他不愿意出世，也只好作罢。

尧帝访问许由没有成功，当时很多有才能的人都推荐虞舜给他，虞舜在20岁的时候就因为孝顺被很多人知道。尧帝在访贤的途中，在洪洞历山下遇到了耕田的虞舜，看见他用的犁辕上拴有一个簸箕，于是就问他原因。虞舜就说："牛在耕地的时候走得太慢了，就需要鞭策它们，但是牛拉犁已经是非常辛苦了，再用鞭子抽打它们又于心不忍，所以就拴个簸箕在他们后面，不管哪个牛走得慢了，就会敲敲簸箕，这样一来，黄牛误认为是他在打黑牛，黑牛错觉认为是在抽打黄牛，于是两个牛就都走快了，而我的目的也就达到了，我又何必真正鞭打它们，让它们受皮肉之苦呢！"

尧帝听了他的一番说辞之后，就十分感动并且佩服他，虞舜对牲畜既然能如此的体恤，那么让他继承掌管天下，一定会爱民如子的。然而，尧帝也是很清楚地知道，作为一国之君，身系天下百姓，一时半会通过一件事情还不能完全地证明舜的才能和品德。于是，尧帝就将娥皇、女英两个女儿嫁给了虞舜，以观察他治家的本领；又让九个不成器的儿子和虞舜一起生活，以考验他的教化才能。在通过了重重考验之后，尧帝终于放心地把帝位禅让给了虞舜。而许由作为一名隐士，享受着属于他自己一个人的自由，不为政事烦心，不为百姓操劳，一个人隐居在荒山野林之中，过着逍遥快活的日子。

今人跟贴

　　许由崇尚的是一种安然的享受之态，他虽然不接受尧帝的让位，但他也关心着天下大事，同时内心又孤傲清高，不愿意在世俗之间过多地纠缠。所以他没有接受请求，放弃了权力，坚持了自己内心的选择。许由因为对于世俗看得太过于透彻之后，就不愿意再趟进浑水之中，宁愿选择隐世避俗，在山水之间放浪形骸，也不愿意在俗世追名逐利。虽然在当时很多人的眼中，读书是为了出仕做官，但是在许由的眼中，读书是为了让自己更为清醒地认识到自己和现实。

微言小语

　　在社会中，每个人都活得很拘束、很不自在，有时候甚至会为了生活而改变自己；为了温饱而妥协求全；为了权利而丢失诚信；为了金钱而陷入腐败。如果人生存在可以选择的情况下，我们还是应该坚持自己的原则，不要为了眼前的一些蝇头小利轻易去摧毁别人的生活，更不能为了一点权力就贪污腐败。民心之所以不安，是因为世人都有欲望。当欲望被填满的时候，世界也会没有了追逐，但又有几人的欲望能被填满？

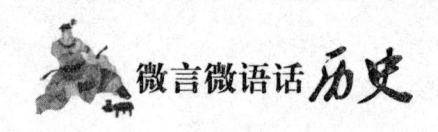

2. 伯夷

——伯夷微博：登彼西山兮，采其薇矣。以暴易暴兮，不知其非矣。

微博解意

——我登上那个西山哪，采集这里的薇菜。用那强暴的手段来改变强暴的局面，我真不知道这样做是不是正确的。

伯夷，大约生活于公元前1140年前后，伯夷姓墨，名允，字公信，伯，也就是长的意思；夷是他的谥号，伯夷是商末孤竹君的长子。孤竹君生前，就想让叔齐继承他的位置。后来孤竹君去世，按照当时的礼节，一般君王死后应该由大儿子来继承王位。但是伯夷却说："我们应该尊重父亲生前的遗愿，让叔齐做孤竹国的国君。"于是他就放弃了王位，并且离开了孤竹国，过着四处游历的生活。于是大家在感动之余就推举叔齐作为国君，叔齐却说："如果我当了国君，是对自己兄长的不义，虽然遵循了我父王的遗言，但是不合礼制。"于是叔齐也离开了孤竹国，自此和伯夷一起过着流浪的生活。在没有办法的情况之下，人们只好立了中子为国君。在春秋战国时期形成的儒家学派中，对于伯夷让位的行为非常赞赏，认为这是一种仁德宽厚的表现。

第四篇 | 隐士篇　知时晓事 名利双收钓鱼翁

不食周粟，以身殉道

话说伯夷和叔齐两人四处流亡的时候，对于商纣残暴的统治很是不满，在途中，他们听说周文王管辖地区的百姓安居乐业，并且很适合老人居住，于是就决定前往归顺。在他们到达那里的时候，周文王刚好去世了，他的儿子周武王在丞相姜尚的辅佐下决定兴兵伐纣。伯夷和叔齐两人听说后，就跪在周武王的马前进谏说："您的父亲刚刚去世你却不厚葬他，现在又大动干戈，兴兵伐纣，这可以说是孝顺吗？作为臣子你却想要谋杀自己的君王，难道说这是仁义吗？一个不孝不义之人，凭什么去管理天下？"武王的手下听了之后十分愤怒，想要杀掉他们，但是被姜太公制止了，并说："伯夷、叔齐是当世大贤，应该受到尊重。"于是武王并没有为难伯夷兄弟二人。

牧野之上，一片慌乱，横尸遍野。这正是公元前1046年，经过一场惨烈的战争，最后由于商纣王阵前的一些奴隶士兵临阵倒戈，周武王民心所向，所以才取得了决定性的胜利，灭掉了商朝，结束了残暴的商朝统治，建立了新的大周王朝。而伯夷和叔齐认为这种做法太过可耻，所以发誓以后再也不吃周朝的粮食。但是当时各地都归顺了周朝，他们又无处可去，于是就相携着隐居在首阳山上，采集山上的野菜充饥。但是有人说："现在整个天下都是大周朝的，当然首阳山上的野菜也是属于大周的。"伯夷和叔齐听说之后，于是就在采集薇菜的时候，唱着歌说："我登上那个西山哪，

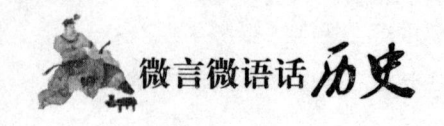

采集这里的薇菜。用那强暴的手段来改变强暴的局面，我真不知道这样做是不是正确的？先帝神农啊，虞夏啊！像这样的盛世，恐怕以后是不会再有了。这让我们去哪里呢，真是可悲可叹啊！我的生命也就要结束了。"他们矢志不食周粟，结果就饿死在了首阳山上。

他们不吃周朝粮食，以身殉道的行为，得到了儒家学者们的大力推崇。当子贡问孔子说"伯夷、叔齐是什么人"的时候，孔子立即回答说："他们是古代的贤能之人呀。"又问："他们对于自己所做的事不觉得后悔吗？"孔子说："他们追求仁义而最终得到了仁义，这没有什么好后悔的啊。"后来又进一步地说，"齐景公有几千的马匹，但是在他死的那天，百姓没有称赞他的德行啊。而伯夷叔齐一起饿死在了首阳山上，百姓到现在还在称赞他们，这就是他们仁义了。"儒家认为，人生的价值并不在于一个人能够获得什么功名利禄，而是在于他对社会作出了什么样的贡献，所以只有在后世对他的评价中才能体现出他的人生价值，这也就是所谓的留名千古。所以孔子就强调说："伯夷、叔齐……奋乎百世之上，百世之下，闻者莫不兴起也，非圣贤而能若是乎！"

今人跟贴

伯夷叔齐一直提倡仁义和节制，因为看不惯周武王以暴易暴，而不愿意接受周朝的粮食以至于饿死在首阳山上。虽然这是他们的选择，但在今天的人们眼中，他们的行为未免过于可笑了。可是在当时的封建社会里，人们的价值观是不一样的，换个角度来思考一下，他们也是为了自己的想法而坚持自己的选择，因为忍受不了生灵涂炭、横尸遍野、百姓因为战争而流离失所，所以就选择了隐居，选择了仁义之道，他们用自己的生命体现了他们人生的价值。这未尝不是一种做人的选择，今人又有什么理由去批判他们的所作所为呢！

微言小语

很多时候，一个社会的体制就会决定很多人的价值观、人生观。他们凭借着周围人的做法，来衡量自己的行为，他们为了权和利而钩心斗角，人们的追求也不再那么单纯，而是被覆盖上了虚伪的掩饰，追求慢慢地变成了难以填满的欲望。很少有人再愿意为了守候心灵的那块净土而牺牲自己了。虽然老掉牙的故事还流传在世间，但是前人给我们后世留下的东西，就一定会有其价值，不管是正面的还是反面的，都在提醒着世人，应该做什么样的选择，才会让自己的人生更有价值。

3. 范蠡

——范蠡微博：飞鸟尽，良弓藏；狡兔死，走狗烹。越王为人长颈鸟喙，可与共患难，不可与共乐。子何不去？

微博解意

——飞鸟尽散，良弓也被藏起来；狡猾的兔子死掉了，走狗也

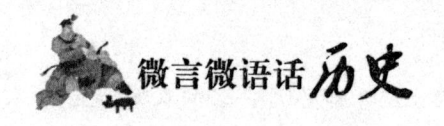

被烹煮。越王为人如长颈鸟嘴,只可以和他一起共患难,但是不可以和他一起共享乐,你为何还不离去?

范蠡(公元前536~公元前448),字少伯,汉族,春秋时期楚国宛人。他是春秋末期著名的政治家、军事家和实业家,也被后人尊称为"商圣"。出生在农民家庭之中,勤奋好学,博学多才。虽然他有圣人的才能,但是在当时贵胄专权、政治紊乱的楚国,范蠡却不为世人所识。他与楚国的宛令文种认识,并且相互交往很深。因为不满当时楚国政治的黑暗,就和他一起投奔了越国,从而辅佐越王勾践。他一直帮助勾践振兴越国,灭掉了吴国,报了当时在会稽山上的耻辱。在他功成名就之后就选择了隐退,化名为鸱夷子皮,变官服为一袭白衣,和西施一起去了苏州一带,流连忘返于山水之间。期间曾经多次经商,而成为富甲一方的名人,又多次散尽家财,自号陶朱公,是我国儒商的开山鼻祖。世人赞誉他:"忠可以为国家而牺牲;明智可以保护自己的生命;经商可以让自己富裕,最终成名天下。"

急流勇退,有舍有得

公元前496年,吴国和越国之间发生了槜李之战,吴王阖闾当时阵亡,因此两国就结下了仇怨,此后连年战乱不停,民不聊生。公元前498年,阖闾的儿子夫差,一心要为父亲报仇,他就和越国在夫椒决一死战，当时越王勾践大败，最后只剩下5000多名兵卒，逃到会稽山。

范蠡在勾践穷途末路的时候，投奔了越国，他说："人在等待时机、在失败的时候一定要学会忍辱负重……""怀有大才但是不滥用，这就和天道是一样的，这样的话上天也会保佑他的；大地能够养育万物，人就应该节省，这样才能获得地的恩赐；在危难的时候帮助你，并且尊敬你的人，你可以和他成为知己好友，这样的人才可以重用他。"他又向勾践说照这样下去，吴国一定会失败，越国也一定会成功，当务之急就是答应吴王的要求，亲自前去侍奉他，慢慢等待时机。"勾践听从了他的建议，拜他为上大夫之后，就去吴国当了三年的奴隶。期间，他对勾践说："忍受目前的处境，守住自己的志向，因此大王您的心志会得到磨砺，不要感到孤独无助，臣子和您一起共同勉励！"三年之后，勾践终于回到了越国，就立即和文种拟定了兴越灭吴的策略，总共十条。为了实施灭吴的战略，他们决定用"美人计"。在多次访问之后，范蠡得知苎萝山的浣纱河边有一位年轻貌美的女子，并且品德才能都很好，于是他决定亲自前往拜访。这位女子就是西施，在范蠡的游说下，西施答应了他的请求，决定帮助勾践兴越灭吴，从而在历史上谱写了"西施深明大义献身吴王，和越王勾践里应外合，兴越灭吴"的传奇篇章。范蠡侍奉越王勾践二十几年，一直忠心耿耿，鞍前马后，最后终于帮助勾践成就了霸业，因而也被越王尊为上将军。

范蠡在得到赏赐之后，心中就一直觉得很不安，因为他太清楚勾践的为人了，知道随着自己权力的变大，勾践会开始提防自己。于是他对文种说："飞鸟尽散，良弓也被藏起来；狡猾的兔子死掉

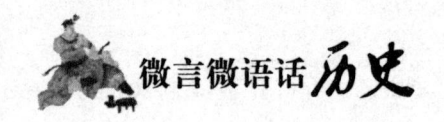

了，走狗也被烹煮。越王是长颈鸟嘴，只可以和他一起共患难，但是不可以和他一起共享乐，为何还不离去？"劝文种放弃高官厚禄离开越王，但是文种却没有听他的劝告。于是范蠡就带着西施，一起离开了越国，泛舟在齐国一带，变姓名为鸱夷子皮，带领着儿子和门徒们在海边建造房子并居住了下来，开垦荒地辛勤耕作，同时又经商。几年之后，他就已经积累了数千万的家产。之后他又仗义疏财，行善施舍给了百姓，范蠡的贤明能干也受到齐人的赏识。齐王把他请进国都临淄，想要拜他为主持政务的相国。范蠡却感叹道："做官能做到卿相，治家能得到千金，对于一个像我这样白手起家的布衣来说，已经是达到了极点。长久地享受尊名，恐怕会是不吉祥的征兆。"于是，三年过后，他又一次搬离了齐地，归还了相印，散尽自己的家财给知交和老乡，携带着家属到其他地方隐居了。文种因为没有听从范蠡的劝告，在范蠡离开之后，就被越王给杀害了。

今人跟贴

范蠡深知进退之道，在帮助越王灭掉吴国之后，他不贪图权力富贵，明确知道自己所要追求的是什么，并且能及时明智地做出选择，不仅保住了自己的性命，而且还享受到了世人的敬仰。但是现在却有很多人在面对利益和金钱的诱惑时就会迷失了自己的方向，他们被自己的欲望控制着心智，为了钱、权、名、利争的头破血流，从而踏上一条不归路。范蠡就是因为知道权欲会让人迷失这一点，所以他才能够及时抛弃名利，从而遨游于天地之间，享受着自由，散尽自己的家财，施舍给需要的人。看淡名利，看透了世俗，如此才活出了真正的人生。

微言小语

所谓"舍得"之道，有舍才有得。在得到了一个东西的时候，你也就舍弃了得到的其他东西。有的人为了正义，舍弃了自己的生命；有的人为了金钱权力，舍弃了自己的良心；也有的人为了生存，舍弃了自己的面子和原则。鱼和熊掌不可兼得，在人生得到满足的时候，可以试着放下一些东西，也就是等于解开了欲望的枷锁，解放了自己的灵魂，毕竟人活着不仅仅是为了简单的生存。

4. 庄周

——庄子微博：日出而作，日入而息，逍遥于天地间。

微博解意

——在日出的时候我起身，在日落的时候休息，逍遥在这片天地之间，无拘无束。

庄子（公元前369~公元前286），庄氏，名周，汉族，宋国蒙（今河南商丘）人。他曾经做过漆园吏，虽然生活困顿，但他并不执著于荣华富贵和权势名利，而是在乱世之中始终坚持自己的原

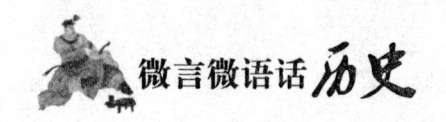

则，追求一种精神上的自由。他是战国时期伟大的思想家、哲学家和文学家。原来是楚国公族，是楚庄王的后裔，后来因为战乱就迁到了宋国蒙，也是道家学说的主要创始人。他和道家始祖老子并称为"老庄"，他们的哲学思想体系，也被思想学术界尊称为"老庄哲学"，然而他的文采更胜老子。流传于后世的代表作有《庄子》，并被尊崇者演绎出很多种版本，其中的名篇就有《逍遥游》《齐物论》等，庄子同时主张"天人合一"和"清静无为"的思想。

庄周梦蝶，遨游天地

庄子生活在战国时期，和梁惠王、齐宣王同一时代，大约比孟轲的年龄略小，曾经做过蒙邑的漆园小吏，生活很是穷困，但是却拒绝接受楚威王的重金聘请，不愿在朝为官。庄子看起来像是一个愤世嫉俗的人，但是在道德修养上却是一位非常廉洁、正直，有着相当棱角和锋芒的人。虽然他的一生淡泊名利，主张修身养性、清静无为，但是在他的内心深处则是充满着对当时世态的悲愤和深深的绝望，从他的哲学思想中就有着退隐、不争于世、率性的痕迹，也可以看出庄子是一个对现实世界有着强烈爱恨的人。正是因为世道的污浊，所以他才决定归隐山林，不问世事；正是因为有螳螂捕蝉黄雀在后的经历，所以他才与世无争、淡泊名利；正是因为他的人生有太多的不自由，所以他才强调率性而为。

有一天，庄子正在涡水之滨垂钓，楚王就委派了他的二位大夫前来聘请他:"我王经常听说您的贤能才德,想要让您辅佐他一同治理国家。恭敬地希望先生您能和我们一起出山为官,对上为君王分忧解难,对下为黎民百姓谋福。"庄子则是一脸淡然,只专心于垂钓,完全不理会他们。在两位大夫的再三恳求下,才开口说道:"我听说楚国有一只神龟,它被杀死的时候已经有三千多岁了,楚王把它珍藏在竹箱之内,给它盖着锦缎的被子,并且供奉在庙堂之上。我想问二位大夫,这个神龟是愿意死后留下尸骨被世人珍藏,还是宁愿在生还的时候,在泥水中潜行摇尾呢?"二位大夫说:"它自然是愿意活着在泥水之中,快乐地摇尾而行啦。"庄子就说:"那么二位大夫请你们回去吧!我也愿意在泥水中曳尾而行。"就这样他拒绝了楚王的聘请,愿意逍遥地在世间生活着,他不喜欢被束缚,更不喜欢官场的明争暗斗。

有一次,庄子身穿着自己的粗布补丁衣服,脚穿着草绳系住的破鞋,去拜访魏王。魏王见了他之后就说:"先生您怎么这样的潦倒啊?"庄子就纠正他说:"我是贫穷,但并不潦倒。有学之士因为自己的道德不能体现,才可以说是潦倒;而我自己的衣服破,鞋子烂,这是贫穷,而不是潦倒,这也就是人们所说的生不逢时也!大王您难道没有见过那跳跃的猿猴吗?就好像在高大的楠木、樟树上,它们攀缘着树枝而在期间穿梭自如,逍遥自在。即使是擅长射箭的后羿、蓬蒙再世,对他们也无可奈何。可要是他们在荆棘丛中,那么它们也只能小心翼翼,害怕危险地过活了,这并不是它们的筋骨变得僵硬不柔软灵活了,而是他们的处境不利,不能让他们完全表现出自己的能力。现在的我也是这样,生活在昏君乱相之间,而想要不潦倒,这怎么可能呢?"魏王顿时无语。

微言微语话历史

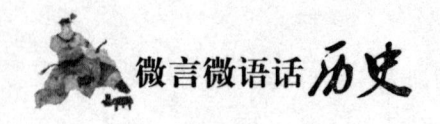

庄周曾经梦见自己变成了一只蝴蝶，飘飘荡荡，十分轻松惬意地遨游在天地之间，他这个时候完全忘记了自己是庄周。过一会儿之后，他醒来了，对自己还是庄周感到十分惊奇疑惑。于是他认真地想了又想，不知道是庄周做梦变成蝴蝶了呢，还是蝴蝶做梦变成了庄周？想必庄周和蝴蝶一定是有着某种联系，这便是物我合一。同时他对自己的一生也很迷茫，他不知道究竟是自己一个人感到迷茫呢，还是天下之人都和他一样感到迷茫。他也曾经周游了很多国家，和君王谈论治国之道，他因为生不逢时，所以没有做官，而最终选择了"在日出的时候我起身，在日落的时候休息，逍遥在这片天地之间，无拘无束的生活"。他崇尚自然，提倡"天地与我并生，万物与我为一"的精神境界，并且也认为，人生的最高境界在于逍遥自得，应该是绝对的精神自由，而不是物质享受和虚伪的名誉。

今人跟贴

庄子因为生不逢时而选择了隐匿于世，逍遥快活地生活。他所崇尚的是自然的万物合而为一的境界，主张绝对的自由。可是哪里会有绝对的自由。自由是相对的，没有人能抛开周遭的一切，而去追求它。"生命诚可贵，爱情价更高，若为自由故，二者皆可抛"。这就是自由，在脱离了万物的束缚之下，才有可能达到的境界，可是又有谁愿意放弃一切去追求这种自由呢？所以很多人的精神都受到世俗的束缚，可以说，人之所以感觉到生活太过繁重，主要的原因还是在自己的身上。

微言小语

自由永远是一个不会过时的话题。对于贫穷的人来说，自由没有金钱重要；对于饥饿的人来说，自由没有食物重要；对于利欲熏心的人来说，自由没有权力重要。这个世界上的任何一样东西都比自由重要，但是又没有一样东西比自由珍贵。不能因为自由的不易得到，就不去追求。尤其在精神上，我们更应该争取做一个自由的人。

5. 严子陵

——严子陵微博：昔唐尧着德，巢父洗耳。士故有志，何至相迫乎。

微博解意

——当初唐尧寻找贤德之人，巢父、许由因为不接受而清洗自己的耳朵。有才能的人都有着自己的志向，何苦要逼迫他们呢。

严子陵，生卒年不详，名严光，字子陵，东汉时期著名的隐士。汉族，浙江会稽余姚人，他的妻子是梅氏。严子陵在他少年的时候就很有才气，并享有名望，后来独自一人游学长安之时，结识了刘秀和侯霸等人。刘秀也就是后来的汉光武帝。刘秀后来登基做了皇帝之后，回忆起少年时期的一些往事，想起严子陵，便多次征召他担任谏议大臣，但是严子陵委婉地拒绝了邀请，之后就隐居在富春江一带，终老于林泉间。他因此也被当时的人和后世之人传颂为不贪慕权贵追求自由的榜样。

微言微语话历史

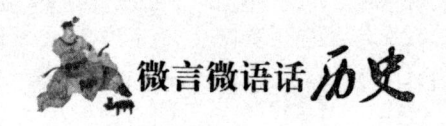

屡拒邀请，青史留名

公元 8 年的时候，王莽称帝，他颁布了一系列严苛的法令，徭役非常繁重，吏治腐败，民怨四起。王莽为了能够笼络人心，曾经下令广招天下贤能有才之士。侯霸趁着这个机会出来做官了，而刘秀却参加了绿林起义军，下定决心推翻王莽政权。严子陵在当时也多次接到王莽的邀聘，但是他都没有任何动摇，最后忍受不了索性就隐名换姓，隐居在了富春江畔，从此彻底摆脱了王莽的羁绊。

在公元 25 年的时候，刘秀终于击败了王莽，在洛阳建立起了东汉王朝，当上了皇帝，他也就是历史上有名的光武帝。在他登基后，也是求贤若渴，就派人到处寻找严子陵。经过几年的找寻，终于得知严子陵隐居在齐国的某个地方一个人垂钓，于是就立即派人带了聘礼，备了车子前去邀请他出山，一共邀请了他三次，并且还亲自致书说："自古以来有所作为的皇帝，一定会有邀请不到的贤能之士，我哪敢当你是臣子。但是害怕这一番宏伟大业遇到磨难，到老后白发苍苍没办法去见自己的祖先。就好像高皇少不了绮里的辅佐，为什么我能少了你的辅佐呢。箕山颍水的风光确实非常秀丽，但并不是我所敢奢望的。"严子陵实在是推诿不过去，终于接受了邀请来到了洛阳。这个时候，侯霸已经当上了刘秀的丞相，原来他早就在王莽失势的时候投靠了刘秀，之后又凭借着自身的能力，一步步爬了丞相之位。他深知刘秀十分器重严子陵，所以在一听到严子陵来了的时候,不敢有丝毫的怠慢,马上派人带来书信问候他。严子陵却知道侯霸的为人,并对他那种追名逐利、一味投机取巧、见风使舵的行为十分鄙视。在他看了侯霸的信后,也没有回信,只是让来的人带了两句话回去,说是"怀着仁德之心才能治理好天下,让百姓们幸福"。侯霸听了之后,却认为严子陵这是在故意挖他的疮疤,给他难堪,于是心中十分的不满,从此之后便一直想方设法要把严子陵赶出洛阳。

严子陵因为看到像侯霸这样的人居然当上了丞相,就不愿意再留在洛阳,也打消了要留在洛阳为官的念头。每天只是待在宾馆里面蒙头大睡,等待着回家的时间。期间光武帝亲自来看过他几次,他也是闭着眼睛,不理不睬。刘秀深知这位老友的性情一向高洁孤傲,便抚着他说:"子陵呀子陵,你为什么不肯出来辅助我一同治理国家呢?"严子陵突然地睁开眼,盯着刘秀说:"当初唐尧取得天下,是因为他的德行远近闻名众人皆知,才使得隐者洗耳。你这又何必逼我呢!"刘秀看一时半会也说服不了他,只能叹息着登车回宫去了。

过了几天,刘秀又请严子陵到他的宫中,和他一起聊些旧事,谈得十分投机。在晚上,他还和严子陵睡一张床,严子陵在睡梦中把脚放到他的肚皮上,他也毫不介意。没想到这件事情被侯霸知道了,他于是在第二天早朝的时候让太史官上奏,说是昨夜夜观天象,看到有客星冒犯帝座,十分紧急,想用此来引起光武帝对严子陵的猜忌。刘秀听了之后却哈哈大笑,说:"这是我昨晚和子陵同睡啊,没什么事情的!"然而严子陵却听出了猫腻,料定这其中一定有缘故,他也从这件小事中,看到了官场小人的互相倾轧和钩心斗角,人心险恶,便执意不肯再在洛阳待下去了,决心要离开。当

微言微语话历史

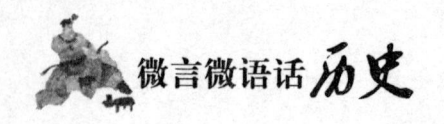

时刘秀还是想要他做谏议大夫，他终于没有任何告别就一个人悄悄离开了，隐居在富春山下，过着逍遥快活的日子。

在建武十七年的时候，光武帝刘秀又再一次征召严子陵出仕，他还是再一次地拒绝了，最后因为不想参与这些是非，索性回到了故乡陈山隐居起来，没过几年之后，便老死在那里，享年80岁。在当时，严子陵的人品确是难能可贵的，可是知道的人并不是很多。后来一直到北宋时期，范仲淹担任睦州知州时，就在桐庐富春江的严陵濑旁边修建了一座钓台和子陵祠，并写了一篇《严先生祠堂记》，赞扬他说"云山苍苍，江水泱泱，先生之风，山高水长"，严子陵才因为"高风亮节"被天下人熟知。世人因为景仰他的德行，于是就将他的故事一直流传了下来。

今人跟贴

在很多古代人看来，读书就是为了做官、光耀门庭。就算是在今天，很多人读书也是抱着这样的心态，不追求能够为祖国作任何巨大的贡献，只是希望可以通过自己的努力，证明自己是有用的，可以通过努力让身边的人过上幸福的生活。现实总是残酷的，很多事情并不是读书人心中所想像的那样，所以就有很多像严子陵这样有才的人都选择了隐居山林，他们不是不想做官，而是看清了官场的险恶，忍受不了其中的黑暗和尔虞我诈，不愿意玩弄权术，从而使自己迷失。纵然做官可以声名显赫一时，可是在历史的洪流之中，真正能留下来的也就那么屈指可数的几个。人活着不仅仅是为了可以留名后世，更是为了在老的时候有很多值得去怀念的时光，没有觉得年轻的时候生活是空虚的，那么他这一辈子也就没有白活。

微言小语

有些人认为，只要默默地做一个平凡的百姓，老老实实生活就足够了，得到的是踏实并且幸福的感觉，而不是那种虚幻浮躁的名利。出名还是默默无闻，这种各有得失的选择，没有人会左右你，就看你如何衡量这之间的区别了。

6. 嵇康

——嵇康微博：采薇山阿，散发岩岫，永啸长吟，颐性养寿。

微博解意

——我在山上采集薇菜，它散发着岩石的味道。我可以在这里吹奏弹琴，修养我的性情和寿命。

嵇康（公元224~公元263），字叔夜，汉族，谯国铚县人，三国时魏末的文学家，思想家和音乐家。在正始末年和阮籍等竹林名士一起倡导玄学的新风气，主张"越名教而任自然""审贵贱而通物情"，因此成为竹林七贤的精神领袖之一。他在整个魏晋的文学界和思想界都是一位很有影响力和魅力的人物，他的人格和文化影响是巨大而深远的。曾经与魏国宗室通婚，拜为中散大夫，世人也称他嵇中散。他本人精通音律，流于后世的有《广陵散》，并创作

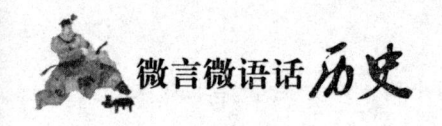

有《长清》《短清》《长侧》《短侧》，合称"嵇氏四弄"，和东汉的"蔡氏五弄"合称为"九弄"。隋炀帝曾经还把"九弄"作为科举考试的条件之一。流传于后世的《广陵散》也是中国古代十大著名琴曲之一，被世人广为传颂。

正义刚直，广陵绝唱

嵇康幼年的时候他父亲就过世了，成年之后娶了长乐公主为妻，担任郎中、中散大夫，并且生有一个儿子名为嵇绍。嵇绍被他父亲在狱中交托给山涛抚养，并且还被山涛推荐当官，但是他的为官之道和其父嵇康却是截然不同，因此成为了一个为皇帝忠诚保驾的驯臣。有一次，晋惠帝打仗兵败被困在了一个地方，当时文武百官们纷纷逃散，只有嵇绍一个人衣冠端正地以自己的身躯保护了皇帝的安全，一直到死的时候还是忠心耿耿。但是嵇康不喜欢做官，平时都是以打铁为乐。当时大将军司马昭曾经想要聘他为自己的掾吏，嵇康坚守志向不愿意出去做官，于是就离开家乡躲避到了河东。

司隶校尉钟会想要结交嵇康，穿着便服乘着马车，带领很多随从前去拜访他。但是嵇康和向秀两人在树阴下面锻铁，对钟会不理不睬。钟会等候了很久之后也没有半点回音，他就准备离开。就在这时候，嵇康开口问他说："你因为听到了什么才来的，又见到了什么才想离开的？"钟会回答说："我听到了我所听到的就过来了，看见了现在看到的，所以就想离去了。"从此之后便和嵇康结下了仇怨。

景元二年的时候，同为竹林七贤的山涛由大将军从事中郎迁任吏部侍郎，他就举荐嵇康代替自己原来的位置。嵇康因为这件事情就写下了著名的《与山巨源绝交书》以表明自己不想出仕为官的心志。他原本和东平吕巽、吕安兄弟是好朋友，吕安的妻子被他的兄长吕巽奸污，吕安原本准备要休掉自己的妻子并上衙门告吕巽。吕巽不愿家丑外扬，于是就请嵇康从中劝解，并且发誓他绝对不会恶人先告状的，于是嵇康就劝说吕安，将这件事平息下来。但是事后吕巽又害怕吕安反悔，于是就抢先状告说吕安对父母不孝顺。嵇康于是写信要和吕巽绝交，并且还出面为吕安作证，因此也被收押。钟会因为和嵇康有仇怨，就趁此机会劝告司马昭除掉嵇康。在嵇康入狱之后，便立刻激起了舆论的不满，各地的许多豪杰纷纷要求和嵇康一同入狱。经过一番劝说之后，众人一时都被遣散回去，然而最后嵇康和吕安还是被判处死刑。在行刑的当天，有三千名太学生集体联名请愿，请求赦免嵇康的死罪，并且要求让嵇康来做太学的老师。但是司马昭一心想要除掉他，于是不顾众人的请求，依旧判他死刑。在临刑前，嵇康神色和往常一样没有丝毫的改变，他回头看了一下太阳的影子，离行刑还有一段时间，于是向兄长要来了平时最喜爱用的琴，在刑场上抚了一曲《广陵散》。一曲结束，嵇康把琴放下，叹息着说："当初袁孝尼曾经从我这里学《广陵散》，我每次都固执不教给他，《广陵散》在今天就要绝迹于世了！"说完之后，嵇康就从容就义了，年仅39岁。

今人跟贴

有的人，为了朋友之间的情谊，两肋插刀；有的人，为了坚持自己的原则，宁愿牺牲生命；有的人，为了国家利益而献出自己的

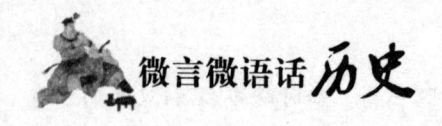

生命。我们看到嵇康，他一心坚持自己的原则，随性正直，做事只凭着自己的喜好，甚至不怕得罪权贵；为朋友可以做到放弃生死，面对生死能够做到坦然面对，他的这种人生态度，是值得我们借鉴的。所以说人生的意义就在于我们如何选择，面对选择毫不后悔，这才是我们应该追求的。

微言小语

人锋芒毕露便会招致别人的忌妒，在不知不觉中也会得罪很多人。做人同样是一门学问，不管你有什么样的才能，但是宁可得罪君子，也不要和小人计较，因为君子不会记仇，但是小人往往会落井下石，给你带来灾难。就好像嵇康，他一切都是率性而为，但是无意中却得罪了小人，以至于失去了年轻的生命。很多时候，坚持自己的原则固然重要，但是在坚持的时候也要想一想怎样保全自己。

7. 陶渊明

——陶渊明微博：不戚戚于贫贱，不汲汲于富贵。

微博解意

——不因为贫穷潦倒而伤心担忧，不因为大富大贵而沾沾自喜。

陶渊明（公元365～公元427），字元亮，号五柳先生，谥号靖节先生，东晋浔阳柴桑人。出生在一个破落的仕宦家庭之中，他是东晋末期南朝宋初的诗人、文学家、辞赋家、散文家。幼年时期，家庭衰落，九岁的时候父亲死了，就和母亲、妹妹三个人一起度日。孤儿寡母，都生活在外祖父孟嘉的家里。孟嘉也是当时的有名之人，有人评价他行为正直不做苟合之事，没有夸矜自诩，喜怒不形于色。喜欢喝酒，但是喝到一定程度就停止；至于到了忘怀得意的时候，像个孩子一样。陶渊明的个性修养等，都很有他外祖父当年的风范。外祖父家里藏有很多书籍，这给他提供了阅读古籍和了解历史的条件，又加上他虚心好学，使得他接受了儒家和道家的两种不同思想，这在他以后的人生中都有所体现。他的曾祖父陶侃是东晋的开国元勋，军功十分显赫，官位高至大司马，都督八州军事，担任过荆、江二州的刺史，后被封为长沙郡公。他的祖父陶茂和父亲陶逸都做过太守，世代为官。他曾经担任过江州祭酒，建威参军，镇军参军，彭泽县的县令等小官，后来因为受不了官场黑暗就辞去官职回家种田，从此之后开始了他的隐居生活。田园之中的生活也就成了陶渊明诗的主要题材，其相关作品有《饮酒》《归园田居》《桃花源记》《五柳先生传》《归去来兮辞》《桃花源诗》等。他也是我国第一位山水田园诗人。

坚持守志，悄然归隐

话说在义熙末年的时候，有一个老农在清晨的时候就前去敲陶渊明的家门，带着酒水想要和他一起喝酒，并劝他出仕做官，说

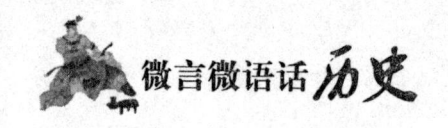

道:"这破烂的屋檐之下,并不是你应当选择的栖身之所。整个世道就是那样的是非不分,希望你能和他们一样出去做官。"陶渊明回答道:"我对老父你的话也有很深的感触啊,正义和贫穷是相互和谐的。回去做官诚然是可以的,但是我已经决定归隐山林了,做官一途并不是我所喜欢的,尚且在这里可以和你这样很快乐的饮酒,我是不想再回去了。"他用"和而不同"的语气谢绝了老农好意的劝告,也可看出他归隐的决心。

在他刚刚归隐的那几年,他和家人一起耕作种田,当时还有一个僮仆帮忙,温饱问题解决了,那时候他的心情也是十分愉快的;但是在义熙四年六月的时候,他的家里被一场大火焚烧一空,全家人只能寄居在船上,生活十分惨淡;义熙六年,他举家迁往南村,因为那里有一些十分友好的好邻居,既有农民,也有一些隐居在浔阳的文人和参军、主簿、县令之类的小官。当时还可以经常和他们一起交流饮酒作乐,到了他晚年的时候,生活更加的贫困,有些朋友就会主动送钱救济他,有的时候,他也免不了上门借钱。他的老朋友颜延之,在刘宋少帝景平元年的时候担任始安郡太守,在经过浔阳的时候,每天都会到他家里和他饮酒。在临走之时,每次都不会忘记留下两万钱,他却是全部送给酒家,留着以后能够继续饮酒。

和他人不同的是,他每次借贷也是有一定的原则。在刘宋文帝元嘉元年,江州刺史檀道济亲自到他家来拜访他。这个时候,他又病又饿,以至于起不了床。檀道济就规劝他说:"贤能之人在世,天下没有道义的时候他们就归隐了,有道义的时候他们都会出仕为官。现在你生活在盛世安稳之年,为何要把自己置于这般田地?"

他就回答说:"我陶潜,哪敢想自己是贤才,志向比不上别人。"檀道济想要馈赠他一些粮食肉类,却被他拒绝了。

陶渊明对自己的隐居生活很是喜欢,他喜欢早出晚归的农家生活,让他能够在春种秋收中感受到非凡的乐趣。就好像他诗中所说的"采菊东篱下,悠然见南山",透露出他的豁达和悠闲。陶渊明生性喜欢菊花,同时菊花也体现出了他高洁的品质。

在他辞官的 20 多年之中,他一直过着清贫的生活,但是始终保持着固穷守节的志趣,越老的时候越是坚定不动摇。在元嘉四年九月中旬,他神志清醒的时候为自己写了三首《挽歌诗》,在诗末写到:"死去何所道,托体同山阿。"这句话表明他把死亡看得是那样淡然,而且自己一直坚守的志向会一直坚持下去,就算身死,也不会有丝毫的改变。

今人跟贴

陶渊明本着自己的良心,最初在官场为官,不料官场明争暗斗,黑暗异常,这使得他决心归隐山林,不愿意流于世俗,并在其中迷失自我。虽然在归隐之后,他的生活很是清贫,但是面对人生他一直积极乐观,还经常和自己的朋友一起饮酒做诗,享受自然之乐。尽管晚年生活凄苦,他还是一直坚持着自己的志向,不为五斗米折腰的想法越加地坚定。人的一生很是短暂,出仕为官还是悄然归隐,这都是自己的一种选择。自己的人生只有自己才能真正体会,就算是充满争议和误解,只要坚持走下去,就会达到自己的目标。我们不应该为了一时的失意而放弃自己的坚持,失去自己的目标。

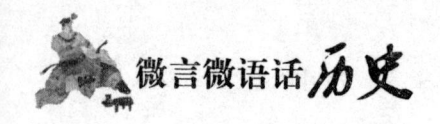

微言小语

物质重要还是精神重要，很多人都在这两者之间徘徊着，很难做出决定。一千个读者就有一千个哈姆雷特，这本身就是一个因人而异的话题。有的人选择了前者，他有自己的理由；有的人却坚持了后者，同样有他自己的道理，选择并不是绝对的，绝对的是态度。既然已经做出了决定，那就顺着自己的本心去努力，然后坚定不移地走下去，相信我们就会得到自己想要的答案。

8. 林逋

——林逋微博：心不清则无以见道，志不确则无以定功。

微博解意

——自己的内心如果不清楚就不会领悟到道的存在，志向不确定就不会成功。

林逋（公元967~公元1028），字君复，汉族，浙江大里黄贤村人。他刻苦好学，小时候已经通晓经史百家。据史书记载，他性格孤傲，恬淡宁静，不追名逐利。长大之后，曾经在江淮一带游历，后来隐居在杭州西湖的孤山。经常会驾着小舟在西湖各个地方还有寺庙游览，和结识的高僧诗友们来往交流。以山川河流为伴，四季都穿着粗布麻衣。每次遇到有客人去他家里，他就让看门的童子放飞养的鹤，林逋看见鹤飞过之后知道有客人来访，就会划着小船回家。吟诗作赋的时候随时完成也会随手丢掉，从来不会保存下来。当朝丞相王随、杭州的郡守薛映都十分尊敬他的为人处世，又喜欢他的诗作，时不时地会去他家和他畅谈一番，并且赞助钱财为他建造一座新的宅子。流传于后世的有和范仲淹、梅尧臣等人一起作的诗词。

心清志明，梅妻鹤子

　　林逋在他十多岁的时候，父母就相继去世了，只剩下一个哥哥和他相依为命，在父母双亡的情况下，他们兄弟二人生活得十分艰辛，这使得他的性情变得更为沉静。但又因为出身于书香门第，又加上年幼的时候，看了很多书，受到了良好的启蒙教育，也使他养成了"性恬淡，好古，弗趋荣利"的性格；这也和他长大之后不追求荣华富贵、功名利禄而甘愿过恬淡闲适的隐居生活有直接的关系。

　　大中祥符五年，也就是公元1012年，真宗听到林逋名声在外，就赏赐他粮食和绸缎，并且诏告官府县衙要对他好一点。林逋虽然十分感激真宗为他所做的一切，但是却不会因为这样就在别人面前骄傲矜夸。当时有很多人大都劝他出仕为官，但都被他婉言谢绝

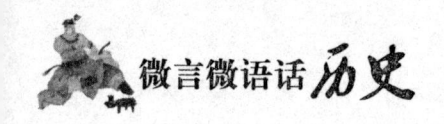

了，林逋自己还时常对朋友们说："人生最为可贵的是可以选择适合自己的志向，我人生的乐趣不在于有一个美满幸福的家庭，也不在意什么功名富贵，虽然那些封爵受赏的达官贵人都十分的显赫；那些举案齐眉的佳事也未尝不美满，可是我生性恬淡喜欢书籍，不愿意追名逐利，只是觉得在青山绿水之间能找到那种和我契合的感觉。"所以他终生没有娶妻生子，也没有出仕做官。只是很喜欢种植梅树养鹤，自己称"以梅花作为自己的妻子，以鹤作为自己的儿子"，世人也因此称他说"梅妻鹤子"。等到他老了的时候，作了一首诗说："湖上青山对结庐，坟前修竹亦萧疏。茂陵他日求遗稿，犹喜曾无封禅书。"他做诗有一个习惯，就是随时随地完成，但也会随手丢弃，从来不会保存下来。有人曾经问他："为什么不记录下来流传给后世之人观摩呢？"林逋回答说："我隐匿在这偏远的山林之中，不想因为自己的一首诗作而被世人知道，更何况是后世的人？"不过一些有心人总会偷偷地将他的诗作记录下来，最后只有300多首流传在世。

随着林逋的诗名渐渐地流传开来，同时也吸引了不少才子墨客、仁人志士慕名前来拜访。他不会因此就故作清高，拒绝拜访隐匿于世，也不会对登门造访人刻意有什么回避。他自己一个人闲暇的时候，就常常驾着小舟，到处去游玩，家里如果有客人到访，他就会让看门的小童放飞白鹤，看到白鹤后的他就会划着小船回家会客。来拜访他的人中，有薛映、李及这样名不见经传的小人物，也会有像范仲淹、欧阳修、梅尧臣这样的大才子。每次去到他那里，他们都会交谈一整天才离开。林逋对他们也是一视同仁，并不会因为小人物而轻视他们，也不会因为大人物而特别对待。偶尔也会和

第四篇 | 隐士篇 知时晓事 名利双收钓鱼翁

他们一起吟诗作赋，留下了不少互相赠送的佳作。最为难得的是，林逋自己做了隐士，但是他却不会愤世嫉俗，对别人做官横加指责。他认真地教诲哥哥的儿子林宥。林宥是一个热心于仕途的人，但是十分有节制和操守。当林宥中了进士的时候，林逋非常开心地为侄子特别作了一首诗，叫做《喜侄宥及第》，用来作为庆贺之礼。当时有人就讥讽他说："你自己隐居在孤山，反而教自己的侄子前去考功名，这是什么道理？"林逋回答说："既不是荣幸也不是耻辱的事情，而是因为每个人的性情不相同，各自有各自的追求，合适了就是荣幸，不合适就是耻辱。我也不算的什么真正的隐士，只不过是因为性情喜欢幽寂罢了。至于我的侄子想要追求功名，这也是他的选择，你怎么可以一概而论呢？"

在《省心录》中他说道：自己的内心如果不清楚就不会领悟到道的存在，志向不确定就不会成功。不论是对自己还是对侄子的教诲，他都是目标明确地跟随着自己的意愿做事情。临终前，他做诗一首对自己的一生作了一个总结。据说他当时和一位名叫李谘的杭州太守，一直有着书信上的往来，后来在林逋死之后，李谘甚至为林逋穿素服守棺七天之后才安葬了他。

林逋在天圣六年的时候去世，享年 61 岁，他的侄子林宥当时担任朝散大夫、林彬担任盈州县令，一同赶到杭州，为他办理丧事尽孝顺之礼。州府的官员报告皇帝这个事情，仁宗听了之后感叹哀悼他，并且赐他谥号"和靖先生"，安葬在孤山的茅庐旁边。据说当时，林逋去世之后，他养的白鹤围着他的坟墓异常悲伤的鸣叫三天三夜之后，也绝食而死，他种植在孤山上的梅树都是再度开花。北宋灭亡之后，宋室南渡，赵构定都在了杭州，想要在孤山上修建

135

微言微语话历史

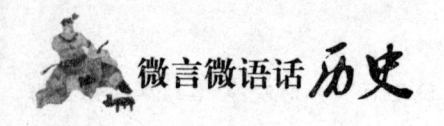

皇家的寺庙，于是下令山上所有的寺院宅田墓坟都必须迁出去，但是他却保留了林逋的坟墓。

今人跟贴

林逋因为自己的性情而选择了隐士的生活，并不是他要特意成为隐士，只是他不喜欢那种官场的烦琐和世间的喧闹，喜欢一个人静静地享受生活。他的志向从来都是明确的，他也深深地知道自己想要的是什么，所以他梅妻鹤子，所以他隐于山林。但是他不会愤世嫉俗，只是以一种欣然的态度接受着这一切，和自己的朋友吟诗作赋，一人泛舟江湖之间，享受着悠闲的生活。

微言小语

没有明确的目标就不会有前进的动力，这就是为什么在做事之前，很多人都会谋划一番的原因。在自己做好决定之后，慢慢地去实践，才是找到达到目标的捷径。没有人能脱离世俗而生活，但是我们却可以选择自己的生活方式。"梅妻鹤子"这是对林逋一生的写照，他喜欢自由，喜欢避世隐居的悠闲生活，这也是他对人生的一种追求，是值得我们推崇的。

第五篇
侠者篇 剑胆琴心 劫富济贫留美名

在古代历史中，有一些人，他们喜欢路见不平拔刀相助，看不惯他人欺凌弱小，也看不惯世间的是非不平。有恩必报，有仇必还，正气凛然，剑胆琴心，笑傲江湖。在现代社会中，同样有着这样的一群人，他们置身于公益事业，帮助那些需要帮助的人，为了一个理想不断努力奋斗着。让我们走近中国古代的侠者们，感受一下他们的风范，铭记他们的故事，从而更深刻地理解我们的人生。

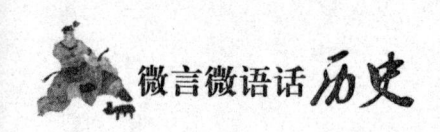

1. 曹沫

——曹沫微博：齐强鲁弱，而大国侵鲁亦甚矣。

微博解意

——齐国强大而鲁国弱小，您这样以强国欺负弱小的国家太过分了。

曹沫，战国时期鲁国人，曾效忠于鲁庄公。他担任鲁国大将军，当时鲁国和齐国一直在交战，他率领士兵多次会战齐国，可是期间没有一次是胜利的。之后因为柯地会盟，在众人面前挟持齐桓公，使得战败失去的土地得以归还而被世人熟知。

坚持信念，抗争到底

曹沫在小的时候就表现出胜于他人的勇武，在他十三岁那年，曾亲自拿刀击毙了一头几乎和自己一样高的猛兽，在他十五岁的时候就已经逐渐闻名，经常格斗搏击，行侠仗义，打抱不平，没有人

第五篇 | 侠者篇　剑胆琴心 劫富济贫留美名

能超过他。他不但为人豪爽，而且熟读兵书，经受了严格的家庭教育，可算得上是能武能文。

战国时期，齐桓公的狼子野心逐渐开始显现出来，他凭借着自身的雄图霸略和管仲的辅佐，在很短的时间内就增强了齐国的实力。仗着本国兵强马壮，国力殷实，就接二连三地在鲁国和周围邻国之间挑起战事，借机蚕食四方疆土。历史无疑是残酷的，并不会因为某一个人而有所改变。齐鲁两国开始频繁地交战，在当时曹沫也深知两国交战，最终决定胜负的还是国力的强盛，纵然自己战术兵法精妙，但是无奈鲁国太弱小了。虽然这样，但曹沫还是抱着对庄公的忠诚和齐国奋力作战。公元前680年，鲁军与齐军会战于柯地，曹沫第一次出征便大败而归。他带去的三万大军在柯地与齐军展开一场殊死搏斗，在战场上，成千上万的战马奔腾嘶鸣，战斗持续了两天两夜之后，双方损失惨重，鲁军更是一败涂地。亲眼目睹这一切之后，曹沫伤心欲绝，心如刀割。鲁庄公更是度日如年，战事失利的消息一次次地传入他的耳中，他承认自己不是一个好君王。他现在不担心别的，只担心曹沫能否安全归来。当他听到探子来报，说曹将军并无大碍，准备班师回朝时，鲁庄公心里豁亮了一下。还好，只要人还在，仗还可以再打。之后的一次战争中，曹沫又战败了，他实在是无颜面对鲁庄公了，于是决定战死沙场以报答鲁庄公对他的恩情。

战争是惨烈的，曹沫率领着大军奋力抵抗，可还是不行，就在快要兵败的时候，曹沫探子来报说鲁庄公答应割地求和了。他不想亡国，也不想曹沫真的战死在沙场之上，他不想再和强大的齐国做无谓的挣扎抵抗了，宁愿做齐国的附属国，苟活在这乱世之中。鲁

微言微语话历史

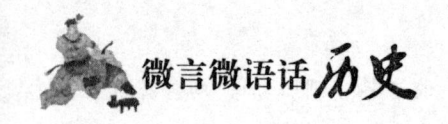

国的大臣集体进谏，要鲁庄公赐死三败之将曹沫。没料到，鲁庄公好像没有听到一样，依旧还是让曹沫做大将军，并且还派了御医给他疗伤。

当时齐桓公答应和鲁国在柯地会盟，正当鲁庄公和齐桓公即将达成协议的时候，曹沫却是手执匕首冲了上去，劫持了齐桓公。桓公旁边的人十分害怕自己的主公受到伤害，不敢有所动作。齐桓公就问曹沫："你想怎么样？"曹沫就说："齐国强大而鲁国弱小，您这样仗着自己是强国而欺负弱小的国家，实在是太过分了，大王您说应该怎么办呢？"齐桓公被迫答应尽数归还侵夺鲁国所得到的土地。在得到承诺之后，曹沫就扔下匕首，重新站在了群臣之中，脸色没有任何改变，就和没有发生任何事情一样。齐桓公当时恼羞成怒，想要毁约食言，但是被管仲劝住了。于是，曹沫三战所失的土地被全数归还给了鲁国。曹沫最终以其忠诚勇气，既要回了土地，又保全了自己的性命，可谓是忠勇可嘉。

今人跟贴

巧妇难为无米之炊，再有才华的将领，没有强大的国力做后盾，一切的抵抗都是毫无意义的，最终的结果都会是失败。但是即使是在那些弱小的国家，还是不乏一些能人志士。就像故事中的曹沫，虽然生长在国力弱小的鲁国，但是他依然怀有报国之心，面对强大的齐桓公面无惧色，并与其大谈条件。他以自己的勇气为国家取回了失地。所以很多事情并不是绝对的，没有绝对的强大，也没有绝对的弱小。所以我们千万不能小看一些看似弱小的人。如果一个人拥有坚定的意志和永不放弃的决心，那么即使他很弱小，最终依靠不断的努力也能变得很强大。

微言小语

很多事情都不会一蹴而就,但是如果不去努力,那么始终无法成功,就连自己也会逐渐失去信心。失败了,没有什么大不了的,既然已经失败过了,那么还会在乎再试一次吗?最重要的是不能失去信心,这个方式不能使我们得到预期的效果,那么不妨换个方式,即使有时候曲折一些,只要能达到目的还是可取的。任何事情,只要我们肯努力,就一定会有回报,差别只是时间的长短。

2. 要离

——要离微博:重其死,不贵无义,今吾贪生弃行,非义也。

微博解意

——人应该死得有意义,而不应该以不义为贵。我如果贪生怕死,就是不义。

要离,春秋时期吴国人。他是当时著名的刺客,也是历史上所记载的第一个姓要的人。他天生身材瘦小,身高只有五尺多,腰围一束,长相丑陋,但是却有着比常人更大的勇气,是当地非常有名

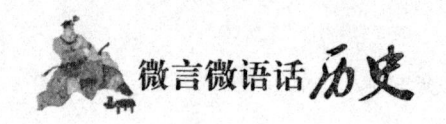

的击剑手。他聪明机智，善于谋略，以捕鱼为业，居住在无锡鸿山以北。在鸿山的西南角有个地方叫做要家墩，是他经常捕鱼、晒网的地方。因为他打败壮士丘迮，而被推为天下勇士，有很大的名声。

牺牲小我，成全大我

话说吴王阖闾登上王位之后，吴王僚（春秋时期吴国第23任君主，后被其侄吴公子光的刺客专诸刺杀）的儿子庆忌就逃去了卫国。庆忌这个人十分了得，有着一夫当关万夫莫开的英勇之名，号称是吴国第一勇士。庆忌逃到卫国之后就在那里招兵买马，想要伺机为他父亲报仇。阖闾自从得到这个消息之后就十分焦虑，茶饭不思，不论白天还是晚上都在寻思着应该如何才能除掉这个心头大患。最后他派人找来了一名壮士，让他前去刺杀庆忌，这个人就是要离。

经过一番精心的谋略策划之后，要离便决定采用苦肉计。某一天要离在王宫和阖闾斗剑的时候，故意先用竹剑刺伤了阖闾的手腕，然后又取了真剑斩断了自己的右臂，于是就逃到卫国打算投奔庆忌。在要离走了之后，阖闾也依计行事，并且杀掉了要离的妻子。庆忌在查探到事情的真相之后，对要离没有丝毫的怀疑，十分信任他，将他视为自己的心腹，委任他训练士兵，一同谋划大事。三个月之后，庆忌领兵出征吴国，和要离坐在同一条战船只上。

第五篇 侠者篇 剑胆琴心 劫富济贫留美名

在某个晚上，要离对庆忌说道："公子您应该亲自坐在战舰的船头，这样一来，既可以鼓舞将士们的士气，又方便您指挥船队继续前进。"庆忌听从了要离的建议，于是就亲自坐在船头，而要离手里拿着一支短矛站在他旁边，当他的侍卫。伐吴的大军浩浩荡荡向前行进，忽然江面刮来了一阵强风，庆忌的战船也被风刮得摇晃不定，他的身体也随着船体的摇晃而坐不稳。要离抓住了这个千载难逢的好机会，就借着颠簸摇晃的掩护用短矛刺中了庆忌，短矛刺进了庆忌的心窝，并且刺穿了后背。身受重伤的庆忌到这个时候才突然醒悟过来，要离断臂的真正目的是刺杀自己。但是他也不愧为天下第一勇士，他忍着剧痛，一把手提起要离，把他的头按入水中，这样按了三次之后，就把淹得半死的要离横着放到自己的膝盖上，大笑着对他说："天下之间竟有像你这样的勇士，敢用这样的苦肉计来刺杀我！"庆忌身边的卫士看到之后，冲上来就要把要离碎尸万段，但是庆忌摆了摆手说："这个人是天下间少有的勇士，我们怎么可以在一天之内就杀死两个勇士呢！"由于庆忌的伤势太重，渐渐地他觉得自己不行了，支撑不了多久，就对他左右的卫士说："你们都不要杀死要离，就放他回到吴国吧，这是我表彰他对主人的忠诚。"说完之后，他就把要离扔到了甲板之上，自己抽出了刺穿他身体的短矛，最后失血过多而死。庆忌的卫士们遵照了他的遗命，并没有为难要离。但是要离想自己从此就不能被世人所容纳了，于是纵身跳入水中自杀，但是却被庆忌手下的卫士们捞了上来。卫士们就劝他赶紧回到吴国领赏去。要离悲痛地说："我为了侍奉国君，抛弃了自己的妻子和孩子，这是不仁；又为了新的国君杀害了过去国君的儿子，这就是不忠。人应该死得有意义，苟且偷

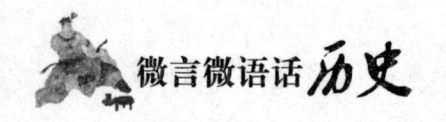

生那就是不义。我如果还活在这个人世，那就是不忠不仁不义。我犯了三大恶刑，哪还有脸面见天下人！"说完之后，又想投江，但是仍然被庆忌的手下救了上来，劝他不要轻生，只要回到吴国之后，吴王阖闾肯定会重重赏赐于他。但是要离始终没有听那些士兵的劝告，最终还是自杀了。

今人跟贴

真正的勇士并不会为了达成目标而不择手段，但是他会为了国家的利益而选择牺牲自我，以成全天下的百姓。要离是一个智勇双全、言而有信的人。他为了吴国百姓的幸福，不辱使命，最终成功刺杀了庆忌；但他也因为刺杀了天下第一勇士而感到愧疚，最终自杀。不管怎样说，他的生命虽然短暂，但是却充满意义。这也就是世人所追求的死得其所。

微言小语

在有限的时间里创造有限的价值是活得明白，在有效的时间里创造无限的价值是活得有意义。每个人终其一生，能够实际做到的事情其实是十分有限的，想要让自己的生命变得更有意义，我们就必须具备常人没有的勇气和坚持，面对抉择的时候，能够做出正确的选择，必要的时候甚至可以为了成全大我而放弃小我。

3. 豫让

——豫让微博：士为知己者死，女为悦己者容。

微博解意

——有志之士愿意为自己的知己而死去，女人愿意为欣赏她的人装扮。

豫让，姬姓，毕氏，春秋战国时期晋国人。他最初的时候是给范氏做家臣，然后又给中行氏做，但一直都默默无闻，直到他做了智伯的家臣之后，才开始受到重用，主臣之间的关系也很密切，智伯对他十分尊重。正在他境遇好转的时候，智伯向赵襄子进攻，结果没料到赵襄子和韩、魏合谋一起将智伯灭掉了。消灭了智伯之后，他们三家分割了智伯在晋国的领土。赵襄子平时最恨智伯，就拿他的头骨做成酒杯。豫让万分悲愤，立下毒誓要为智伯报仇，决定前去刺杀赵襄子。

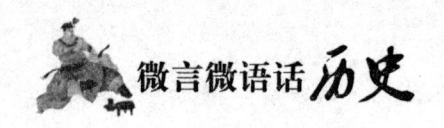

知遇之恩，涌泉相报

　　豫让在智伯死后就潜逃到了山里，他每时每刻都念着智伯对他的好，对赵襄子的怨恨越来越深，尤其是对于赵襄子把智伯的头颅做成器具之事更是愤恨。他发誓一定要为智伯报仇，亲手杀死赵襄子。于是，他就更名改姓，伪装成了一个受过刑的人，混进了赵襄子的宫中，天天修整厕所。他怀里一直揣着一把匕首，时刻等待着时机刺杀赵襄子。有一天赵襄子到厕所去，不知怎么的心里就突然莫名其妙地感到十分害怕，于是就审问了修整厕所的人，才知道那个人是豫让，并且搜到他衣服里面还藏着利刀，就这样豫让被赵襄子逮捕了。赵襄子问豫让前来的目的，他直言不讳地承认说："我之所以来到宫中，主要是为了给智伯报仇！"侍卫要杀掉他。赵襄子却说："他是个仁义之士，我以后谨慎小心地回避就是了。更何况智伯死后也没有什么继承人为他报仇，反而他的家臣想要替他报仇，这真是天下的少有的义士啊。"最后就把他放走了。

　　过了不久，豫让为了便于刺杀，以顺利实现自己报仇的愿望，不惜糟践自己的身体，把漆涂在了身上，使自己的皮肤溃烂得好像癞疮，并且吞下炭火让自己的声音变得嘶哑。他乔装打扮使得别人辨认不出他的相貌，于是就沿着大街开始讨饭。当时就连他的妻子也不认识他了。但在路上遇见他的朋友，却被辨认出来了，问说："你不是豫让吗？"他回答说："是我。"他的朋友就流着眼泪说："凭借您的才能，其实委身前去侍奉赵襄子，他一定会亲近并宠爱您的。在他信任您之后，再伺机干您所想干的事，这难道不是很容易吗？"豫让就说："把自己托付给他，决定侍奉人家之后，又要伺机杀掉他，这是怀着异心来侍奉自己的君主啊。选择这样的做法对我来说是非常困难的，可是我现在之所以选择这样的方法，就是想要让天下后世的那些怀着异心侍奉国君的臣子们都感到惭愧。"豫让就摸准了赵襄子出来的时间和路线。在赵襄子准备外出的那一天，他提前埋伏在一座桥下。赵襄子在过桥的时候，他的马突然受到惊吓，他就猜到会有人行刺，他想了一下，很可能又是豫让，于是派遣手下的人去打探查看，果然没有猜错。于是赵襄子就责问豫让说："您不是曾经也侍奉过范氏、中行氏吗？智伯当初把他们全都消灭了，但是您却不替他们报仇，反而是去侍奉智伯做他的家臣。现在智伯已经死了，您为什么要如此执著地为他报仇呢？"豫让就说："我当初侍奉范、中行氏的时候，他们以一般人的待遇对我，我就以平常人的身份来回报他们。至于智伯，他用国士的礼节来对待我，我就用国士的身份来回报他。"赵襄子听后十分感动，但是又觉得不能再把豫让放回去了，就下令让兵士把他团团围住。豫让知道自己没有任何生还的希望了，没有办法完成刺杀赵襄子的誓约了，就请求赵襄子把自己的衣服脱下来一件，让他象征性地刺杀。赵襄子也满足了他这个要求，于是派人拿着自己的衣服给豫让，豫让就拔出自己的宝剑多次跳起来刺向那件衣服，仰天大喊着说："我终于可以下去回报智伯的知遇之恩了！"于是拔剑自杀了。

豫让的事迹传开之后，赵国的很多志士仁人都被他的精神所感

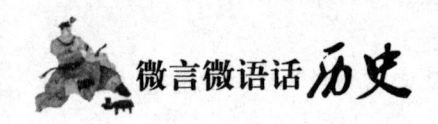

动，为他感到悲伤流泪。豫让虽然行刺赵襄子没有成功，可是他舍弃自己的生命，尝尽千辛万苦，最终用自己的生命报答了智伯的知遇之恩。他为知己献身的精神令人十分佩服。他决定为智伯报仇，是因为智伯重视他并且尊重他，给了他一份尊严，所以就算要他舍弃生命为智伯复仇，他也愿意。他是一个没有成功的刺客，但是这个失败的过程却成就了他的人格。"士为知己者死，女为悦己者容"，他的誓约最终得以实现，就算是死也瞑目了。

今人跟贴

豫让因为智伯的知遇之恩，而不惜舍弃自己的尊严和生命，一心想要为智伯报仇雪恨，用自己的生命来捍卫智伯的尊严，像这样的仁义之士在古代也是少有的。自古以来就有身体发肤受之父母，不可损伤的教诲，可是他为了报仇，不惜毁坏自己的容貌，改变自己的声音，只为达到报恩的目的。最后虽然没能成功刺杀仇人，可是他在这个过程中已经尽了全力，没有了任何的遗憾，对自己的良心也有了一个交代。常怀一颗感恩的心，对待身边的人。俗话说送人玫瑰，手有余香，我们不希望自己付出的每一分都会有着同等的回报，但是要相信付出和收获永远是成正比的，也许现在看来毫无意义的事情，只要我们有持续下去的理由，那么便不要轻言放弃。也许在生活中我们为了成功会付出很多，也会失去很多，只要值得，相信每个人还是会这样去做。没有人可以保护我们的时候，一定要让自己坚强起来，坚定地走下去。

微言小语

滴水之恩当涌泉相报，人生在世，难免会遇到各种困难和磨炼，同时也会遇到各种人和事，接受到帮助的时候，我们应该尽自己的全力回报别人。有些时候，为懂得自己的人去牺牲，也会是一种幸福；为懂得自己的人去努力拼搏，那也是一种甜蜜。

4. 鲁仲连

——鲁仲连微博：所贵于天下之士者，为人排患、释难、解纷乱而无所取也。即有所取者，是商贾之人也，仲连不忍为也。

微博解意

——对于天下的人来说，最可贵的品质，是为他人排忧解难，但是从不索取回报。如果索取回报的话，那就是商人的勾当，我不愿意那样做。

鲁仲连（公元前305~公元前245），战国时期名士。也称之为鲁连。他善于出谋划策，经常周游各国，为各个诸侯排忧解难。赵孝王九年，秦军围困赵国国都邯郸。迫于形势，赵王就派遣使臣劝说魏王，让他和赵国一起联手，共同抵抗秦国。魏王在当时还显得犹豫不决。于是鲁仲连动之以情，晓之以理，详细说了一下赵、魏两国联合共同抵抗秦国的主张。两国都接受了他的建议，秦军因此撤退。

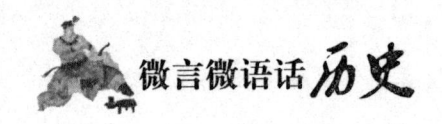

侠肝义胆，诡辩救国

鲁仲连小的时候就在稷下从师于徐劫，专门研究"势数"。一方面因为他勤奋好学，善于思考，另一方面又博闻强记，所以很得老师的喜爱。他思维敏捷、口若悬河，在很小的时候就因为辩才而被很多人知道，当时的人都对他青眼有加。他为人津津乐道的事迹是在12岁的时候驳倒了田巴和三次责难孟尝君。

鲁仲连作为一个齐国人，适时适当地在强秦围困下的邯郸城中出现了。强秦围困邯郸的目的非常明确，那就是为了称帝，但是秦称帝对齐国的地位十分不利。如果秦国称帝，那么其他五个国家再一一归附他的话，齐国灭亡之日也就指日可待了。鲁仲连通晓"势数"，深知秦国称帝之后带来的变化，于是他挺身而出，为了齐国的利益拼死争辩。在平原君赵胜的引荐之下，他见到了辛垣衍。首先，他就直截了当、一针见血地指出了秦国的虎狼之心："那秦国，是背弃礼仪而崇尚战功的国家，以权力使唤贤能之士，奴役百姓。"从而声明自己宁可跑到东海去自杀也决不愿意成为秦国百姓的决心，继而又在魏国人的面前显示了齐国人不怕暴秦和反抗霸权的决心。接着具体说明了救赵国的策略——迅速组建魏、燕、齐、楚同盟军，几国联合起来共同反抗秦国以营救赵国。当辛垣衍说魏国不想救赵的时候，鲁仲连举了"齐威王生而朝周，死则叱之"的例子说明秦称帝的弊端。周天子当时活着的时候，齐威王年年朝拜他，不管是在周朝弱小还是诸侯都不去朝拜，可以说是相当的忠心；可是周天子在死的时候，仅仅因为齐国的使臣去的晚了一点，就派遣周的使臣亲自赶赴齐地，扬言说要斩杀齐威王。由此可见，帝王和臣子之间的关系是不平等的，他对臣子的要求是十分苛刻的，并且还反复无常，这样以后各国就只能看他的脸色行事了，没有一点的自由可言。鲁仲连的言外之意就是，魏国一旦尊秦为帝，必然会丧失国家的自主权，一定会受到秦国的摆布，尊秦为帝，对于魏国来说，无疑是羊入虎口，百害而无一利。紧接着，当辛垣衍说十分害怕秦国，并且恬不知耻地大放厥词说秦和魏是主仆关系的时候，鲁仲连先是用归谬法得出秦吞食魏的假设性结论来激怒辛垣衍，后又引用商纣虐待三公、齐王轻视邹鲁两国的例子来警示辛垣衍。

　　鬼侯、鄂侯、文王是商纣王的三个诸侯，他们对纣王十分忠诚，态度毕恭毕敬。可是当鬼侯把自己的女儿献给纣王的时候，纣王却嫌他女儿长得太丑就把他剁成了肉酱；鄂侯看到之后就替鬼侯说情，讲了几句公道话，结果又被纣王晒成了肉干；在文王听了鬼侯、鄂侯的遭遇之后，仅仅表示了一下自己对他们的同情，叹了一口气，结果纣王就把他关了一百天，想找一个适当的借口杀死他，可见有史以来，"帝王"从来都是专横残暴、蛮不讲理的。不管臣子赤胆忠心也好，忠诚也罢，只要稍微有一点违背了他的意愿，惹得他不开心、不顺眼，他就会对你横加杀戮，视臣子的生命为草芥。同样如果魏国甘愿臣服于秦国，那么秦国也不会放过魏国。你越是软弱他就越是欺负你，一直到你灭亡。他又说，乐毅在攻破齐国之后，遑遑如丧家之犬的齐王，就因为曾经有过"东帝"的称

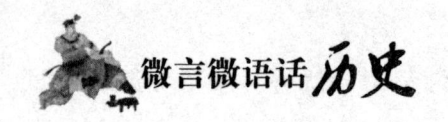

号，就不把鲁国和邹国放在眼里。明明自己是亡国之君，还到别人那里去避难，却偏要摆出帝王的威严，吆三喝四，颐指气使。鲁国人准备了猪、牛、羊各十头的太牢来招待他，他都嗤之以鼻，竟然要求鲁国的国君避开正朝，住在外面，要他端着几案在堂下侍候他进餐。邹国的国君刚刚去世不久，齐王前去吊唁的时候，竟然让邹国人把国君的灵柩从北面移到南面，让他坐北朝南吊唁。鲁仲连举了这两个例子就来说明魏国假如尊秦为帝，秦就会以帝国的身份来要求、命令魏国做这做那，不会再把魏国当成平等的诸侯来看待。到了那个时，魏国将不会有任何尊严可言，只能任人摆布，任人宰割。

最后，鲁仲连说一旦尊秦为帝，秦国的野心也会越来越膨胀，更加肆无忌惮，不会把那些小国放在眼里。秦王也会安排他的大臣、子女等进入魏国的宫廷，进而干涉朝政，慢慢地让魏王变成他玩弄于股掌之中的傀儡，只会为秦国办事。到了那个时候，辛垣衍您也会因为是魏王的心腹而被秦想方设法地排挤出朝臣的行列，不会再有现在的地位和荣耀了。经过鲁仲连的一番辩解之后，辛垣衍终于意识到事情的严重性，开始坐立不安，最后他接受了鲁仲连的建议，改变了主张准备联合抗秦，声称自己再也不敢狂妄地说尊秦为帝的事了。秦将得知这件事后，感到十分震惊，率兵向后撤退了50里。再后来，魏国的信陵君窃符救赵，解了邯郸之围。

平原君想要封赏鲁仲连，鲁仲连拒绝了他的好意，他当时说了这样一句话："对于天下的人来说，最可贵的品质是为他人排忧解难，但是从不索取回报。如果索取回报的话，那就是商人的勾当，我不愿意那样做。"说完之后就离开了，又开始了他四处游历的生活。

今人跟贴

敏捷机智的思维，空前绝后的辩才，终于说服了魏国大臣答应几国联合共同抗秦。他本来就是一个闲云野鹤之人，但是却关心百姓，心系国家大事，从来不会为了自己的利益而不顾全局。在危难时刻挺身而出，为国家、为百姓做自己应该做的事情，不畏权贵，侠肝义胆，可以说是一个忠义两全、德才兼备的人。虽然他不在朝为官，可是他的心永远记挂着天下百姓。

微言小语

想要做好事，不一定要我们身处什么地位，只要有一颗心，就没有什么事情能难得倒我们。最为困难的时刻，其实就是在下决定的时候，很容易过去，接下来需要的就是那份坚持和韧性。每个人都会面临死亡，死亡并不可怕，可怕的是自己一生碌碌无为，所以从现在起，去做一些有意义的事情，就会感觉到这个世界充满了爱，任何时候请不要放弃希望。

5. 侯嬴

——侯嬴微博：将在外，主令有所不受，以便国家。

微言微语话历史

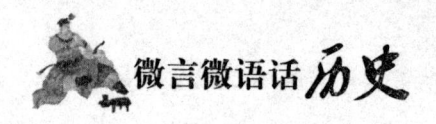

> **微博解意**

——将在外，有时候不听君王的命令，这样对于国家好。

侯嬴，生卒年不详，战国时期魏国人。刚开始的时候是大梁夷门的一个守门小吏，他虽然胸中充满韬略，但是并不擅长自我表露，始终以隐者的身份自居，甘心当一个看门的小吏而无怨无悔。信陵君是一个十分谦虚的人，他听到门客们介绍了侯嬴的情况之后，便带着贵重的礼品前去慰问这个70岁的老人。后来两人就相互结识了，侯嬴一直到他70岁的时候才被信陵君遇到并迎为上宾，从而协助信陵君围魏救赵。

伯乐识才，成就大业

在信陵君听到侯嬴这个人的时候，侯嬴已经70高龄了，当时他还是大梁夷门的一个看门小吏。信陵君就决定前去拜访，当他谦恭地把礼物奉送给侯嬴的时候，不料侯嬴却是说："我这几十年以来一直修身养性，锻炼自己的品德，这些功名利禄已经和我没有什么关系了，我也不会因为自己没什么地位家里贫困就接受您这么贵重的礼物。"侯嬴的安于贫穷、洁身自好的品质反而引起了信陵君的兴趣。

有一天，信陵君在家中大办酒宴，想要招待自己的宾客。等到客人们都坐好了，信陵君却没有入席，而是带着车马和随从，专程

第五篇 侠者篇　剑胆琴心 劫富济贫留美名

到夷门前去邀请侯嬴。他为了表示自己对侯嬴的尊重，还把象征尊贵的左边的座位空了下来，留给侯嬴坐。侯嬴听说信陵君在家宴请宾客，他也没有推让，自顾自地收拾了一下他的破衣、破帽，毫不客气地坐在了信陵君留给他的空位上。走到半路的时候，侯嬴让信陵君停车并说："哎呀，市场那里有我一个交往甚好的朋友在卖肉，就先委屈你一下，陪我一起去看看他吧！"信陵君没有半点犹豫的，亲自赶着车，陪他来到了市场。侯嬴这个朋友名叫朱亥，是一个以卖肉为生的屠户。侯嬴也不管信陵君着不着急，就一直站在那里同朱亥聊得十分开心。跟随信陵君一起来接侯嬴的那些人知道府上还有宾客们在等着信陵君接回侯嬴开席，这里又是信陵君亲自替侯嬴驾车，引得街上的男女老少都过来围观，心里骂侯嬴不看时间。可是侯嬴却还是不紧不慢的。终于到了信陵君的府上，信陵君把侯嬴让到上座，并把他介绍给了自己的宾客。宾客们看到等了半天，等来的却是一个看门小吏，而且还坐在了上座，一个个都感觉被耍弄了一样，很不高兴。直到这个时候，侯嬴才站起来对信陵君说："刚才我那样不是要故意为难你，其实只是想看看你这个人是不是像别人所说的那样。我不过是个抱门闩、看城门的人，本来就不配劳驾公子您亲自驾车去接，但是公子您却这样做了。所以我就故意让您招摇过市，让人们前来围观，进一步认识您这位谦让下士的君子。"这次宴请之后，侯嬴就成了信陵君的上宾。信陵君还问他那位朱亥是怎样的人，侯嬴告诉他说："朱亥是一位贤能之士，他有勇有谋，只是世人都不了解他，这才隐居在市井之间卖肉。"信陵君非常想把朱亥也迎为门客，于是好几次登门拜访，但是朱亥却故意不回访。这让信陵君觉得朱亥这个人十分古怪。

155

微言微语话历史

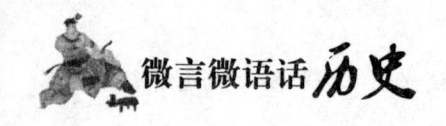

公元前257年，秦王派大军围攻赵国国都邯郸，赵国危在旦夕，于是派了信使前来魏国求援。魏国便派大将晋鄙率十万大军前去增援。在秦王知道消息之后，就威胁魏王。魏王当时十分害怕，又急忙命令走到中途的晋鄙停止前进，全部大军都驻守在邺那个地方。信陵君几次请魏王出兵营救赵国，但是魏王却按兵不动。信陵君自己不想眼看着赵国被秦国所灭，于是自己筹集了车马，带着门客们前去援赵，走到夷门的时候，看到侯嬴就把自己的决心和侯嬴讲了一遍。侯嬴就说："公子您就努力前进吧，饶恕老奴我不能跟你们一起去了！"信陵君出了夷门之后，边走边想："我平时对你侯嬴可以说是够好了，但是我此次前去赴死，你不跟随我去也就罢了，怎么连一句送别的话都没有呢？"他越想越不对劲，于是掉转马头，想回来质问侯嬴。这时候侯嬴已经在门前迎接他了。看到信陵君回来了，就说："我料定公子您还是会回来的。因为您看重有才之士，这是人们都知道的。但是现在遇到危难的事情，如果不充分发挥名士们的作用，却要和秦军拼命，这是羊入虎口，莽夫才这样做。"信陵君听了他这话之后，连忙向侯嬴下拜说："不知先生您有何赐教？"侯嬴就向信陵君献了一条妙计。信陵君依计而行，顺利从魏王的宠姬如姬那里要来了虎符，准备到晋鄙那里夺取兵权，自己指挥大军前往救赵。信陵君又一次要出发了，侯嬴说："将在外，有时候不听君王的命令。你虽然有了虎符，但是那晋鄙也不一定会把军权交给你。你不妨带着朱亥一同前往。他是个大力士。如果晋鄙顺利交出军权，那样也就罢了；如果不交，你就可以让朱亥杀了他。"于是信陵君就带着朱亥一起去了大军营中。

看着一切事情都安排妥当了，侯嬴就对信陵君说："我自己年

156

岁已高，就不能随你一同前去杀敌了。但是我会计算你的行程。当你到达晋鄙的营地时，我将面向北方用自杀来报答公子的知遇之恩！"信陵君和朱亥夺了晋鄙的兵权，一起领兵救赵抗秦。侯嬴觉得自己这样是对魏君的不忠诚，于是自杀谢罪了。

今人跟贴

千里马常有而伯乐不常有，侯嬴虽然是一位贤能之士，可是他一直等到70岁的时候才遇到信陵君这个伯乐，因此他为了报答知遇之恩，就出谋献策，帮助信陵君解除了赵国之围，自己又因为愧对于魏国国君，于是自杀谢罪。他也完成了自己的使命，终于可以了无遗憾地离开，自己的抱负得以施展，对他来说已经是人生莫大的安慰了。"将在外，军令有所不受"，确实也是对侯嬴一生的写照，他本是魏国人，也应该忠于魏国国君，但是信陵君对他有知遇之恩，他之所以背叛魏军帮助信陵君也是当时的情势造成的。事成之后，他用自己的生命表达了对魏君的歉意，也算是拥有一个无憾的人生了。每个人总会在生活中遇到自己的伯乐，所以不要对自己感到失望，不管是为了报答还是挽留，都要认真地生活，认真地对待每一件事情。当我们乐在其中的时候，才会知道生活的意义。

微言小语

每个人在自己的一生中总会遇到一些进退两难的事情。面对这样的情况，我们可以比照"将在外，军令有所不受"这句话，可以按照当时的情况便宜行事，没必要总是中规中矩地错失良机。每个

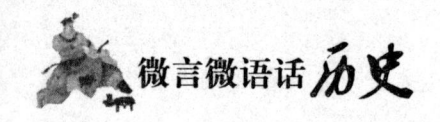

人都有属于自己的理想和抱负，也都无时无刻地渴望着能有所成就。有些时候事情实施起来，效果并不是那么显著，这时候我们就应该拥有信陵君的耐心和谦逊，要知道很多事情在一步步的积累中就会有所改变。不必因为目前的状况而烦躁，也不要因为一时的挫败而灰心丧气，只要我们肯抓紧时间不断充实自己，那么在机会到来的那一刻，才能紧紧抓住它。

6. 朱亥

——朱亥微博：臣乃市井鼓刀屠者，而公子亲数存之，所以不报谢者，以为小礼无所用。今公子有急，此乃臣效命之秋也。

微博解意

——我原本就是市井之中的一个屠夫，但是公子您三番五次亲自拜访，我之所以没有报答你，是觉得小恩小惠没有什么用。现在正好公子您有紧急的事情，这是我报答您的最好时机。

朱亥，生卒年不详，战国时期魏国人，是侯嬴的好朋友，他十分有才能，因为一直没有受到重用，而隐居在市井之间做了一个屠夫，后来由侯嬴引荐给信陵君。因为他勇武过人，而被信陵君迎为上宾，之后曾经在围魏救赵的战役中立下了汗马功劳，为世人所知。

知恩图报，善莫大焉

魏国的公子无忌，是魏昭王的小儿子，也是魏安釐王同父异母的弟弟。在昭王死后，安釐王登基，就封公子为信陵君。信陵君为人宅心仁厚而又能谦逊地对待士人。无论士人的才能高低，他都十分谦虚地以礼相待，不敢因为自己的身份而轻视其他人。因此，魏国周围几千里以内的士人都争着前来做他的食客，传说他共有宾客三千多人。在那个时候，各诸侯国因为公子的贤能又加上宾客众多，有十多年都不敢出兵谋取魏国。

当时在信陵君拜访隐士侯嬴的时候，就认识了朱亥，得知朱亥是一个英武过人的勇士，他曾经多次拜访过他，可是朱亥对他却是不咸不淡，因此信陵君觉得朱亥这个人十分奇怪。在魏安釐王二十年的时候，秦昭王已经攻破了赵国在长平的驻军，又进兵围攻了赵国的国都邯郸。当时魏公子的姐姐是赵惠文王的弟弟平原君的夫人，于是就几次派人送信给魏王和公子，向魏国请求救援。魏王急忙派将军晋鄙率领大军前去救赵。但是秦王派遣使者去告诉魏王说："我在攻打赵国，眼看很快就要攻下了；你们诸侯国之中有敢救赵国的，等我取了赵国之后，一定会调动兵力来进攻他。"魏王听了之后十分害怕，就派人去阻止晋鄙大军，叫他停止前进，暂时

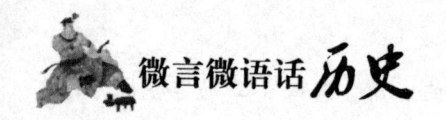

驻扎在邺，名义上看起来好像是在救赵国，实际是却是按兵不动，抱着隔岸观火的态度。平原君派出去的使者络绎不绝地来到魏国，就责备魏公子说："我之所以自愿和魏国结为婚姻同盟关系，都是因为您的行为品德高尚，十分讲义气，能够在别人有困难的时候解救他。但是现在邯郸早晚都会投降秦国了，你们魏国的救兵却迟迟不来，您为别人的困难而焦急的表现在哪里呢？更何况您即使瞧不起我平原君，弃我于不顾，让我去投降秦国，难道您就不担心您的姐姐吗？"公子为这件事很是担心，多次请求魏王出兵救赵，并且还让自己的宾客辩士用各种理由前去劝说魏王。但是魏王十分害怕秦国的进攻，始终不听公子的请求。公子觉得这样下去始终不会解决问题，他决定和赵国同生共死，于是就请求宾客们凑集了车骑一百多乘，带着他们要和秦军去拼命。在出发之前他去拜访了侯嬴，侯嬴给他出了一个计策，他悄悄地对公子说："我听说那晋鄙将军的兵符经常放在魏王的卧室之中，而如姬最受魏王的宠爱，经常出入于魏王的卧室，她有机会能够偷得到兵符。我又听说如姬的父亲是被人杀害的，并且如姬悬赏求人帮她报仇已经三年了。但是在魏王的手下中，并没有找到能够替她报杀父之仇的人。后来如姬哭泣着对公子说，公子就派了他的门客斩了她仇人的头，恭敬地献给了如姬。如姬也答应愿意替公子效力，坚决不会推辞，只是一直没有机会。公子您如果去请求如姬帮忙，她一定会答应的，那样就可以万无一失地得到虎符，从而把晋鄙的军队夺到手里，到北边去救赵国了，击退秦国，这也是一大功绩啊。"公子于是听从他的计划，向如姬请求，如姬果然盗得兵符交给了公子。为了以防万一，侯嬴就让信陵君带着朱亥一同去夺取兵权。公子邀请朱亥和他一同前去，朱亥就笑着说："我不过是市井之中一个宰杀牲畜的人，公子却多次亲自来拜访我。之所以不报谢您，是因为那些小的礼节没有什么作用。现在公子有急事，这正是我为您出死力的时候了。"于是就跟公子同行。

公子和朱亥一起出发，到了邺地之后，就假传魏王的命令想要代替晋鄙。晋鄙合对上兵符之后，还是怀疑这件事情，就举起手来看了看公子说："现在我拥有十万大军，就驻扎在边境，身担国家重任。现在魏王却让您只身前来代替我，这又是怎么一回事呢？"晋鄙并不想轻易就将兵权交给公子。于是朱亥就用袖中四十斤重的铁锤，锤死了晋鄙。公子夺得了兵权，统率晋鄙的军队，对其进行一番挑选，下令说："父亲儿子都在军中的，就让父亲回去；兄弟两人都在军中的，哥哥回去；独子没有兄弟的，就回家奉养父母。"经过一番挑选之后，剩余精兵八万。公子率领着这八万精兵，攻击围困邯郸的秦军，秦军最后只能撤退。邯郸之围解除，赵国终于得以保存了下来。之后信陵君就和他的门客一起留在了赵国，侯嬴因为这件事感觉自己背叛了魏君而自杀谢罪了，朱亥之后却一直跟随在信陵君左右。

今人跟贴

朱亥因为信陵君的礼遇，所以就一直在等待机会报答他，终于在围魏救赵的时候出了大力，成功帮助信陵君解救了赵国。在他看来，自己只是一介武夫，没有机会和平台去施展自己的抱负，只能在市井之间度日，可是他被信陵君发现了，并多次恭敬地拜访他，他就决心一定回报信陵君。君子有恩必报，他就是这样的爱憎分

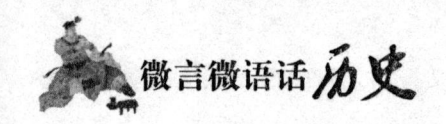

明。厚积才能薄发，每一件事情都是由量的积累达到质的转变，不要只是羡慕别人的成功，而自己只是在一边怨天尤人。如果想要改变现状，那么就从小事情做起。往往决定一个人成功与否的关键因素并不是他的智商有多高，而是他有没有毅力和耐力去做事情。

微言小语

锦上添花人人都会，可是又有几个人会雪中送炭呢？在我们风光荣耀的时候，很多人都来沾光，但是在我们失意潦倒的时候，那些人又去了哪里。这就是差别，不管我们是一个怎样的人，只要能够记得那些在我们失意的时候提供帮助的人，并且去回报他们，这样我们的人生就会更加的充实。"受人滴水之恩，当以涌泉相报"，这是一个人做人的起码准则，所以我们受到他人恩惠的时候，不要以为这是理所当然的，要有一颗感恩的心，这样才能让自己生活得更充实。

7. 荆轲

——荆轲微博：风萧萧兮易水寒，壮士一去兮不复还。

微博解意

——大风刮起，萧瑟异常，易水的水十分冰冷，壮士一离开之后就不会再回来了。

荆轲，姜姓，庆氏。汉族人，秦时涿县人，战国时期著名的刺客。他喜欢读书和击剑之术，为人慷慨大方，十分讲义气，是春秋时期齐国大夫庆封的后代。后来游历到燕国，被称为"荆卿"，随后由燕国智勇深沉的"节侠"田光推荐给了太子丹，拜他为上卿，从而受到燕太子丹的重用。在秦国灭掉赵国之后，兵锋直指燕国南边疆界，太子丹十分害怕，就和田光一起秘密谋划，决定派荆轲混入秦国行刺秦王。后来因为被夏无且的药囊击中，最终被秦王拔剑所杀。

壮士一去，视死如归

在战国末期，秦国为了统一六国，采取各个击破的策略，在打败赵国之后，就开始谋取燕国。燕太子丹十分焦急，就前去找荆轲，分析说："如果我们拿兵力去对付秦国，就像拿鸡蛋去砸石头；想要联合各诸侯国来一起抵抗秦国，可能性也不是很大。我想，现在派一位勇士前去，打扮成使者拜见秦王，当他接近秦王身边的时候，逼他退还诸侯的土地。秦王要是答应了那就最好，如果不答应，就直接把他杀死。您看这样行不行？"荆轲说："这办法倒是可行，但要我们要挨近秦王的身边，就一定得先让他相信我们是去向他求和的。我听说秦王很早之前就想得到燕国最肥沃的土地督亢。

163

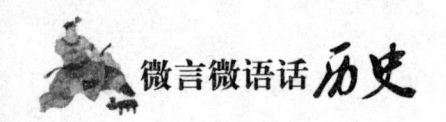

还有当时秦国将军樊於期的人头,他现在流亡在燕国,秦王正在到处悬赏通缉他。我要是能够拿着樊将军的头颅和督亢的地图去献给秦王,他一定会忍不住诱惑来接见我。到那时,我就可以接近他了,只要接近,就能对付他了。"太子丹感到十分的为难,说:"督亢的地图好办,可是樊将军是因为受到秦国的迫害才来投奔我的,我怎么忍心这样伤害他呢?"荆轲知道太子丹不忍心,于是就私底下找上了樊於期,并且跟樊於期说:"我现在有一个主意,不仅能够帮助燕国解除眼前的祸患,而且还能替将军报仇,可就是说不出口。"樊於期听了连忙说:"什么主意,你快点说来听听!"荆轲说:"我决定前去行刺,但就是怕见不到秦王的面。而现在秦王正在到处悬赏通缉你,如果我能够带着你的头颅去献给他,他一定会接见我的。"樊於期没有丝毫犹豫地说:"好,你就拿去吧!"说着,就拔出随身的宝剑,自杀了。太子丹在荆轲临走前还准备了一把十分锋利的匕首,并且叫工匠用毒药淬炼过。只要是被这把匕首刺出一滴血,就会立刻气绝身亡。他把这把匕首送给荆轲,以作为行刺秦王的武器,同时又派了一个年仅13岁的勇士秦舞阳,作为荆轲的副手。

公元前227年,一切准备妥当之后,荆轲和秦舞阳就从燕国出发到咸阳去。太子丹和他的宾客都穿上白衣白帽,到易水边为他们送别。在出发之前,荆轲就给大家唱了一首歌:"风萧萧兮易水寒,壮士一去兮不复还。"大家听了他悲壮的歌声之后,都十分伤心。荆轲就拉着秦舞阳跳上车,头也不回地离开了。荆轲到了咸阳之后,秦王嬴政一听是燕国派使者把樊於期的头颅和督亢的地图一起送来了,他十分高兴,就下令在咸阳宫接见荆轲。朝见的仪式开始了，荆轲双手捧着装了樊於期头颅的盒子，一旁秦舞阳捧着督亢的地图，一步步走上秦国朝堂的台阶。秦舞阳看到秦国朝堂那副威严的样子之后，不由害怕得瑟瑟发抖。秦王嬴政左右的侍卫看见之后，就大喊一声说："使者怎么变了脸色？"荆轲回头一看，只见秦舞阳的脸一会青一会白，就赔笑着对秦王说道："他是一个粗鲁的人，从来没有见过大王的威严，免不了有一点害怕，请大王不要见怪，原谅他吧。"秦王嬴政本来就有点怀疑他们此行的目的，于是对荆轲说："让秦舞阳把地图给你，你一个人上来吧。"荆轲就从秦舞阳的手里接过地图，捧着木匣，把它们献给了秦王嬴政。秦王打开木匣一看，果然是樊於期的头颅，秦王又让荆轲拿地图上来。荆轲把一卷地图慢慢地打开，等到地图全都打开的时候，他预先卷在地图里的一把匕首暴露了出来。秦王看见匕首，惊吓得跳了起来，荆轲抓住机会，就去刺杀秦王，但是没有刺中，就一直和秦王追逐着。当时台阶下的武士，按照秦国的规矩，没有秦王的命令是不准上殿的，在朝的官员都是一些文弱书生，看到情况也是束手无策。就在此时，官员中有个伺候秦王嬴政的大夫，急中生智，拿起自己手里的药袋对准荆轲扔了过去。荆轲用手一挡，那只药袋就飞到一边去了。只是这一眨眼的工夫，秦王往前一步，拔出了宝剑，砍断了荆轲的左腿。荆轲由于站立不住，倒在了地上。他拿匕首扔向秦王。秦王躲闪过了，他看见荆轲手里没有武器，就又上前向荆轲砍了好几剑。荆轲身上已经受了八处剑伤，他知道自己刺杀失败，就苦笑着说："我没有趁早下手，本来是想先逼你退还燕国的土地的。谁知，天不助我啊！"这个时候，秦王的侍从和武士已经赶到大殿之中了，他们一拥而上，用剑结果了荆轲的性命。台阶下的那个秦

微言微语话 历史

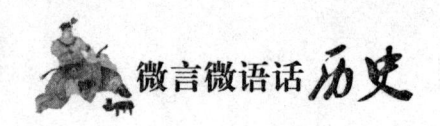

舞阳，也早就被武士击杀了。故事就这样结束了，但是荆轲的名声被世人知道，很多人都很佩服他的勇气。

今人跟贴

荆轲为了燕国的安危而选择了前去刺杀秦王，他明知刺杀很可能失败，但是他不惧死亡，还是义无反顾地去了。这份执著的勇气后来被世人津津乐道，互相传颂。他可以为了自己的国家献身，可以抛头颅洒热血。他尽力了，只是没有成功，这并不是他所能控制的，但是他能做的也只有这些，从而成为了历史上最为悲壮的刺客。也许在现实社会中，很多人只是注重结果，注重效率，没有人会为了你的过程而去同情你。而参与过程的我们应该也懂得不要祈求别人的同情，因为只有弱者才会奢求别人的同情。把更多的心思放在自己身上，没有人会比你自己更关心你的进步，因为每踏出的一小步，只有你自己最为清楚地知道。学着去享受这个过程，而不是为了他人看重的成果去拼死拼活。

微言小语

人活着要有信念，每个人都会为着一个信念而不失去希望，不失去动力。有的人抱怨说自己没有目标，感到很迷茫，那是因为他们心中缺少了一个信念、一个精神支柱。人非圣贤，都有喜怒哀乐，生活本就是一个五味瓶，没有那么多的顺利，可是我们都会为一个信念而选择努力下去，这才是我们真正需要的力量。

第六篇
佳人篇 仙姿玉质 须眉男儿尚不及

女人是水做的,是多愁善感的。她们曾一贯被认为是弱势群体,可在现今的社会中,事实并非如此。作为女子,她们过着充实的生活,能够撑起半边天。相比现在,古代的女人是什么样的呢?让我们一步步揭开掩在其上的重重面纱,去了解她们的哀愁、她们的迟暮,以及她们的壮志和才智。

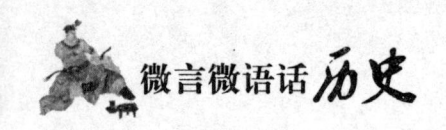

1. 卓文君

——卓文君微博：凄凄复凄凄，嫁娶不须啼。愿得一心人，白头不相离。

微博解意

——凄凉悲伤，嫁娶的时候不要哭泣。希望能够得到一个专心的人，一直相守到老，永不分离。

卓文君，汉武帝时期人，家住临邛，父亲卓王孙是当地有名的首富。她从小就喜欢读书做诗，十分聪慧，并且擅长音律。后来因为一曲《凤求凰》和司马相如相爱，从此之后就一直跟随他辗转各地，最后定居在茂陵，过着神仙眷侣般的生活。

一曲琴声，白头不离

司马相如有一个好朋友名叫王吉，他曾经对司马相如说："你这样在外面游学，如果官运不好日子不好过的时候就来临邛找我。"有一天，司马相如就真的来投奔王吉了。他向王吉谈了近几年的事情之后，王吉知道他还没有成家，就向他说起临邛的首富卓王孙有

第六篇 佳人篇 仙姿玉质 须眉男儿尚不及

个女儿叫做卓文君，天生聪慧，美貌无双，如今在娘家守寡，和司马相如是天生的一对。但是司马相如听了之后，觉得那样不妥。但是王吉却不以为然，他认为事在人为。卓王孙要宴请宾客，他知道司马相如是当时很有名的文人，于是也宴请了他，并顺便发了一百多张请帖，邀请了很多县中的官员与有名望的人。在宴会开始的时候，卓王孙就带领众宾客向司马相如敬酒，互相寒暄。正在大家喝得高兴的时候，王吉就向大家介绍说："相如先生是当今的第一名流，不仅文章写得好，而且精通音律，今天难得大家有兴致，何不请相如先生弹奏一曲呢？"众人听了之后，齐声叫好。司马相如推辞了一番之后，便弹奏起来，先弹了一支短曲用来助兴，后来就偷看到竹帘后面有一个影影绰绰穿白衣服的女子在听琴，他心里知道那是卓文君，就不再掩饰自己高超的琴技，弹了一曲《凤求凰》，通过琴声，向卓文君表达了自己的爱慕之心。原来，卓文君听说司马相如要来家里做客，很早就想见识一下这位大才子，再加上本身喜爱音乐，在听到琴声之后，就偷偷地躲在帘子后面看。以卓文君的聪慧，自然是懂得司马相如的意思。但是宴席上的宾客们，却是全然不知，只是一味地恭维司马相如，拍手叫好。之后，司马相如就买通了卓文君身边的仆人，送了一份求爱信给她。卓文君接到求爱信之后激动不已，但是她知道自己的父亲不会同意这门亲事，于是在一天晚上，偷偷地跑了出来，投奔了司马相如。两人连夜乘车回到了司马相如的家乡成都。他们的日子过得并不好，后来忍受不了清苦，两个人又回到了临邛，并在集市开了一家酒铺，以卖酒为生。卓王孙忍受不了自己的女儿抛头露面讨生计，于是就送了他们一笔钱财，让他们回成都。

　　汉武帝时期，窦太后十分崇尚"黄老"学说，还因此罢免了支

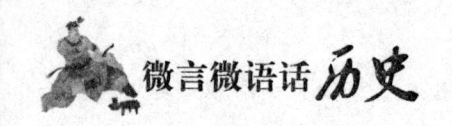

持儒家学说的窦婴等人，期间还陆续任命了几个浑浑噩噩的人当了丞相、御史大夫和郎中令。武帝不愿意和他们一起商议国家大事，自己一个人待在宫中又很无趣，就经常换上便装，出外游玩打猎。在年轻的时候，他把大量的时间都花在了打猎上面。汉武帝喜欢文学辞赋，在他身边就有东方朔、吾丘寿王等著名的文人，和他一起吟诗作赋，日子过得倒也十分快活。一天，汉武帝偶然之间读到了司马相如的《子虚赋》，立刻被赋中华美的文辞和磅礴的气势所吸引，不由得拍手连连称好。他一口气读完了《子虚赋》，以为作者是前朝之人，就叹息着说："写这篇赋的人，真是个才子，可惜我没有机会和这样的人生活在同一个时代了。"听了这话之后，他身边的杨德意就讨好地说："陛下，写这篇赋的人小臣知道，他是小臣的同乡司马相如，现居于成都。"汉武帝听了之后又惊又喜，问道："你说的话可是属实？"杨德意回答说："是的，司马相如就曾经对我说过，是他写的《子虚赋》。"汉武帝说这样的人才不应该被埋没了，于是，他马上派人前去成都召司马相如来京。司马相如到京城之后，受到武帝宠爱，大展宏图，期间他还为汉武帝写了《上林赋》。汉武帝读了《上林赋》之后，感到十分满意，就封了司马相如一个郎官。

此后司马相如便久居京城，看尽世间的风尘女子，再加上官场一时得意，就顺其自然地产生了纳妾的想法，早将那个曾经和他一起患难与共、情深意笃的妻子抛诸脑后，那些甜蜜恩爱的日子逐渐被花天酒地的诱惑冲淡，罔顾了卓文君对他的爱意，也抛弃了对爱情的执著。

终于有一天，司马相如给妻子写了一封十三字的信："一二三四五六七八九十百千万。"聪明的卓文君在读了之后，泪流满面。

这一行数字中唯独少了一个"亿"字，岂不是自己的夫君在暗示已经没有过去的回忆了。怀着十分悲愤的心情，卓文君写了一首词回复给司马相如。在他看完妻子的信之后，不禁惊叹妻子的才华横溢，遥想往日夫妻恩爱的情景，他顿时感到羞愧万分，从此之后就不再提纳妾的事情了。

不久，有人上书给汉武帝，说司马相如曾经在出使的时候接受了很多金钱贿赂。汉武帝信以为真，就罢免了司马相如的官职。反正司马相如家中富有，也是乐得清闲自在，于是就和卓文君把家搬到了茂陵，一起过着悠闲舒适的生活。

今人跟贴

卓文君并不是一个甘于命运的人，她在知道自己的感情出现危机的时候，成功地用自己的智慧挽回了丈夫那颗背离的心。作为一个古人，卓文君并不甘心服从古训中的"三从四德"，面对爱情，她挣扎过，也努力争取过，她苦心经营着自己的爱情和婚姻，当然也得到回报。她和司马相如的爱情故事也成为了民间的一段佳话，一直流传至今。我们如果想要拥有一份真正的爱情，首先就要忠于自己的爱人，不仅敢于追求，而且要做到不轻言放弃。

微言小语

爱情是每个人都向往的，但是又有几个人能真正抓住它？怎样保护自己的爱情，是很多人都会遇到的事情。在得到与失去之间，我们都有着选择的权利，只是看你最在乎的是什么。

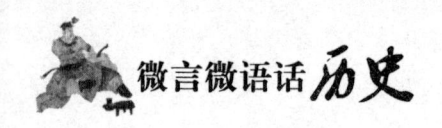

2. 班婕妤

——班婕妤微博：出入君怀袖，动摇微风发。常恐秋节至，凉飙夺炎热。弃捐箧笥中，恩情中道绝。

微博解意

——经常出入在您的怀中袖子间，摇动着就会有微风吹来。最害怕秋天来了，那样凉爽的秋风就会吹去夏天的燥热。最终被丢弃在盒子之中，从此之后恩断义绝。

班婕妤（公元前48~公元2年），西汉女辞赋家。汉族，楼烦人。后来她随父亲搬家到长安延陵的西郊，父亲班况在汉武帝的时候出击匈奴，驰骋沙场，建立过不少的汗马功劳。班况总共生三男一女，他的子女都十分优秀。老大班伯，是一位精通儒家学说的学者，曾多次聘书出使匈奴，担任定襄太守。他精选掾吏，抓获盗贼，很受郡中百姓爱戴。老二是班斿，官至谏大夫，因为博学多才而受到皇帝的重视。老三叫班稚，为人刚直不屈，最终官至延陵郎。她的女儿就是著名的才女班婕妤。她小的时候就很有才学，擅长吟诗作赋，既美貌又仁德。刚开始进宫的时候是少使，后来受到皇帝宠幸册立为婕妤。她的一生有很多作品，但是大部分都已经遗失。现存的作品只有三篇，即《自伤赋》《捣素赋》和一首五言诗

《怨歌行》，也称为《团扇歌》。婕妤并不是她的名字，而是汉代后宫嫔妃的一种称号。因为她曾经在宫中被封婕妤，后来人们就一直称呼她班婕妤。

此去经年，物是人非

班婕妤是汉成帝的嫔妃，在赵飞燕入宫之前，因为聪敏贤惠最受汉成帝宠幸。她在后宫中的贤德是有口皆碑的，不管是宫中的其他妃子还是宫女都对她很好。刚开始汉成帝被她的美艳及风韵吸引，就天天和她待在一起，加上她本身的文学造诣极高，尤其是对历史非常熟悉，经常能够引经据典，帮助汉成帝排忧解难。班婕妤十分爱好音乐，常常和汉成帝一起弹琴作赋。对于汉成帝来说，班婕妤不仅仅是他的侍妾，因为她多方面的才华，使得汉成帝把她放在妃子和朋友的位置之间。

汉朝的时候，皇帝如果要在宫苑巡游，就会乘坐一种非常豪华的车子，绫罗做的帷幕，锦褥坐垫，并且经常会有两个人在前面拖着走，称为"辇"；至于皇后和妃嫔们所乘坐的车子，一般只有一个人牵挽。在当时汉成帝为了能够和班婕妤形影不离，他就特别让人制作了一辆较大的辇车，以便于同车出游，但是却被班婕妤拒绝了，她说："我经常看古代留下的图画，大凡是圣贤的君主，他的旁边都有着贤臣陪伴。而夏、商、周三代的的亡国之主夏桀、商纣、周幽王，才会让自己的妃子陪在左右，以至于最后竟然落得国破家亡的境地。我现在如果和你坐在同一辆车上出出进进，那就和

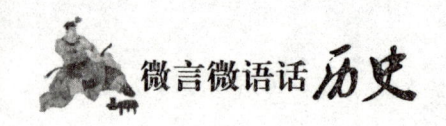

他们一样了，这能不让人感到震惊吗？"汉成帝听了她的话之后，觉得很有道理，于是只好打消同辇出游的计划。当时的王太后在听到班婕妤以理制情的事情之后，非常欣赏她，就对左右亲近的人说："古有樊姬，今有班婕妤。"王太后把班婕妤比做樊姬之后，使得她的地位在后宫之中更加突出。班婕妤当时在各个方面加强自身的修养，希望会对汉成帝产生更大的影响，让他也成为像楚庄王那样的明君。只可惜汉成帝并不是楚庄王，自从赵飞燕姐妹入宫之后，汉成帝就迷恋上了她们，班婕妤遭受到了冷落。

在赵氏姐妹入宫之后，因为皇帝的宠幸就飞扬跋扈，许皇后对此十分痛恨，在万般无奈的情况下，就想出了一条下下之策，她经常在孤灯寒食的寝宫之中设置神坛，每天早晚都要诵佛念经，在祈求皇帝多福多寿的同时，也诅咒赵氏姐妹灾祸临门。事情败露以后，赵氏姐妹故意诬陷她，说许皇后不仅咒骂她们，还咒骂皇帝。汉成帝盛怒之下，就把许皇后打入冷宫了。赵氏姐妹并不想就此罢休，还想利用这个机会对她们的主要情敌班婕妤进行报复。汉成帝居然听信了谗言。但是班婕妤却从容不迫地对汉成帝说："我听说人的寿命都是命中注定的，人的贫穷富贵也是上天注定的，这并不是可以通过人力就能够改变的。修正的人还没有得到福报，做坏事的人还有什么希望？倘若鬼神在天有灵，又怎会听信没有信念的人的祈祷？万一神明无知，那诅咒还有什么用！我并不是不敢去做，而是不屑那样做！"汉成帝觉得她说的也有道理，又念在不久之前他们的恩爱之情，所以就没有再追究她，并且还赏赐了她，以表示对她的愧疚。

班婕妤是一个有见识、有德操的贤淑妇女，哪里还经得起后宫之中的互相谗构、嫉妒和排挤，为了避免这种事情的再次发生，因此就写了一篇奏章，自愿前往长信宫去侍奉王太后。聪明的她把自己安置在王太后的庇护之下，就再也不会怕赵飞燕姐妹的陷害了。汉成帝答应了她的请求。从此之后深宫寂寂，岁月悠悠。班婕妤怜惜自己的一身才华，独自叹息悲伤，就开始吟诗作赋以抒发自己的情怀，写下了《团扇歌》，又称为《怨歌行》："新裂齐纨素，皎洁如霜雪。裁作合欢扇，团圆似明月。出入君怀袖，动摇微风发；常恐秋节至，凉飚夺炎热；弃捐箧笥中，恩情中道绝。"班婕妤自己知道，从此之后她就像秋后的团扇，再也不会得到汉成帝的宠爱了。在不久之后，赵飞燕被册封成为皇后，姐姐赵合德也成了昭仪，但是这一切在班婕妤看来，都已经与她没有丝毫关系了，她心如止水，形同槁木，除了陪伴侍奉王太后烧香礼佛之外，在白天没事情的时候，就弹琴写诗，用以抒发心中的感慨。后来，汉成帝在绥和二年三月，驾崩在未央宫。汉成帝驾崩之后，王太后就让班婕妤担任守护陵园的职务。从此，班婕妤就天天守在陵墓之前，冷冷清清地度过了孤单落寞的晚年。

今人跟贴

　　班婕妤一身才华，可叹汉成帝并不是楚庄王，虽然她有樊姬之德，但是汉成帝却没有楚庄王的明智。所以她只能选择逃避后宫的明争暗斗，以免卷入是非，丧失生命。失去宠幸的她对汉成帝也失去了眷恋，只是在独自一人的时候，难免会感叹自己的遭遇，感叹世事的无常。她把自己的心寄予吟诗作赋之中，把自己的情寄托在琴曲之间，一人度过一生。由此可以看出，很多人、很多事情错过之后就不会再回来了，在拥有的时候我们应该懂得珍惜，那样即使失去了，也不会追悔叹息。世事无常，未来并不在自己的计划之

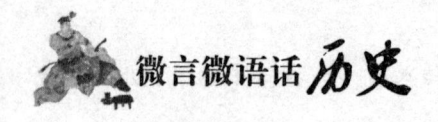

中，一定要做好准备去迎接它。

微言小语

爱情，始终让人猜不透，在它要来的时候，你挡也挡不住，在它要离开的时候，不管你怎样挽留，它还是走了。没有人会预料到未来发生什么，所以就要好好把握当下。爱情走了就走了，要懂得，如果不结束旧的，怎样用全新的心情来迎接新的呢？

3. 蔡文姬

——蔡文姬微博：儿前抱我颈，问母欲何之。人言母当去，岂复有还时。

微博解意

——孩儿前来抱住我的脖子，问母亲将要去哪里。人们都说母亲一旦离开了，就不会再回来。

蔡文姬，生卒年不详，名琰，原字昭姬，因为晋时避司马昭讳，所以改字为文姬，东汉末年陈留圉人。她的父亲是东汉大文学家蔡邕。蔡邕是当时赫赫有名的文学家和书法家，并且精通天文数理，妙解音律，和曹操交往密切。蔡文姬出生在这样的家庭环境之中，从小耳濡目染，博学并且还会做文章，擅长吟诗作赋、辩论和音律。她一直以班昭为自己的榜样，从小博览典籍和历史，曾经想要和父亲一起修编汉书。可惜在东汉末年，社会动荡不安，蔡文姬因为战乱被掳到了南匈奴，之后就嫁给了虎背熊腰的匈奴左贤王，饱尝辛苦。在12年之后，曹操统一了北方，想起蔡邕对自己的谆谆教诲，就用重金赎回了蔡文姬。文姬回到中原之后，嫁给了董祀，并留下了动人心魄的《胡笳十八拍》和《悲愤诗》。

背井离乡，终归故土

三国时期，社会动乱，诸国之间战争不断。曹操自从赤壁之战失败之后，就一直养兵蓄锐，经过几年的整顿，重振军威，自封为魏公。公元216年，又晋爵为魏王，建都邺城。虽然他一直在北方，但是却威望很高，就连南匈奴的呼厨泉单于也特地到邺城来拜贺。曹操就把呼厨泉单于留在了邺城，以贵宾的礼仪招待他，并且让匈奴的右贤王回去替单于暂时管理国家。

自此之后，南匈奴跟汉朝的关系一直保持着友好往来。曹操想起了他的故友蔡邕还有一个女儿留在南匈奴那里，就想把她接回来。蔡邕是东汉末年的一位贤能之士，在早年因为得罪了宦官，而被放逐到了朔方，后来历经波折，终于回到洛阳，可当时已经是董卓掌权。那时，董卓为了笼络人心，就四处求贤，他听到蔡邕的名气很大，于是就把他请来，封他做了官，对他也十分敬重，在三天之中连连升级。蔡邕自己觉得在董卓手下办事，比在汉灵帝手下的时候好了很多。董卓被杀之后，他想起了先前董卓对他的敬重和重用，就叹了一口气。不料惹恼了司徒王允，认为他是董卓的党羽，把他抓了起来。

微言微语话历史

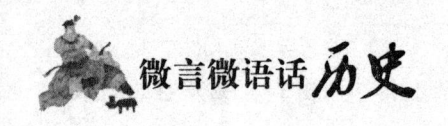

虽然朝廷之中有很多大臣都替他说情，但是王允还是不同意，还是杀死了蔡邕。蔡邕的女儿名叫蔡琰，字文姬，她和她父亲一样，也是一个博学多才的人。在她父亲死后，关中地区又发生了李傕、郭汜的混战，百姓四处逃难躲避战争。蔡文姬也就跟着难民一起流亡。那时候，匈奴兵眼看关中乱成一片，就到处趁火打劫，掳掠百姓。有一天，蔡文姬不幸遇到了一伙匈奴兵，结果被他们抢走。因为蔡文姬的美貌，匈奴兵就就把她献给了匈奴的左贤王。

从此之后，她就成了左贤王的王妃。左贤王一直很爱她。她在南匈奴一住就是12年，期间虽然不用到处流亡，可是她依然思念故土。因为匈奴和汉朝关系融洽，曹操就想起了蔡文姬，于是派使者带着礼物到南匈奴，把她接了回来。虽然左贤王很是舍不得把蔡文姬送走，可是又不敢违抗曹操的意愿，只好让她回去了。虽然蔡文姬终于能够回到日夜想念的故乡。但她的心情很是复杂，一方面是自己的丈夫和子女，另一方面是养育自己长大的故乡，不管怎样选择，都十分悲伤。在这种矛盾的心情之下，她写下了《胡笳十八拍》借以抒发自己的心情。其中写道："儿前抱我颈，问母欲何之。人言母当去，岂复有还时。"之后就离开了匈奴，回到了日思夜想的汉地。

蔡文姬回到邺城之后，曹操看她一个人孤苦伶仃，无依无靠，就把她再嫁给一个屯田都尉，名叫董祀。谁知道刚过了不长的时间，董祀因为犯了法，被曹操手下的人抓到，判处了死罪，眼看快要执行了。蔡文姬十分着急，就去曹操的府上求情。当时曹操正在举行宴会，宴请的都是朝廷里的一些公卿大臣、名流学士。侍从把蔡文姬求见的事情报告给了曹操，曹操知道在座的很多大臣名，有不少人都认识蔡邕，就对大家说："蔡邕的女儿在外面流落了很多年，这次回来了。今天就让她来跟大家见见面，怎么样？"大家都

178

答应了，于是曹操就命令侍从把蔡文姬带了进来。当蔡文姬进来的时候，她披散头发，赤着双脚，就跪在了曹操面前，替她的丈夫请罪，说得十分伤心。座上的一些人原来是蔡邕的朋友，看到蔡文姬伤心成这个样子，就忍不住怀念起自己的朋友来，十分感动。曹操听完她的申诉之后，说："你说的情况的确很值得同情，但是判罪的文书已经发下去了，我能有什么办法呢？"蔡文姬苦苦央求着说："大王您马房里的马成千上万，手下的武士有很多，只要您派出一个武士和一匹快马，去把文书追回来，董祀就有救了。"于是曹操亲自批了赦免令，派了一名骑兵追上去，宣布免掉董祀的死罪。那时候，正是大冬天，曹操见她穿得十分单薄，就送了她一顶头巾和一双鞋袜，叫她穿戴起来，以抵御寒冷。曹操问又她说："听说你家里有不少的书籍文稿，现在还保存着吗？"蔡文姬十分感慨地说："我父亲在生前一共给了我四千多卷书，但是期间经过战乱，一卷都没有留存下来。不过我还能背出四百多篇。"曹操在听她说还能背出那么多的时候，就说："我想派十个人到夫人家里，让他们把你背出来的文章用纸笔记下来，你看怎样？"蔡文姬说："用不着这么麻烦，大王只要您赏我一些纸笔，我回家之后就把它写下来。"后来，蔡文姬果然把那几百篇文章都默写了下来，送给曹操。曹操看了之后，十分的满意。后来蔡文姬的名声也渐渐传开了，那个时候的很多人都知道在匈奴回来的蔡文姬，为魏国的文史方面做了很大的贡献。从此之后，民间一直流传着文姬归汉的故事。

今人跟贴

战乱四起的年代，百姓流离失所，民不聊生，四处逃窜。蔡文姬在这样的情况之下被掳去了匈奴，一去就是12年，期间饱受辛

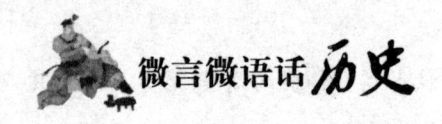

苦，不过好在最后还是回到了故土，终于愿望得以实现。但作为一位母亲，她不得不抛下自己的孩儿和生活了多年的丈夫，带着遗憾的心情，踏上了归去的路途。人生就是在这样的不完美中生活着，没有什么事情是两全的。每一次的选择将意味着你必须放弃其他的可能性，既然选择了，那么就要义无反顾地勇往直前。如果一直停留在选择之后的遗憾或是悔恨之中，那么以前所作的选择也就白费了，尽量不要让自己的人生虚度，试着去充实它。享受不了征服生活的乐趣，那么就做一个乐在其中的人。

微言小语

世上的事情本来就很难两全其美，有得到就会有失去。有人说生活本就是一种罪孽，在失去与得到之间不断地交替着。生活也是一种无奈，总是会有进退两难的时候，等待着我们去抉择。不管最后是理性战胜了感性，还是感性胜过理性，但至少要在心里有一个标准，支撑着我们继续走下去。

4. 王昭君

——王昭君微博：臣妾有幸得备禁脔，谓身依日月，死有余芳，而失意丹青，远适异域。

微博解意

——臣妾有幸被选为后宫佳丽，原以为可以依靠陛下，死后也会留下我的好名声，却不料遭到画师毛延寿的报复，只好远嫁到异国绝域的匈奴。

王昭君，名嫱，字昭君，乳名皓月，汉族人，她是中国古代四大美女之一，在晋朝的时候因为避司马昭讳，所以又称"明妃"，她是汉元帝时期宫女，西汉南郡秭归人。她的父亲王穰在年老的时候得到这个女儿，因此对她十分疼爱，把她当做掌上明珠，她兄长和嫂子也对她宠爱有加。王昭君天生十分讨人喜欢，又聪慧异常，擅长弹琵琶，琴棋书画都很精通。昭君的绝世才华和美貌到处流传，后来就传到京城。公元前36年，汉元帝下诏天下，要在各个地方选秀女，王昭君被推为南郡的第一人选。元帝就下诏，让她选个吉祥的日子进京。她的父亲非常舍不得她，因为她年纪还小，可是又不敢违抗皇命。公元前36年春，王昭君踏上了进京的路途，拜别父母，登上雕梁画栋的官船顺着香溪，进入长江，逆水而上，翻越秦岭，总共花去三个月的时间才到长安，在掖庭宫等待召见。传说王昭君进宫之后，因不肯贿赂画师毛延寿，画师便在她的画像上加了一颗泪痣，因为这件事情，她被贬入冷宫3年，一直都没见过皇帝。后来她自愿出塞和亲，远嫁异域，并在其地终老。

昭君出塞，远嫁异域

王昭君出生在长江一带一个叫秭归的地方，这里的江水湍急，日夜不停地咆哮，两岸都是悬崖峭壁，怪石嶙峋。战国时代这里曾

微言微语话历史

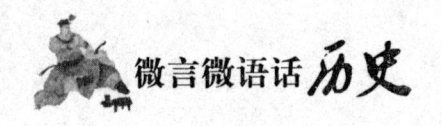

经出过一位著名人物，那就是屈原。她出生的时候正是汉朝最为辉煌鼎盛的时代，天下百姓丰衣足食，但是秭归这个地方比较荒凉偏僻。王昭君的父亲带着两个儿子和一个女儿，和妻子一起，在这里耕种几块山坡地，种一些杂粮来维持生计。她的父亲有时还替逆水而上的船只拉纤以贴补家用。生活虽然清苦，全家却其乐融融，过着与世无争的日子。

　　王昭君有一个哥哥名叫王新，有一个弟弟叫王飒，在家里所有的力气活儿都不会让她干。她平日里除了跟母亲学习女红之外，就是在父亲的督促下读书习字，虽然生长在这样的穷乡僻壤，但是她却颇有大家闺秀的风范。汉元帝建昭元年，下诏征集天下美女以补充后宫。王昭君当时因为才貌双全，而被选入宫。初入宫门，那些在全国各地被选进来的美女数以千计，因为皇帝没办法一个个挑选，就先让画工毛延寿为她们各画肖像一幅，呈给皇帝看。在当时很多人都想被选中而飞黄腾达，一些出生在富贵人家的或是有亲戚在京城可以支援的，都通过各种渠道贿赂画工，但是王昭君因为家境贫寒，既没有办法贿赂，也不屑于欺瞒天子，这让毛延寿心中十分记恨，就在画像的时候做了手脚，不但把她画得十分平庸，而且更是在面颊上点了一颗很大的黑痣。等到汉元帝看到王昭君的画像时，就嫌弃她长得丑，更是认为她是个不实在的女人，就将她弃之一旁不闻不问。时间一晃就五年过去了，昭君仍然是个待诏的宫女身份。她平时除了担负一些宫中的轻便工作之外，就用闲暇的时间来读书写字，研习音律和绘画，不断磨炼自己。然而不管怎样，一直被冷落在后宫之中，心中难免感到凄清和孤寂，美好的年华就这样慢慢逝去了，不知何时才是出头之日，又如何报答父母的养育之恩呢？此情此景之下，她写下了《五更哀怨曲》，她的满腔幽怨和无限感伤，混合着浓重的乡愁与一丝丝的憧憬，被这样抒发了出来。

　　王昭君就这样日复一日地生活着，意志十分消沉，感叹人的命运都是上天注定的。然而，世事无常，汉元帝竟宁元年，南匈奴单于呼韩邪前来汉朝觐见，这个时候，王昭君的命运无意之间起了突破性的变化。她被选中出使匈奴，成为两国的友好关系的媒介。

　　中原正是阳春三月的好天气，但是塞外仍然寒风凛冽，王昭君在漫漫长路之中病倒了，他们一行人只得暂时停止前进。在她养病期间，不知不觉想起自己的父母兄弟，于是就挑灯披衣，出了雁门关，看见匈奴大队骑士、毡车、胡姬前来迎接她，在抵达王庭的时候，看见平沙雁落，黄尘滚滚，牛羊遍地。一座座帐篷之中，更是张灯结彩，欢腾达旦，呼韩邪单于封她为宁胡阏氏，对她百般迁就，以博取她的欢心。虽然在匈奴的日子比在宫中好了很多，胡笳悲鸣，骏马在草原上奔驰，充满着异域风情，可看着这些，王昭君更是思念故国家乡。

　　在王昭君出塞之后，汉元帝就依照她的意思，把她的父母和兄弟都接到长安，并且赐予宅邸和良田，安置得妥妥帖帖。而在匈奴，呼韩邪因为在汉廷得了绝色美人之后，心中非常开心，就整天置办酒宴，饮酒作乐，并派遣使者致送了大批的玉器、珠宝和骏马，用以报答汉朝天子对他的特别恩遇，甚至还上书说愿意保境安民，请求撤除那些边境上的军队，以休养生息。但是汉元帝在看了郎中侯应上奏的"十不可"之后，就谢绝了他的这一好意。

　　在王昭君抵达匈奴王庭三个月之后，汉元帝在思念和后悔的情况之下，一直卧病在床，拖到了初夏时节的时候，就驾崩了。第二年，王昭君为呼韩邪单于生了一个儿子，取名为伊督智牙师，被封

微言微语话历史

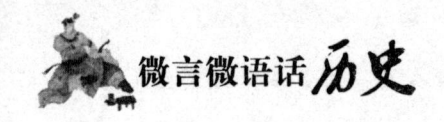

为右日逐王。又过了一年，年迈的呼韩邪去世了，这年王昭君才24岁。于是她就向汉元帝写信说："臣妾有幸被选为秀女，原以为可把自己进献给陛下，死后也会留下我的芳名，却不料遭到画师毛延寿的报复，只好远嫁到异国绝域的匈奴。我真心实意地报答陛下的恩泽，哪里还会怜惜自己？只是如今匈奴国内的人事变化难以预料，单于去世，我只能移情于卑贱的女工手艺来消磨时光，天天向南遥望着汉朝的边关，也只是白白地加重悲伤郁结罢了。臣妾家乡还有父亲和兄弟，希望陛下稍施慈悲怜悯，让我返回汉朝吧！"虽然上报了，但是一直没有音讯。

当时雕陶莫皋继承了单于的职位，依照匈奴当地的礼俗，王昭君自然而然就成了雕陶莫皋的妻子。年轻的单于对她十分疼爱，两人生活得十分恩爱甜蜜，接连生下两个女儿，长女叫云，次女叫当，后来分别嫁给了匈奴的贵族。但是好景不长，雕陶莫皋和王昭君一起过了11年之后就去世了。这时是汉成帝鸿嘉元年，王昭君已经35岁了，她不再对婚姻抱有什么希望了，就致力于政治方面，对匈奴和汉朝的友好关系起了很大的作用。王昭君的兄弟还被朝廷封为侯爵，多次奉命出使匈奴，和自己的妹妹见面。王昭君的两个女儿也曾到长安，入宫侍候过太皇太后，但是这位太皇太后有个著名的侄子叫王莽，他先谦躬下士以博取虚名，后来玩弄阴谋夺取了西汉政权，从而建立了政权。可是匈奴的单于认为"不是刘氏子孙，就不是中国的皇帝"，于是在边疆地区战乱四起。以前的太平盛世已经一去不返了，眼看自己创造的和平岁月毁于一旦，王昭君在幽怨凄清的绝望之中走完了她的一生，葬在大黑河的南岸。

今人跟贴

很多时候，事情并不像计划中的那样。王昭君虽然被选入宫，可以改善家里的状况，可是却不料被奸人陷害，备受冷落。原以为生活会一直这样下去，可是命运又给了她一次机会，虽然可以出得宫门，但是却要远嫁匈奴，终究葬在了异国他乡。也许生活中的我们并不富有，但是我们有目标；也许生活中的我们并不开心，但是我们有明天。没有那么多的计划等着我们实现，要活在当下，活得洒脱。记得有人说过，昨天已经离我们远去，明天对我们来说遥不可知，只有今天是上帝赐予我们的礼物。那么请好好享受这份礼物，真诚面对每一个人、每一件事，我们得到的不仅仅是别人的感激，更是自己内心的安宁。

微言小语

也许生活中还是有很多盲点，今天的我们不知道自己在做些什么，总感觉日子过得飞快，好像能记住的也就是那么几个瞬间。太多的时候，生活给了我们无奈和疲惫，生命脆弱得让人难以相信，甚至到了崩溃的边缘，但是要相信一切都会好起来。也许短时间内会生活得很辛苦，可是只要坚持一下，只要坚持下去就会有转机。相信明天会更好，坚持下去，就会看见风雨之后的彩虹。

5. 薛涛

——薛涛微博：诸将莫贪羌族马，最高层处见边头！

微言微语话历史

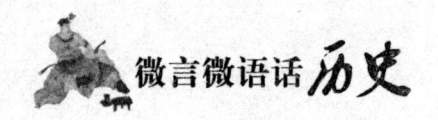

> **微博解意**

——各位将军不要贪图一时的功名，只有在这最高的地方才能看见事情的真相。

薛涛（公元768～公元832），唐代女诗人，字洪度。长安人，她的父亲名叫薛郧，在蜀地任职。从小她就跟着父亲去了蜀地，在薛郧去世之后，因为家中贫困，在她16岁的时候为了生活加入乐籍，在其脱去乐籍之后一直没有嫁人，后来就定居在浣花溪。因为薛涛本人天生丽质，又加上聪慧敏捷，在她8岁的时候就已经能吟诗作赋，精通音乐，多才多艺，曾经有很大的名声。后来加入乐籍，她一直以歌伎兼清客的身份出入幕府。韦皋还曾经写书上奏朝廷给薛涛秘书省校书郎的官衔，由于以前没有这样的规矩，所以也就作罢了，但是人们还是称她为"女校书"。

沉浮于世，淡然处之

薛涛在加入乐籍之后，一直来往于各个幕府之中，在诗坛也享有盛名，因为频繁出入官场，所以也结识了很多官员。担任剑南节度使的李德裕，十分欣赏薛涛的才华和美貌。当时在蜀地建了一座叫做"筹边楼"的楼阁，节度使李德裕就在楼上大宴宾客，因为听到薛涛的盛名，也一起邀请了她来助兴。这"筹边楼"建得高大雄伟，也是节度使和同僚下属们瞭望远近情况筹谋大策的地方。墙壁之上彩绘着蛮夷之地的地形图，十分险要，这座阁楼居高临下，也是作战时候最高的指挥所。薛涛接受邀请并写下了《筹边楼》这首诗：

平临云鸟八窗秋，壮压西川四十州；

诸将莫贪羌族马，最高层处见边头。

在诗中丝毫不见女子的纤细柔弱，诗意十分豪迈，风格雄浑，见地深远，大意是不要因为贪功而耽误了军事，以致灾祸相连。

随着薛涛的名气越来越大，喜欢她的人也越来越多，有很多高官名士、公子才子都慕名而来。薛涛也是十分开心，就用胭脂掺水制出红色的小彩笺，并在上面题上诗句，赠给那些她认为合意的来客，而她制造出的小彩笺也就是后世传颂不已的"薛涛笺"。

薛涛笺一时之间成为了蜀中最有名的特产之一。但是这个时候节度使韦皋吃醋了，就把她贬往偏远的松州。薛涛也是一个明白人，立刻醒悟到自己闹得有点过分了，以后还要在韦皋的手下混日子，于是她在赶往松州的途中写下了十首著名的离别诗，总称"十离诗"，差人送给了韦皋，以求原谅。

元和四年，当时元稹担任监察御史，奉旨巡查两川地区，因为他一直十分仰慕薛涛，就趁着这次的机会托人介绍和薛涛认识。薛涛和元稹二人可以说是一见钟情，当时薛涛已经38岁，而元稹比她小了11岁。那个年龄的薛涛，既成熟又魅力十足，才华四溢，年老色未衰，一时间就吸引了元稹，当时元稹的妻子已经去世，所以也没有那么多的牵绊。两个人一见如故，并且一同赋诗吟词，十分惬意。薛涛早已经疲于迎来送往的诗妓生活，在见到元稹的时候，她就有了托身相许的意思。她还作过一首诗名为《池上双鸟》："双栖绿池上，朝暮共飞还；更忙将趋日，同心莲叶间。"借以表达她愿意为了真情挚爱和元稹双宿双飞的美好愿望。然而这一段缠绵缱绻忘年恋情，因为数月之后元稹离开蜀地返回京城，从此之后天

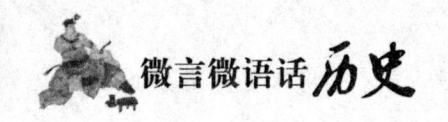

涯两分。在两人分手的时候，元稹曾经答应过薛涛，等了却了公事之后，就会再回来蜀地和薛涛团聚。但是世事难测，实际的情形并不像约定的那样。元稹后来遭遇到很多事情，官路一直不顺。在频繁的调动之中，他逐渐失去了对薛涛的想念。原本比薛涛年轻的他没能很好地坚守两人之间的爱情，再加上唐代官吏和妓女之间的交往并没有任何禁止，元稹就在这样的情形之下，移情别恋了。尽管在分手之后，两个人还是保持着书信来往，但是在元稹这边，也只是随手应付。薛涛一人在蜀地只有遥望着长安，经常伤心叹息，像那些盼望丈夫归来的妻子一样，在月缺月圆的时候，登楼寄托一份怀旧的哀思。以前一幕幕遥远凄清的回忆，让薛涛郁郁寡欢，所以她之后就一直没有嫁人。

据说高崇文在担任成都节度使的时候，曾经在家中设宴款待各方宾客。当时薛涛也在席间，高骈等人在席间行酒令，要求是想出"一字象形，又须逐韵"。高骈就起令说："口，有似没梁斗。"当时机敏的薛涛从容答道："川，有似三条椽。"高骈就挑剔着说："你那个三条椽中怎么有一条是弯的啊？"意思是说她明显对得不工整，薛涛就回答说："阁下您是堂堂的节度使却用'没梁斗'，我一个柔弱小女子，用一个弯了的椽有什么不可以啊？"高骈和众人听了之后大笑，但又不得不赞叹薛涛的聪明机灵。

薛涛到了晚年的时候，随着年龄的逐渐增大，慢慢就厌倦了官场上的各种应酬。她也是一个明智的人，知道什么时候应该收手。在后来的节度使段文昌邀请她的时候，她婉言拒绝了这类邀请。之后薛涛隐居在望江楼中，过着比较平淡的生活。在薛涛死后，段文昌还亲手为她题写了墓志铭，并在她的墓碑上刻上了"西川女校书薛涛洪度之墓"，追认薛涛为"校书"。

今人跟贴

薛涛年少时过着颠沛流离的生活，后来由于生活所迫不得不加入乐籍。当她风华绝代、名声正盛的时候，遇到了元稹。原以为是上天赐予她的爱情，谁知一切都抵不过距离和现实，最后只得在抑郁之中度过晚年。虽然身为女子，可是在内心里她却是清楚地知道世事，感叹之余也是看透人情冷暖。虽然时常出入官场，但是没有受到官场的污染，依旧保持着自己最初的品质，直至终老。其实决定一个人的并不是他周围的环境，而是他内心的坚持。就算生活环境是如何的糟糕，那也抵不过内心的肮脏。外在的东西并不是那么重要，重要的是内心。但这并不代表着我们可以在外任意放纵自己的行为，很多事情是在一定的约束范围内才能有着相对的自由。一旦去掉约束，那么相信我们会更加手足无措。试着开始接受这个现实，然后在立稳脚跟的基础上再去实现自己所要追求的，这样才可以说是基本接近成功了。

微言小语

一时的浮沉并不代表什么，只有在历经磨难的时候，才会看见最后的彩虹。可谓天将降大任于斯人也，必先苦其心志，劳其筋骨。不要被眼前的困难吓倒，应该时刻保持着清醒的头脑，做出正确的判断。事情没有任何的绝对。面对人生中的起起伏伏，我们应该拥有一颗淡定坦然的心。也许现在我们就处于黎明破晓的前一刻，只要坚持下去，就会有所收获。

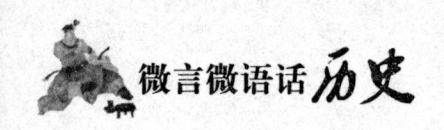

6. 鱼玄机

——鱼玄机微博：自恨罗衣掩诗句，举头空羡榜中名。

微博解意

——恨自己是女子不能博取功名，只能抬头羡慕那些榜上有名的人。

鱼玄机，生卒年不详，晚唐女诗人，长安人。又名鱼幼薇，字蕙兰。她出身贫寒，父亲是一个落榜的秀才，因为一生都没有考取功名，也没有儿子，于是就把希望寄托在鱼玄机的身上。鱼玄机十分聪慧，在五岁的时候就能诵诗数百首，7岁就开始做诗，十一二岁的时候，她的习作就已在长安的文人之中传诵开来。长大之后，美貌动人，可谓才貌双全。在咸通初期嫁给李亿为妾，后来被抛弃。咸通七年遁入空门，改名为鱼玄机，虽然离开了世俗，但是她却对李亿一往情深，之后写下了很多怀念他的诗作。鱼玄机一生孤苦伶仃，她无可奈何地发出了"易求无价宝，难得有心郎"的痛苦而又绝望的心声。

满腹才华，空自余恨

鱼玄机在13岁的时候，父亲就去世了，之后她和母亲一直过着贫苦的日子。鱼家母女住在长安的一个郊区，在附近住的都是一些下等人家和青楼女子，她们只能靠给附近的那些青楼娼家做针线活和帮人家浆洗衣服来勉强糊口度日。据说在当时温庭筠还专门去看过鱼玄机，温庭筠就以"江边柳"为题请她即兴赋诗一首，鱼幼薇便写下了这样一首诗：

翠色连荒岸，烟姿入远楼。影铺秋水面，花落钓人头。

根老藏鱼窟，枝低系客舟。萧萧风雨夜，惊梦复添愁。

这首诗在遣词造句方面已颇见功夫，虽然从整篇的意境上来说，是有一点不连贯，如果分开来只看前四句，就好像是一首抒写闲情逸致的绝句，但是后四句却突然转到离愁上去了，有些少年不知愁滋味，为赋新词强说愁的意味，转得比较突兀。当然这对于一个未成年的女童来说，已经很是了不起了。温庭筠听了这首诗之后，就一直赞赏她，从此之后鱼幼薇就成了他的弟子，温庭筠就开始专门教她写诗。得到温庭筠这样的名师指点之后，她的诗作日渐长进。在过了几年之后，鱼幼薇已成为一名才貌双全的名人。

虽然自身拥有超凡的才华，但是鱼幼薇是女儿之身，不能像世间男子一样去参加科考，取得功名光宗耀祖，因此她一直都觉得十分遗憾。一日她见到新科进士发榜的情景，在心中又是羡慕又是恨。她羡慕的是，男子们能够在科场一展才华，扬名天下；她恨自

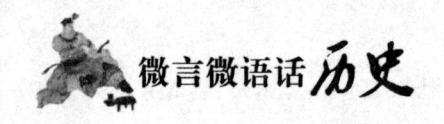

己是女子之身，不能参加考试，空有一身才华，所以就随手写了这样一首诗来抒发情怀：

云峰满目放春晴，历历银钩指下生。

自恨罗衣掩诗句，举头空羡榜中名。

她叹息自己的一身罗衣，掩盖了诗句没有办法去博得功名。当然这只是她一时的想法，她也是明白就算自己是男儿之身，也不一定能考取功名，但是身为女儿身的自己却是连那个机会都没有。在她跟随温庭筠学习的过程中，也对自己的老师产生了异样的情愫，最后也是没有任何悬念地结束了。后来她嫁给了李亿为妾，期间虽然有过很恩爱的一段时间，但是随着时间的流逝，青春年华已经不再，最后遭到抛弃。自此之后，她就对尘世的一切失去了兴趣，后来遁入了空门，但是依旧怀着对李亿的深深思念，最后在思念中孤寂地死去。

今人跟贴

鱼玄机是一个满腹才华的女子，但是却因为身为女儿身难以博得功名，无法一展才华。她的爱情也不是很顺利，从之前的夫妻恩爱到后来的被抛弃，在经历了无数波折之后她遁入空门，抛弃了红尘。其实在我们的生命中有时候很多的事情都不是我们可以掌控的，即使我们很有才华，即使我们满腹经纶也不一定会得到重用，不一定会有发挥的机会。所以如果在我们的生命中有了不如意，有了坎坷，我们也不要去抱怨，不要沮丧，因为生命本是如此。任何人的一生中都不会是一帆风顺的，生活也不允许我们随心所欲，我们唯一能做的就是想尽办法让自己生活得更好，让自己的心灵少受一点折磨。所以，在无法掌控的尘世中我们需要不断修炼自己的心灵，用淡定以及从容来面对人生中的一切，用微笑以及感动经历自己的人生，那么我们会发现生活并没有我们想像的那么糟糕，原来一切都是美好的。

微言小语

世界上的事情，很少有两全其美的。有些人，事业顺利了却没有美满的爱情；有些人爱情拥有了却事业不怎么顺心。总会有着这样那样的磕磕碰碰，不知在经历了多少次的努力之后，才换来那一分钟的享受。可是还是会有很多人愿意满怀希望，就算被生活欺骗，也会勇往直前。正如普希金所言，假如生活欺骗了你，不要悲伤，不要心急！忧郁的日子里需要镇静。相信吧，快乐的日子将会到来。

7. 唐婉

——唐婉微博：世情薄，人情恶，雨送黄昏花易落。晓风干，泪痕残，欲笺心事，独语斜阑。

微博解意

——世事人情炎凉，黄昏的时候下起了雨，打落片片桃花，一夜凄凉，早上的风吹干了昨晚的泪痕。想把自己的心事写下来，可是却只能倚着栏杆。一个人说话，没有人来听。

唐婉，生卒年不详，字蕙仙，是陆游的表妹。小的时候，陆家

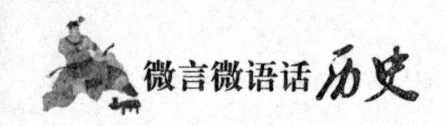

就曾经用一只家传凤钗当做信物，和唐家定了亲，在陆游20岁的时候就和唐婉结合。不料唐婉的才华横溢和陆游的亲密感情，却引起了陆游母亲的不满，她认为陆游和唐婉再这样下去，一定会耽搁陆游的前程，于是要求陆游把唐婉休了。但是陆游不舍得唐婉，舍不得他们之间的感情，就瞒着自己的母亲偷偷在别的地方买了宅院将唐婉安置在那里。谁知后来却被他的母亲发现了，就给陆游又娶了一位温顺本分的妻子王氏。陆游离开之后，唐婉就由家人做主嫁给了皇家后裔同郡士人赵士诚。绍兴二十年，陆游参加礼部会试失利之后到沈园去游玩，在偶然之间遇到唐婉，两个人当时都十分难过。因此陆游在墙上题了一首《钗头凤》（红酥手）。一年之后，唐婉再次来到沈园瞥见陆游的题词，不由得感慨万千，于是就和了一阕《钗头凤》（世情薄），不久之后就抑郁而终。

欲笺心事，独语斜阑

陆游出生在一个书香之家，是南宋著名的爱国诗人。他的表妹唐婉，从小就生得文静灵秀，虽然不善言语但是知书达理、善解人意。两个人在少年时期相遇，因为年龄相仿，很是情投意合。随着年龄的不断增长，爱情在两人之间生根发芽。青春年华的陆游与唐婉都擅长吟诗作赋，就经常借诗词倾诉衷肠，二人吟诗作对，互相唱和。两家父母和亲朋好友们，都认为他们是天造地设的一对，于是在此情况之下陆家就以一只精美无比的家传凤钗当做信物，订下了唐家这门亲上加亲的婚事。自从唐婉嫁给陆游之后，陆游醉心于

第六篇 佳人篇 仙姿玉质 须眉男儿尚不及

温柔乡之中，逐渐地就把功名利禄抛在了九霄云外。陆游的母亲唐氏是一位威严而专横的女性，她希望儿子陆游能够金榜题名，登科进官，以便光耀门庭。看着眼下的状况，她感到十分不满，曾经几次以姑姑的身份，更以婆婆的立场对唐婉严加训斥，责令她不应该耽误丈夫的前程，要以丈夫的科举为重。但是无奈陆、唐二人情意缠绵，把这话也当做耳边风了，情况始终没有显著的改善。因此陆游的母亲对儿媳十分反感，她认为唐婉实在是没有资格再做陆家的儿媳，长此以往，将会把儿子的前程耽误殆尽。于是她就来到郊外的无量庵，请庵中尼姑为儿子、儿媳卜算命运。庵中尼姑经过一番掐算之后说："唐婉和陆游两人八字不合，刚开始只会误导他，到后面会连累到陆游的性命。"陆母听了之后，吓得魂飞魄散，就强令陆游将唐婉休掉。向来孝顺的陆游面对态度坚决的母亲，虽然心中万分割舍不下唐婉，可是却没有其他的办法，他只得答应把唐婉送归娘家。就这样，一对有情之人被所谓的孝道和世俗功利、虚玄的八字命运活活拆散。之后陆游和唐婉两人难舍难分，不忍心就这样离开对方，于是就悄悄地在别的地方买了一个宅院安置唐婉，陆游一有闲暇就前去和唐婉重续鸳梦、燕好如初。可是纸总是包不住火的，精明的陆母很快就知道了这件事情，严令二人从此之后断绝来往，并且又给陆游娶了一位温顺本分的王氏女为妻，彻底断送了陆游和唐婉的感情。

无奈之下的陆游只得收起自己的心情，在母亲的督促监管下，重新准备科举课业，他本来就很有才华，因为学识功底和才气横溢的文思博得了考官陆阜的赏识，被举荐为魁首，但在同时也遭到当朝宰相秦桧的嫉恨。在第二年春天的礼部会试时，秦桧暗中做手脚借故将陆游的试卷剔除出去，使得陆游的仕途在一开始就遭受挫折。

微言微语话历史

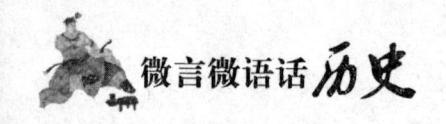

礼部会试失利之后，陆游回到家乡，感叹物是人非，时常心中感到凄凉。为了排遣愁绪，他就开始了悠游放荡的生活。陆游随意漫步到禹迹寺的沈园，在园林深处的幽径之上迎面遇见前妻唐婉。在那一刹间，以前的种种又在脑海浮现，眼帘中饱含的不知是情、是怨、是思、是怜。但是此时的唐婉，已经嫁给了同郡士人赵士诚，赵士诚是个宽厚重情的读书人，他对唐婉一直都很好，并且很体谅她。唐婉的心逐渐平复了下来，慢慢地对赵士诚也产生了好感。这时和陆游的不期而遇，无疑是将唐婉逐渐平静的心再一次打乱。而陆游虽然这几年来借苦读和诗酒来抑制自己对唐婉的思念，纵使千般心事、万般情怀，却不知从何说起，眼睁睁看着唐婉和赵士诚相携离开，万般感慨之下，就在沈园的墙上题下了一首《钗头凤》，然后怀着悲伤的心情离开了。

随后不久，秦桧病死，朝廷重新召用陆游。他奉命担任宁德县立簿，就此离开了故乡。第二年春天，唐婉再一次来到沈园，独自徘徊在曲径回廊之间，忽然瞥见陆游的题词。在反复吟诵了几遍之后，想起往日二人诗词唱和的情景，不由得泪流满面，在不知不觉之间和了一阙词，题在陆游的词后。就这样，原本人人艳羡的一对鸳鸯，因为世俗而分开了。后来唐婉追忆似水的往昔，经常叹惜无奈的世事，最后在抑郁之中去世了。

今人跟贴

原本甜蜜恩爱的一对，却因为现实的逼迫，不得不分开。再美好的爱情，始终抵不过现实的残酷，在功名利禄之中逐渐地死去了，只留下一首诗词让后人唏嘘不已。其实在我们的人生中，很多的事情都不能如我们的意，也有很多的事情是我们不能掌控的，面对生命给予我们的磨难以及考验，我们不能逃避，只能去坦然接受、从容应对。可能有时候在我们坦然面对命运的时候，我们会有意想不到的收获，也会发现命运给我们的别样的惊喜。

微言小语

是选择面包还是选择爱情，本来就是一个很困难的问题，但是现实仍然要我们每个人去面对，没有谁能替代另外一个人生活。再美好的爱情在琐碎的生活面前也会变成鸡毛蒜皮的争吵。婚姻埋葬了爱情，爱情只是人生路上了一朵玫瑰花，再美好始终都有凋谢的一天。能够真正保存在心中的，也许是那份珍贵的回忆，甜蜜中带着几分酸涩，忧愁中带着一丝欣喜。

8. 柳如是

——柳如是微博：素瑟清樽迥不愁，柂楼云雾似妆楼；夫君本志期安桨，贱妾宁辞学归舟。

微博解意

——一杯清酒、一首曲子好像离愁绪很远，那云雾中的柂楼看起来好像是女儿家的阁楼；夫君本来的志向哪会在此，我宁愿一个人离开划船回家。

柳如是（公元1618~公元1664），女诗人，浙江嘉兴人。原名杨爱，后改为柳隐，字如是，又称河东君。她是活动在明清易代之

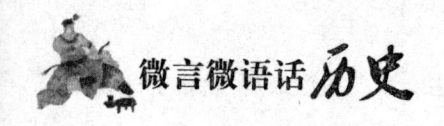

际的著名歌妓才女，从小喜好学习，但是由于家中贫困，被掠卖到吴江为婢，堕入青楼，之后改名换姓，在乱世风尘中往来于江浙金陵之间。她一生留下了很多值得传颂的轶事佳话和颇有文采的诗稿，如《湖上草》《戊寅卓》等。

功名利禄，皆为尘土

崇祯十一年初冬，在京师任职的钱谦益本来已经高居礼部侍郎的职位，眼看着又要提升，但是因为贿赂上司的事情被揭露出来，不但受了廷杖之责，并且还被免去了官职，被迫返回家乡常熟。那时他已经是57岁的高龄，突然遭受到这种变故，心情十分悲伤凄凉，一路透迤南归。在中途经过杭州的时候，就顺便前往西湖上荡舟闲游，用以排遣愁怀，在疲倦的时候落脚在杭州名妓草衣道人的家中。当时正好柳如是也暂居在杭州，她也是草衣道人门上的常客，正好将一首游湖时即兴所作的小诗搁在了草衣道人的客厅里。钱谦益在无意中发现了那帧诗笺，就拿过来轻声诵读：

垂杨小宛绣帘东，莺花残枝蝶趁风；

最是西泠寒食路，桃花得气美人中。

读完之后，他赞叹道好一首清丽别致的诗，善解人意的草衣道人看在眼中，就凑过来说："明日何不请来柳姑娘一起来游湖玩耍？"钱谦益自然是求之不得。

在第二天，一只画舫果然载着三个人悠悠荡荡在西子湖上。一看到柳如是，钱谦益立即生出一份怜爱之情，这位姑娘长得娇小玲珑，一双黑白分明的大眼睛嵌在俊秀的脸蛋之上，显得分外动人，并且怀有锦绣诗情，着实令人感叹佩服。柳如是也是一个性格开朗的姑娘，虽然是和鼎鼎有名的钱谦益第一次见面，但是她却毫无拘束，谈诗论景，随心所欲。她的神情和举动感染了钱谦益，使得他暂时忘记了心中的抑郁，感觉自己也变得年轻了起来，一时兴起，竟一口气吟了16首绝句，以表示对伊人的倾慕之情。之后钱谦益返回了常熟，两人就再也没有见过。

明崇祯十三年的冬天，原朝廷礼部侍郎钱谦益被削职回到家乡已经有两年多了。这一年的冬天天气十分寒冷，他居住的"半野堂"门前也特别冷清，好久都没有友人来拜访他了。在一个冬日淡淡的午后，钱谦益坐在书房中打盹，忽然听到家人传报说："有客人来访！"过了一会儿，就把拜贴送到了书桌上。钱谦益顿时来了精神，拿过拜帖一看，上面写着："晚生柳儒士叩拜钱学士。"柳儒士？他在心里起了疑问，这个名字似乎从来没有听说过，会是谁呢？随后又转念一想，或许是慕名前来造访的无名晚辈吧，钱谦益之前也接待了不少这样的人，反正现在闲暇没有什么事情可做，有个人一起聊聊也好，于是他就让家人把客人请了进去。等到钱谦益慢条斯理地踱进客厅的时候，那位客人已经站在屋里翘首欣赏着墙上的字画了，听到脚步声之后，他连忙转过身来，朝钱谦益深深地鞠了一躬，恭恭敬敬地说："晚生见过钱老先生，冒昧造访还望见谅！"钱谦益打量着那位来客，看见他一身兰缎儒衫，青巾束发，俨然一副典型的富家书生打扮，虽然举止有板有眼，但是身材却是异常的娇小，似乎缺少了一种男子的阳刚之气。再看其面貌，明眸皓齿，皮肤白嫩，清秀有余但是刚健不足。钱谦益看着就觉得有几分面熟，但是怎么都想不起来是在哪里见过。那位来客看到钱谦益若有所思的神态，不禁露出一丝狡黠的笑意，好像是猜中了对方在

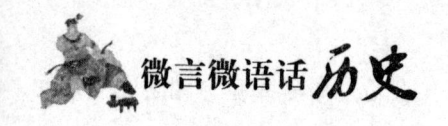

想什么，他也不去打断，只是轻悠悠地吟出一首诗：

草衣家住断桥东，好句清如湖上风；

近日西泠夸柳隐，桃花得气美人中。

钱谦益恍然大悟的说："真是没想到啊！柳姑娘您光临寒舍，有失远迎，得罪！得罪！"钱谦益十分热情地请所谓的"柳姑娘"落了座，又急忙着命侍婢上茶奉酒，说是要为柳姑娘驱寒消疲。原来这位柳姑娘就是苏州一代名妓柳如是。西湖一别之后，钱谦益万万没想到，柳如是竟然会来常熟看他。在一番寒暄问候之后，钱谦益就邀请柳如是在"半野堂"住上一段时间，柳如是很开心地接受了。

两人在钱谦益的"半野堂"结下了深厚的感情，期间钱谦益为柳如是做的一切，让柳如是感动不已。她虽然现在过得宁静淡泊，可是她也是一个历尽坎坷、深谙世事的女子，那些她时常遇到的人无外乎就是逢场作戏，又有几人能付出真情呢？钱谦益虽然已经是花甲老人，可是那份浓浓情意却是比一般的少年公子要纯真得多。钱谦益在平时就带着柳如是一起徜徉于山水间，湖上泛舟，月下赏山，诗酒做伴，日子过得像神仙一般。在这其间，柳如是多次借诗表露她的心意，钱谦益每次都是在一阵激动之后，悄悄地避开这个话题。他有着自己的顾虑，一个是两人年龄相差太大，柳如是比自己小了36岁；二是因为自己是个罪臣，又没有什么前途可言，那样岂不是耽搁了人家姑娘。这样一想，他也就没有接纳她，但是在心中却又一刻也舍不下她。在柳如是的一番坚持之下，终于在这年夏天，钱谦益正式地将柳如是娶进了家门，两人自此过着幸福的日子。

好景不长，在崇祯帝自缢于煤山之后，江南的一些旧臣谋划着拥立新君。钱谦益当时支持的是另外一个人，之后他害怕新的朝廷与自己过不去，就去巴结当权的马士英，竟然也获得了礼部尚书的职位。不久之后，清军攻破了南都，新的朝廷也是一去不返，但钱谦益作为旧朝遗臣，又是一方名士，这必定会引起新政权的注意。柳如是劝他不要效命清朝，于是两人决定自杀。但是因为钱谦益的贪生怕死，就放弃了这个想法。几天之后，钱谦益从外面回来，竟然把头发剃了，柳如是为此十分悲愤。之后的中秋节两人泛舟湖上，可是已经不再是往日的那份情谊了，于是柳如是就吟了一首诗给钱谦益：

素瑟清樽迥不愁，柂楼云雾似妆楼；

夫君本志期安桨，贱妾宁辞学归舟。

烛下鸟笼看拂枕，凤前鹦鹉唤梳头；

可怜明月三五夜，度曲吹萧向碧流。

在明白钱谦益的想法之后，她想用柔情和宁静甜蜜的生活试图挽留住丈夫，但是钱谦益已动功名之心，哪里还肯放弃。钱谦益到了京城之后没有想像中的那样顺利，另一方面远在西湖畔独居的柳如是接二连三地写来书信，劝他回去，他终于下定了决心，辞官归乡了。就这样宁静地生活又过了十几年，钱谦益在 83 岁那年病逝在杭州。在丈夫死后，47 岁的柳如是受到钱氏家族的排斥。在丈夫去世之后，柳如是失去了依靠，同时也失去了生活的希望。就在当年，她上吊自杀殉情，结束了自己风风雨雨的一生。

今人跟贴

一段忘年之交，一段生死之恋，在期间历经了多少的变故和转折。柳如是虽为一介女流，但是她不会为了一些原因而轻易放弃自己的原则。在明朝没落之后，她劝钱谦益不要效忠于大清，之后又多次劝说自己的丈夫。在名利面前她表现得如此淡然，不得不让人佩服。为了爱情不在乎年龄，不在乎身高，虽然是三千弱水只取一瓢，可是谁知道这一瓢就是适合自己的呢？在万千人之中相遇就是一种缘分，在相遇的人之中相恋更是一种缘分，没有那么多为什么，既然相恋了那么就要继续在一起走下去。未来的路或许会很长，生活中的两个人各自都有着缺点，要知道宽容和交流是爱情保鲜的秘技。每个人都不相同，既然志不同就不要再有所强求，强颜欢笑并不是生活的方式，宁愿自己一个人孤老也不愿意伪装着过日子。我们希望的并不是一种互相欺骗和隐瞒，而是可以坦诚相告。

微言小语

人总是会有自己的一些原则和坚持，那样才会在这浮华的世间找到心灵的净土。现实中的家总是容易接近，但是精神的家园却是十分遥远。不必强求自己做一个伟人或者圣人，但至少在心灵上是满足的，这样的人生才是我们应该追求和向往的。

第七篇
诗人篇 挥毫泼墨 文采风流今尚存

他们眨眼间便得绝妙佳句，才情四溢灵感不断，思想更是驰骋宇宙，天马行空，或抒写少年不得志的悲愤，或描写细腻伤感的爱情，或感慨世事无常的悲凉，或嗟叹国破家亡的仇恨。这些都是他们生活的真实写照和抒发感情的途径。千古文人，挥毫泼墨之间，他们的文采风流今尚存。让我们缩短与他们的距离，领略古代诗人们的绝世风采。

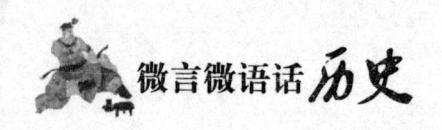

1. 屈原

——屈原微博：沧浪之水清兮，可以濯吾缨；沧浪之水浊兮，可以濯吾足。

微博解意

——沧浪的水清澈的话，可以用来洗我的帽子；沧浪的水污浊的话，可以用来洗我的脚。

屈平（公元前340~公元前278），字原，又自云名正则，字灵均，汉族，战国末期楚国丹阳人，他是楚武王熊通的儿子屈瑕的后代。他是中国最伟大的浪漫主义诗人之一，创立了"楚辞"这种文体，代表作品有《离骚》《九歌》等。屈原当时虽然在楚怀王手下做事，但是多次受到排挤，在楚怀王死后又因为顷襄王听信谗言而被流放，最终自投汨罗江而死。

第七篇 | 诗人篇　挥毫泼墨　文采风流今尚存

一曲离骚，满腹忧愁

　　战国时代，诸侯称雄，秦、楚、齐、燕、赵、韩、魏七国，争城夺地，互相杀伐，连年混战。屈原正当青年时期，担任楚怀王的左徒官。他看见百姓受到战争灾难，民不聊生，感到十分痛心，于是他立志报国安民，就开始劝怀王能够任命并且重用那些有才能的人，爱护百姓，很得怀王的信任。他还经常和怀王一起商议国事，并且参与法律的制定，他一直主张章明法度，举贤任能，希望能够改革政治，并和齐国结盟共同抵抗秦国。在他的努力之下，楚国国力有所增强。但是，由于秦王不想两个国家结盟制衡他，就派使者张仪前去贿赂令尹子椒、上官大夫靳尚和他的宠妃郑袖等人。由于屈原性格耿直不会讨好别人，因此受到排挤，朝中很多人不但阻止楚怀王接受屈原的意见，并且还进谗言让怀王疏远屈原。

　　那个时候，西方的秦国最为强大，经常攻打六国。因此，屈原就亲自到各国联络，想用联合的力量来对抗秦国。在怀王十一年，楚、齐、燕、赵、韩、魏六国君王一起聚集在楚国的京城郢都，结成联盟。楚怀王成了联盟的领袖。联盟的力量有效地制止了强秦的继续扩张，秦国想要统一天下的野心受到阻挠。屈原因为联盟的事情更加得到了怀王的重用，很多内政、外交大事都会交给他来做。因而，楚国以公子子兰为首的一些贵族，开始对屈原产生忌妒和忌恨，经常在怀王面前说一些屈原的坏话，说他是一个独断专权的

205

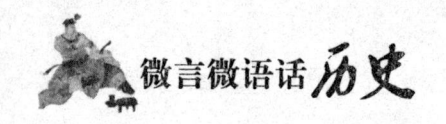

人，根本不把怀王放在眼里，刚开始楚怀王觉得不可能，可是慢慢地挑拨的人多了，怀王就对屈原渐渐不满起来。秦国安插在楚国的间谍把这一情况报告给了秦王，秦王很早之前就想进攻齐国，只是因为有六国联盟，所以一直按兵不动。在听到这个消息之后，秦王就急忙把相国张仪召进宫来商量对策。张仪认为在6个诸侯国之间，就齐国和楚国最强大，只要离间这两国之间的关系，那么先前的六国联盟也就会自动解散。他自愿请命趁楚国内部不和的机会，去拆散六国联盟。

秦王听后十分高兴，就准备了金银财宝，交给张仪带去。张仪还将相印交还给秦王，伪装辞去秦国相位，去了楚国。张仪到了郢都之后，就先去拜访屈原了，说起了秦国的强大和秦楚联合对双方各自的好处，屈原就说："楚国不能改变六国联盟的主张。"张仪又跑去告诉子兰说："正是因为有了六国联盟的存在，所以怀王信任屈原，如果拆散了联盟，屈原就没有什么可怕的了。"于是楚国的贵族就和张仪连成一气，子兰还引他拜见了怀王最宠爱的王后郑袖。张仪把一双价值万金的白璧，献给了郑袖，当做见面礼。郑袖欣然表示愿意帮助他们促成秦楚联盟。于是子兰就想了一条计策：就说屈原向张仪索取贿赂，由郑袖在怀王面前透露风声。在张仪一切准备妥当之后，就托子兰引见怀王。他劝告楚怀王要断绝和六国的联盟，和秦国结盟，还列举了很多好处，最后又说："只要大王你愿意，秦王已经准备了商于地方的六百里土地献给楚国。"楚怀王本来就是一个贪心的人，现在听到不费一兵一卒，就可以得到六百里土地，哪能不开心。在他回到宫中，十分高兴地把这件事情告诉了郑袖。郑袖向他一边道喜一边又皱起眉头："听说屈原向张仪索要一双白璧没有成功，恐怕会反对这件事情呢！"楚怀王听了之后，半信半疑。第二天，怀王大摆酒席，招待张仪。在席间讨论起秦楚两国议和的事情，屈原站出来反对，并且和子兰、靳尚进行了激烈的争论。他认为，放弃六国联盟，就是给秦国以可乘之机，这是楚国生死存亡的事情啊！他就痛斥张仪、子兰、靳尚等人，走到怀王面前大声说："大王，您不能相信他们呀！张仪是秦国派来拆散联盟、孤立楚国的奸细，您万万相信不得……"怀王突然想起郑袖说的话，屈原果然竭力反对秦楚和好，又加上他贪图秦国许诺的土地，不禁大怒地说："难道楚国的六百里土地抵不上你一双白璧！"于是就叫武士把他拉出了宫门。屈原感到十分痛心，就一直站在宫门外面不愿离开，盼着怀王能醒悟过来，改变主意，以免给国家和百姓带来灾难。他一直等到张仪、子兰、靳尚等人十分开心地走出宫门之后，才终于绝望了，叹着气喃喃地说："楚国啊，你又要受难啦……"屈原回到家中之后，就一直闷闷不乐，想到亲手结成的联盟一经破坏，楚国就保不住眼前的兴旺，不禁顿脚长叹。他的家人知道事情的原委之后就劝他不要再议论这件事情了，可是屈原道："我是楚国人，就算自己身死也不想看到楚国遇到危险啊！"他不愿意承认这个事实，认为怀王一定会醒悟，分清是非。只要怀王回心转意了，楚国就有救。但是事与愿违，怀王也不再召见他，他开始越来越忧愁，经常睡不着觉。在这种情况之下他写了《离骚》，借以抒发自己的怨恨和忧愁。

公元前313年，楚怀王贪图土地接受秦国的建议，他还派人跟着张仪一起去秦国受地。但是张仪回到秦之后就一直装病，三个月没有接见楚国的使者。怀王还以为是张仪怪他和六国断绝关系不

微言微语话**历史**

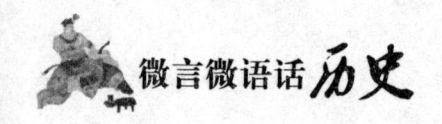

够坚决，所以他又派人前去辱骂齐王一通。齐王大怒，自此断绝了和楚的合纵，反而和秦国联合起来。张仪知道这件事之后才出面对楚使说："您为什么还不接受土地呢？"但是他中途使诈，结果六百里地变成了六里，楚国使者非常生气，回去之后报告给怀王。怀王十分生气，前后两次派兵伐秦，都以失败告终。这时怀王突然醒悟，后悔当初没有采纳屈原的建议，于是他又召见屈原，让他出使齐国，希望齐国和楚国再次联盟。秦国怕他们两国再次联盟，就主动示好，结果昏庸的怀王竟然再次听信谗言，又一次相信了张仪，屈原遭到流放。

公元前 278 年，秦国大将白起带兵南下，攻破了楚国国都，屈原的政治理想最终破灭。他对前途感到绝望，虽然自己一心报国，却无力回天，只得以死明志，就在同年五月投汨罗江自杀。

今人跟贴

屈原始终以自己的一片忠心辅佐楚怀王，可是怀王昏庸无道听信谗言，使得屈原的政治生涯一再受挫。虽然其他人为了利益背叛自己的国家，可是他却从未想到过放弃，就算是在最后一刻，他的心中也一直想着楚国的人民。在看到楚国被攻破之后，他满心绝望，只能以死来明志。如果不能改变环境，那么试着去适应它；如果不能适应环境，那么试着去离开它。我们选择环境的同时环境也在选择我们，这是一个双向的事情，并不是有某一方觉得适合就会留在其中。人总是会寻求到一个相对较好的环境中生存下去，而不是可以任意将就。一时半会的将就可以忍受，但是时间长了，这样的将就也不会持续下去，过多的抱怨只能撑破我们的生活，到头来还是徒劳一场。

> 微言小语

环境可以促使一个人的改变，每个人都是在周围环境的影响下慢慢成长起来的，没有人会一蹴而就。不要小看那么一点点影响，慢慢地它会扩大到我们的整个生活中，有时候甚至会影响到我们的决定。不管它是良性的还是恶性的，只有正确去看待，才会让它为自己所用，当两者可以兼容存在的时候，也就是我们征服环境的时候。

2. 苏轼

——苏轼微博：与君世世为兄弟，再结来生未了因。

> 微博解意

——我愿和你世世代代都做兄弟，更要在来生继续结为兄弟来继续我们今生的兄弟情分。

苏轼（公元1037~公元1101），字子瞻，又字和仲，号"东坡居士"，世称"苏东坡"。汉族，眉州眉山人，祖籍栾城。他是苏洵的次子，嘉祐二年，和弟弟苏辙一同登科进士。苏轼待人一向十

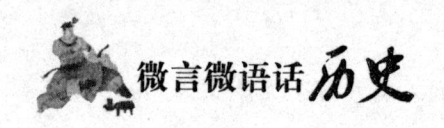

分宽容，神宗时期曾经在凤翔、杭州、密州、徐州、湖州等地任职。公元1080年因"乌台诗案"受到诬陷被贬至黄州，担任团练副使。在黄州四年多的时间里，他在城东的东坡开荒种田，故自号"东坡居士"，人称"苏东坡"。在哲宗即位之后，担任了侍读学士、礼部尚书等职。晚年被贬到惠州、儋州。后来遇到大赦北还，不料在途中病死，遵遗愿葬在中岳嵩山，追谥文忠公。苏轼和父亲苏洵、弟弟苏辙一起并称为"三苏"，父子同列唐宋八大家。

乌台诗案，兄弟情深

苏东坡在少年时期读了一些书，因为天生聪慧，经常得到师长的赞扬。他当时十分自负地在自己的房前贴了一副对联："识遍天下字，读尽人间书。"后来有一个白发老妪拿着一本深奥的古书拜访苏轼，苏轼不认识书中的字，那老妪就借此婉转批评了苏轼，于是苏轼就把对联改为"发奋识遍天下字，立志读尽人间书"，用来勉励自己。嘉祐元年，21岁的苏轼第一次离开家乡前往京城，参加朝廷的科举考试。第二年，他参加了礼部的考试，以一篇《刑赏忠厚之至论》获得主考官欧阳修的赏识，欧阳修却误认为是自己的弟子曾巩作的，为了避嫌，就只让他得了第二。嘉祐六年，苏轼参加"三年京察"，入第三等，授予他大理评事、签书凤翔府判官。后来他的母亲在汴京病故，他就回乡守丧了。

熙宁二年苏轼服丧期满回到朝廷，仍然授予了他原来的职位。

第七篇 诗人篇 挥毫泼墨 文采风流今尚存

他入朝为官的时候，正是北宋出现政治危机的时候，表面上看似繁荣的背后实则隐藏着危机。此时神宗登基帝位，开始任用王安石并支持他实行变法。苏轼的许多师友，包括当初非常赏识他的恩师欧阳修在内，因为在新法的施行上和新任宰相王安石意见不合，被迫离开汴京。苏轼现在眼中所看见的，已经不是他20岁时所见的"平和盛世"了。苏轼因为在返京的途中看到新法对普通百姓的损害，又加上他政治思想保守，就很不同意宰相王安石的做法，他认为新的制度并不能使百姓方便，于是就上书反对，因此，和他的那些被迫离京的师友一样，不容于朝廷。苏轼就请求神宗把他调到外地，担任杭州通判。苏轼终其一生都对王安石等人的变法派存在很多误解。

苏轼在杭州待了三年，任职期满之后，就被调到密州、徐州、湖州等地，担任知州县令，因为政绩显赫，深得民心。这样的生活持续了大概十年左右，苏轼遇到了生平的第一祸事。当时有人故意歪曲他以前所写的诗句，认为他讽刺新法，并就此大做文章。元丰二年，苏轼到任湖州还不到三个月，就因为这件事情被捕入狱。

"乌台诗案"先由监察御史李定告发，后来在御史台狱受审，元丰二年三月，苏轼被贬调到湖州担任县令。贬调的原因是他不赞成王安石的新法。在奉调的时候，苏轼依例向宋神宗上表致谢。本来只是官样文章，但是被新党作了手脚，于是就在表中写出了略带牢骚的"知其生不逢时，难以追陪新进；查其老不生事，或可牧养小民"这句话。监察御史舒亶、御史中丞李定等人，借着这个机会举出苏轼的《杭州纪事诗》作为证据，说他是"玩弄朝廷，讥嘲国家大事"。更是从他的其他诗文中找出个别的句子，断章取义地

211

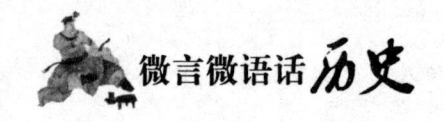

给他定罪，其中有"读书万卷不读律，致君尧舜知无术"。本来苏轼这句话是说自己没有把书读通，所以没办法帮助皇帝成为像尧、舜那样的圣人，新党的人却指他是在讽刺皇帝没有能力教导监督官吏等。总之，就是举出一些诗文来认定他在讥讽皇上和宰相，罪大恶极，应该处以死刑。虽然他们都很想要苏轼死，但是宋神宗不愿意杀害他，只是同意让他入狱。朝廷在七月二十八日苏轼被捕，在八月十八日的时候送到御史台的监狱。二十日，正式提案审讯。很多新党人士想要借此机会置苏轼于死地。十月十五日，御史台申报苏轼诗案的审理情况，其中就有苏轼数万字的交代材料，查清苏轼讥讽文字的人物名单，计有司马光、范镇、张方平、王诜、苏辙、黄庭坚等二十九位大臣名士。但是神宗一时举棋不定，因为太祖早有誓约，除了叛逆谋反罪之外，一概不能斩杀大臣，暂时收押在狱中。那里的审讯者经常对他通宵辱骂，在巨大的精神压力之下，苏轼写下了"与君世世为兄弟，再结来生未了因"的悲惨诗句。后来因为儿子苏迈离开京城去了别处借钱，就把送饭的事情交给了朋友，但是忘了告诉朋友父子之间的约定：送饭只送蔬菜和肉食，若是听到坏消息，才会送鱼去。恰巧这位朋友送了熏鱼。当时苏轼大惊，就给弟弟苏辙写了两首诀别诗。在他诗作完成之后，狱吏要按照规矩，将诗篇呈交给宋神宗。宋神宗读到苏轼的这两首绝命诗的时候，在感动之余，也不禁被苏轼的才华所折服。再加上当朝很多人为苏轼求情，王安石也劝神宗说："圣朝不宜诛名士。"神宗于是下令对苏轼从轻发落，贬他为黄州团练副使。轰动一时的"乌台诗案"就此结束，但是苏轼的这两首"绝命诗"也广为流传开来。

今人跟贴

苏轼因为文字而受到其他官员的诽谤，最终获罪入狱，可叹一生光明磊落，最后饱受牢狱之灾。所幸的是神宗并不昏庸，最终还是赦免了他的死罪。苏辙为了兄长，到处奔走呼告，兄弟情深由此可见一斑。

微言小语

不管生活怎样变化，唯一不变的只有亲情。在我们遇到任何困难的时候，都有人陪着我们一起努力坚持下去，这就是家人，不会因为地位、金钱、荣誉而有所改变。所以请珍惜这份珍贵的感情，它是我们人生最重要的一笔财富。

3. 李白

——李白微博：长风破浪会有时，直挂云帆济沧海。

微博解意

——总有一天，能够乘着风冲破大浪，高挂着风帆渡过茫茫大海。

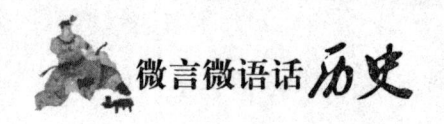

李白（公元701~公元762），字太白，号青莲居士，汉族，祖籍陇西郡成纪县人。他是唐朝伟大的浪漫主义诗人，有"诗仙"之称。李白出生在盛唐时期，他的一生之中，很多的时间都是在游历中度过。他四处游历，希望可以结交朋友，拜谒社会名流，从而得到引荐，去实现自己的政治理想和抱负，但是一直没有得到别人的赏识。直到天宝元年，借着道士吴筠的推荐，李白被召到长安，供奉翰林，因为他的风流文采，开始被世人熟知。李白刚开始因才气被唐玄宗赏识，后来因为不能容于权贵，在京城只待了三年，就弃官离开了，仍然继续他飘荡四方的流浪生活。在安史之乱发生的第二年，他曾经参加了永王李璘的幕府。不幸的是，永王与肃宗争夺帝位，兵败之后，李白因此受牵累，最后被流放夜郎。他晚年漂泊在东南一带，不久之后就病逝了。他留给后世的诗文有一千多篇，代表作有《蜀道难》《行路难》《梦游天姥吟留别》《将进酒》等。

长风破浪，行路艰难

中国古代，封建帝王都喜欢在冬天狩猎，唐玄宗即位之后，也不例外，他每次出去狩猎都要带外国使臣一同前去，借此耀武扬威，震慑邻国。开元二十三年，唐玄宗又一次开始狩猎，当时正好李白也在西游，因此给玄宗敬献了一首《大猎赋》，希望能博得他的赏识。《大猎赋》用幅员辽阔、境况和前朝各代大不相同，来夸耀本朝远胜汉朝，还在结尾处宣讲道教，借此契合玄宗当时崇尚道教的心情。当然李白来此的目的一是献赋，另外，他也想趁此机会游览一下长安，领略这座"万国朝拜"的帝京风光。看到眼前的这番繁荣景象，他很有感触，感到生存在这样的国家是不平凡的，因此很是自豪。但是转念一想，那些达官贵人到处贪污腐败，他的情绪又受到打击。李白来到长安之后结识了卫尉张卿，并且还通过他向玉真公主进献了诗，最后两句还说"何时入少室，王母应相逢"，祝她入道成仙。李白还在送卫尉张卿的诗中陈述自己现在的景况很艰苦，希望得到引荐，愿意为朝廷效劳。因此，他开始一步步地接近了统治阶级。李白还在这次长安之行中结识了贺知章。有一次李白去紫极宫，不料在那里竟然遇见了贺知章。因为他早就拜读过贺老的诗，这次的偶然相遇，他十分开心，立刻上前拜见，并呈上袖中的诗本。贺知章很是欣赏《蜀道难》和《乌栖曲》，他兴奋地解下衣带上的金龟叫手下人出去换酒要和李白共饮一番。李白瑰丽的诗歌和潇洒出尘的文采让贺知章惊异万分，竟然还说："你是不是太白金星下凡到了人间？"之后两人一直交往甚好，互相来往。一年时间很快就过去了，李白仍然客居长安，一直没有机会出仕，他的心情开始有些沮丧起来。好友诚意邀请他，希望他一起去青山之阳的别墅幽居，但是李白当时政治抱负没有实现，怎么忍心就此离去，就一直没有答应。这次来到长安，抱着建功立业的理想，却是丝毫没有着落，这使得李白感到十分失望并有点愤世嫉俗。若是让他去王公大人的门前谒见，他也极不得意，只有发出"行路难，归去来"的感叹，离开了长安。

微言微语话历史

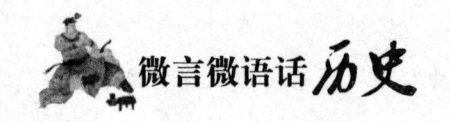

天宝元年，42岁的李白得到唐玄宗的妹妹玉真公主的推荐。玄宗看了李白的诗赋，对他十分仰慕，于是召李白进宫。在李白进宫朝见的那天，玄宗降辇步行前去迎接他。当玄宗问到一些时事事务的时候，李白凭着半生饱学及长期对社会的观察，胸有成竹，对答如流。玄宗听后大为赞赏，随即让李白供奉翰林一职，主要是草拟文告，陪侍皇帝左右。玄宗每次有宴请或出外郊游，一定会让李白跟随，利用他敏捷的诗才，赋诗纪实。虽非记功，也将他的文字流传给后世，以盛况向后人夸示大唐盛世。李白因此受到玄宗的宠信，同僚十分羡慕他，但也有人产生了嫉恨之心。在长安时，李白除了供奉翰林、陪侍君王之外，也经常有闲暇的机会在长安市上行走。他发现国家在这一片的繁荣景象中，蕴藏着深重的危机，那便是最接近皇帝的专横的宦官和骄纵的外戚专权。在这个时候，李白放浪形骸的行为又被翰林学士张坦诽谤，两人之间因此产生了一些嫌隙。看到朝政的腐败、同僚之间的相互诋毁，李白感慨万千，于是他写了一首《翰林读书言怀呈集贤诸学士》表示有意归隐山林。谁料就在这个时候，他被赐金放还。三年的政治生涯也使得他对于当前的时局有了更为明晰的认识，他没有后悔自己的选择，便开始真正的纵情山水，四处游历。"长风破浪会有时，直挂云帆济沧海"就写于这样的情况之下。他始终相信会有出头的那一天，只是当时的朝廷对他已经没有了多大兴趣，人生还是要及时行乐。

天宝十四年也就是公元755年，"安史之乱"爆发，李白一直避居在庐山。那时，他的胸中始终存在着退隐和济世两种矛盾的思想。恰巧遇到永王李璘在这个时候出师东巡，李白应邀入幕。李白入幕之后，就一直劝告永王勤王灭贼，但是他在政治上的目光还是短浅了一些。永王不久之后败北，李白也因此受到牵连，同在江南的萧颖士、孔巢文、刘晏也曾被永王邀请，但是被拒绝了，因此免遭祸害。后来经过几番波折之后，李白才从监牢中被解救出来，并参加了宋若思的幕府，还为宋写过一些文表，李白在那里很受重视，并以宋的名义再次向朝廷推荐，希望再度能得到朝廷的任用。但是不知道什么原因，他不但没有得到重用，反被流放到夜郎一带。后来遇大赦，在返回的途中，结束了他坎坷的一生。

今人跟贴

李白的一生不以功名显露，但是他对于自己的期望一直很高，希望终有一天得到推荐，有机会在朝廷为官，最后虽然梦想得以实现，可是现实并不是自己想像中的那样，他选择了辞官归去。以布衣之身来藐视权贵，肆无忌惮地嘲笑那些以政治权力为中心的等级秩序，批判腐败的政治现象，这些行为看似放荡不羁，实则是一种深深的失望。可是他还是没有放弃，始终希望能有一天为国效力，真可谓是"长风破浪会有时，直挂云帆济沧海"。敢于挑战权威是一种勇气，有准备地挑战权威更是一种魄力。

微言小语

也许在生活中你遇到了瓶颈，也许此刻你处境异常艰辛，但是要始终相信总会有出头的一天。在磨难中不要失去信心和斗志，相信未来的日子会更加美好。一时的失意并不代表什么，重要的是我们有继续走下去的信心，期待风雨之后的彩虹。

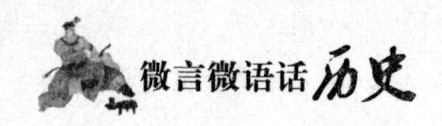

4. 杜甫

——杜甫微博：朱门酒肉臭，路有冻死骨。

> **微博解意**
>
> ——富贵人家门前飘出酒肉腐烂的味道，穷人们却在街头因冻饿而死。

杜甫（公元712~公元770），字子美，自号少陵野老，汉族，襄州襄阳人。盛唐时期伟大的现实主义诗人。他是唐诗人杜审言的孙子，在唐肃宗时，官拜左拾遗。后来到了蜀地，友人严武推荐他做剑南节度府参谋，加检校工部员外郎。故后世之人又称他杜拾遗、杜工部。他一生忧国忧民，看尽事态，写诗1500多首，诗艺精湛，被后世尊称为"诗圣"。代表作有"三吏"（《新安吏》《石壕吏》《潼关吏》）和"三别"（《新婚别》《垂老别》《无家别》）等。

一波三折，览尽沧桑

杜甫20岁的时候就开始在吴越一带游历，5年之后回到洛阳，在那里遇到了李白。两人相见恨晚，自此结下了深厚友谊。后来前

第七篇 诗人篇 挥毫泼墨 文采风流今尚存

去参加科考,但是没有考中,因为当朝宰相李林甫想要专权,就向唐玄宗说没有一个人中举。科考不中之后,杜甫就向皇帝献赋,也向那些达官贵人投赠,过着十分艰苦的生活。最后他终于得到右卫率府胄曹参军的职位,虽然是看守兵甲仗器,库府锁匙的小官,可是他很珍惜这个机会。杜甫刚开始在长安的那几年,由于一直得不到朝廷的任用,后来又加上父亲去世,就失去了固定的经济来源,也导致他个人生活陷于困顿之中。他当时有个族孙杜济住在长安城南郊,杜甫经常为了一顿饭,就前去走动,但是这位族孙的生活也不富裕,看到长辈来了,心里也是十分不愿意,但是嘴上也不好说什么,却在行动上表现出来,就在打井水淘米的时候,使劲摆动水桶,把水搅浑;到园中砍菜,放手乱砍一气。杜甫看到之后对此感慨万分。他的生活虽然过得十分艰辛,但也不乏一些好友相助。有一次杜甫闹疟疾,终日不见病好,被折腾得面黄肌瘦、头晕眼花。大病刚好之后,他拄着拐杖出门散心,不知不觉来到了王倚的家门口。王倚看见杜甫这般模样,就十分同情他,给他买肉买酒,热情地招待了他一番。

玄宗在751年正月接连举行了三个盛典,杜甫借着这个机会写成了三篇《大礼赋》。玄宗看了之后,也没有重用他。安史之乱爆发之后,潼关失守,杜甫就把家安置在了鄜州,独自一人前去投靠肃宗,中途被安禄山的士兵抓住之后,押到了长安。他面对混乱不堪的长安,又听到官军一再败退的消息,写成《月夜》《春望》《哀江头》等诗。后来他潜逃到凤翔行在,做了左拾遗。由于忠言直谏,并且还上书为当时宰相说情,被贬为华州司功参军。其后,他就用诗的形式把当地的见闻记录了下来,成为他不

微言微语话历史

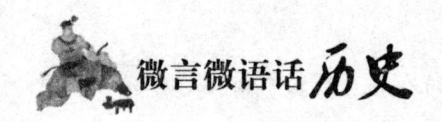

朽的作品，即"三吏"和"三别"。随着九节度官军在相州大败和关辅饥荒，杜甫就抛弃了官职，带着家人随百姓一起逃难，经秦州、同谷等地，最后到了成都。自此之后，他写了《自京赴奉先县咏怀五百字》，来说明他在经历十年长安困苦生活后对朝廷政治、社会现实的认识。其中就有"朱门酒肉臭，路有冻死骨"的诗句。到了成都之后，一家人就借住在浣花溪畔的一座古寺里面，家里穷得都揭不开锅了。小儿饿得实在是扛不住了，也顾不得父子之礼，冲着杜甫一阵大喊，让他赶快到邻居那里去讨口饭回来吃。万般无奈之下，当过几天小官的杜甫还是拉不下面子，只好硬着头皮，给老乡彭州刺史高适发出求援信："百年已过半，秋至转饥寒。为问彭州牧，何时救急难？"高适收到来信之后，就从百里之外背米来接济他。邻里看不下去又送他些小菜，使他免却了无米之炊的困苦。

镇蜀的剑南节度使严武仰慕杜甫的才华，就举荐其为检校工部员外郎。好景不长，公元 765 年，严武病故后一个月，杜甫就带着妻儿乘船东下，离开了成都。之后他就一直客居湖南，由于被突然的洪水围困，连续饿了十天。当地县令用小船将杜甫救了回来，用牛肉白酒招待他，杜甫当晚就因为醉饱过度而辞世了。

今人跟贴

杜甫的一生都在和生活作斗争，早年的他因为生活贫苦，所以最了解处在社会底层的那些百姓的生活，也使得他对社会现实有了更为清晰明白的认识。正是这样的一种生活经历，才让他深深体会到贫富的差距和官场的明争暗斗。在历经了安史之乱之后，他终于不得不收起了自己的心，弃官归田。乱世之中的生活并没有那么的如意，没有了俸禄之后的生活更加悲惨，经常食不果腹，只能在邻居的帮助之下过日子。虽然他满心的不愿，但是没有办法，覆巢之下无完卵的道理谁都懂。虽然饱受生活的折磨，可是他那颗忧国忧民之心却一直记挂着百姓。

微言小语

杜甫的一生都是在乱世之中颠沛流离，他只能用自己的诗来抒发对现实的看法，他虽然不能做官为黎民百姓做事情，但是他用自己的诗作来呼吁世人看清现实状况，不要被表象迷惑。他自身的经历就是那个时代很多人的写照——虽然唐朝表面看似繁荣，其实已经腐败衰落。

5. 李贺

——李贺微博：男儿何不带吴钩，收取关山五十州？

微博解意

——男儿为什么不佩带兵器，去收取关山之地呢？

李贺（公元790~公元816），唐代著名诗人，汉族，河南福昌

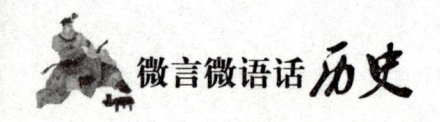

人。字长吉，世称李长吉、鬼才、诗鬼等。他和当时的李白、李商隐三人并称唐代"三李"。他是唐宗室郑王李亮的后代，但因为家道没落，生活也不是很富足。在他童年的时候就已经可以做诗写文，十五六岁的时候，因为工乐府诗和先辈李益齐名。李贺的一生愁苦多病，只做过3年的官，之后就因病去世。他是中唐时期浪漫主义诗人的代表，主要作品有《高轩过》《李贺诗歌集注》等流传后世。

诗中鬼才，壮志雄心

　　李贺出身在一个破落贵族家庭之中，他的远祖是唐高祖李渊的叔父李亮。由于不是嫡系，再加上当时武则天执政时大量杀戮高祖子孙，到了李贺父亲李晋肃的时候，他们家早已经没有了那时候的威风，家道中落，隐居在昌谷。父亲李晋肃，早年的时候被雇为从事，在大历三年的时候到蜀地任职，曾经和表兄杜甫在公安相遇。等到李贺出生的那年，父亲李晋肃才稍微升迁，担任县令，但是不久之后就去世了。他的母亲郑氏共生有一个女儿和两个儿子，一直待在昌谷。等到大女儿出嫁之后，家里就越加贫穷了。李贺兄弟二人就外出谋生，生活过得十分艰辛。

　　元和三年到四年间，韩愈居住在洛阳，李贺知道之后就前往谒见。据说当时韩愈和皇甫湜曾经还一起回访过李贺。李贺在18岁左右的时候，就已经诗名远播，又被当时名公巨卿韩愈、皇甫湜所熟悉，本来可以很早就做官，光耀门楣的，可是他在没有成年的时候，父亲就去世了，因此也要守丧。当时，服丧务必以三年全期为限，所以一直到元和五年，韩愈才和李贺通信，让他前去参加科考。但是因为李贺父亲名叫晋肃，当时"晋""进"同音，和李贺争名的人，就说他应该避父讳不要考取功名，但是韩愈知道之后就作了一首《讳辨》来鼓励李贺应试，无奈当时礼部官员昏庸草率，他也因此没有机会参加科考。未能参加进士考试，李贺受到严重的打击，他曾经还写了不少抒愤的诗作，在当年就回到了昌谷。大约是因他是李唐宗室的后裔，又加上韩愈为之推奖，元和六年五月，李贺又返回长安，做了一个九品小官奉礼郎。那时候，他居住在崇义里，和王参元、杨敬之、权璩、崔植等相交甚好，经常一起出去游玩，一小奴骑驴跟着他，背一个破锦囊。李贺作了诗句之后，就把诗句放在锦囊里面，等到回去之后就把那些诗句写完。这段时期，他对社会有了更为深刻的认识，当时写了大概有60多篇诗作。由于一直没有机会调迁，功名无成，终日郁郁不平。加上他的妻子病故，他的心情一直得不到平复，元和八年春，他告病回到昌谷休养了一段时日。但是他不想就这样沉沦下去，又举足南游，希望能在南楚或吴越之地一展才华。此后经过几番波折，在潞州张彻的荐举之下，做了3年的幕僚，为昭义军节度使郗士美的军队服务，处理一些公文。元和十一年，因为北方藩镇嚣张跋扈，分裂势力十分猖獗，郗士美讨叛无功而返，最后告病到洛阳休养，友人张彻也抽身回到了长安。李贺无路可走之下，只得强撑着有病的身体，回到昌谷故居，整理所存诗作，不久就病逝了。在他死前曾把自己的诗分为四编，交给他的好友沈子明。在他死后15年，沈子明嘱咐杜

微言微语话历史

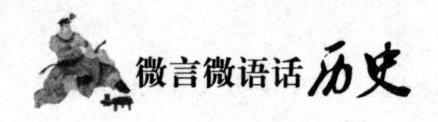

牧写了序。

李贺是继屈原、李白之后，中国文学史上又一位享有盛誉的浪漫主义诗人。他通过自己的诗作对当时的统治者昏庸、腐朽，藩镇割据的黑暗现实，多做针砭；同时对下层人民的哀怨、痛苦也多有同情，在政治上具有进步倾向。他的诗作在艺术方面，诗调高气峻，或如云崩雪涌，奇峭浪漫，或如明霞秀月，清丽璀璨；想像奇特、构思精巧、言语精辟，极富独创性，在中唐时期别树一帜。

今人跟贴

李贺认为作为堂堂男儿，就应该在沙场上英勇作战，而不是甘于现实的生活。他有着积极的政治抱负，想要弃文从武，为国效力，可是仕途不顺；尽管体弱多病，且一度消沉过，可是他不甘沉沦，还是怀抱着雄心壮志，想建功立业，有一番作为。想要为国家作一份贡献，不一定要看你当多大的官，也不看你在什么职位上，而是有没有真心实意地去做。

微言小语

容易被抹杀的是没有信念的存在，那些永远屹立不倒的才是真正的精神支柱。不管外界的条件有多么艰辛、多么危险，只要有梦想、有目标，就可以勇往直前。在坚持不懈的努力之下，才会有丰硕的成果，相信自己，一定可以成功，没有什么可以打倒你。

6. 李商隐

——李商隐微博：春蚕到死丝方尽，蜡炬成灰泪始干。

微博解意

——春蚕到死的时候才将丝吐尽，蜡烛成灰之后它的泪才流干。

李商隐（公元813～公元858），字义山，号玉溪生，晚唐时期著名诗人，祖籍怀州河内，生于河南荥阳。在唐文宗开成三年考中进士。曾经担任过弘农尉、佐幕府、东川节度使判官等职。早期的时候，李商隐因为文采而深得令狐楚的赏识，后来因为王茂元爱其才就将自己的女儿嫁给了他，他因此遭到了令狐楚一党的排斥。此后，他就在牛李两党争斗的夹缝中生存，辗转于各个藩镇当幕僚，郁郁不得志，最后潦倒终身，死后葬于家乡荥阳。他擅长骈文写作，和当时的杜牧一起称为"小李杜"。又因诗文与同时期的段成式、温庭筠风格相近，并且三人都在家族里排行第十六，故并称为"三十六体"。他的诗作大多构思新奇，风格秾丽，尤其擅长爱情诗，为后人传诵，作品收录为《李义山诗集》。

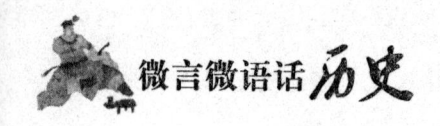

云鬓已改，月光微寒

在李商隐 10 岁左右的时候，他的父亲在浙江幕府去世了，他和母亲、弟妹们一起回到了故乡河南，当时生活十分贫困，经常靠亲戚的接济生活。在家中，李商隐是长子，因此也就开始挣钱养家糊口。在那个时候，他开始为有钱人家抄书挣钱，贴补家用。他早年的贫苦生活对他性格和观念形成了很大的影响。李商隐回到故乡之后遇到了一位同族叔父，这位堂叔父曾经上过太学，但是却一直没有做过官，终身隐居。他的这位叔父在经学、小学、古文、书法等方面都十分优秀出色，并且对李商隐非常器重。因为受到这位叔的影响，李商隐"能为古文，不喜偶对"。大约在李商隐 16 岁的时候，就写出了两篇十分优秀的文章《才论》《圣论》，因此获得当时一些士大夫的赞赏。在这些士大夫之中，就包括当时担任天平军节度使的令狐楚。令狐楚是骈体文的专家，他十分欣赏李商隐的才华，不仅教授他骈体文的写作技巧，并且资助他的家庭生活，鼓励他和自己的子弟多交游。在令狐楚的帮助之下，李商隐的骈体文进步巨大，由此他对自己也信心大增，希望可以凭借这种能力参加科考，施展他的政治抱负。在这一时期的《谢书》中，李商隐表达了他对令狐楚的感激之情和本人的踌躇满志："微意何曾有一毫，空携笔砚奉龙韬。自蒙夜半传书后，不羡王祥有佩刀。"

李商隐在开成元年写了一组诗名叫《柳枝五首》，他还为这组

第七篇 | 诗人篇 挥毫泼墨 文采风流今尚存

诗写了一个很长的序言。柳枝是洛阳一个富商的女儿，生得活泼可爱、开朗大方，在一个十分偶然的机会下，听到李商隐的诗作《燕台诗》，因此心生爱慕，于是就主动和他约会。但是中途李商隐因为别的事情失约了。他后来才得知，柳枝被一个有权势的人收为小妾。两人自此就再也没有见过面，这一段恋情也就以柳枝嫁人结束了。李商隐的妻子是王氏，他和王氏的感情非常要好。王氏出身在一个富贵家庭之中，多年来她一直尽心照料着这个家庭，默默地支持着自己的丈夫。大中五年，李商隐经历了人生的一次重大打击，那就是他的妻子王氏在春夏间病逝。以前因为李商隐多年在外游历，他们夫妻在很长的一段时间都是聚少离多。李商隐在妻子去世之后，对妻子始终感到歉疚，而那个时候他的仕途也一直不顺。在王氏去世后，他写下《房中曲》等悼念妻子的诗篇，情感真挚，语意沉痛。其中他的爱情名作《锦瑟》也是为纪念亡妻而作。

家庭的巨大变故并没有给李商隐很长的时间去恢复，这年秋天，被任命为西川节度使的柳仲郢向李商隐发出了邀请，希望他能跟随自己一同前去西南边境的四川任职。李商隐接受了参军的职位，简单地安排了家里的事情之后，在十一月就去上任了。他在四川的梓州幕府总共生活了4年，其中大部分时间他都郁郁寡欢，还曾经一度对佛学产生了很大的兴趣，经常和僧人交往，并捐钱刊印佛经，甚至想过出家为僧。梓州幕府生活结束之后，他也无心无力去追求仕途的成功了。大中九年，柳仲郢被调回到京城任职。出于对李商隐的照顾，他给李商隐安排了一个盐铁推官的职位，虽然官职很低微，但是能得到比较丰厚待遇。李商隐在这个职位上工作了两到三年之后，就罢职回到故乡一直闲居。大中十三年秋冬，李商

227

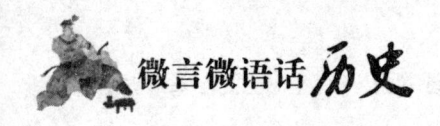

隐在家乡病故。

今人跟贴

每一个饱读之士都希望能为国效力，出仕做官。李商隐也是这样的，他想要做官，但是仕途一直不怎么顺利。少年的经历给了他很大的动力，感情上的波折也使得他对人生认识的更为透彻。直到遇到妻子王氏，两个人才开始幸福的生活，可是好景不长，最后只剩下他一个人四处漂泊，孤苦伶仃。我们为了这样那样的原因不得不四处漂泊，尝尽人间辛苦，不知道什么时候才是一个尽头。虽然现在的生活不被别人知道，但始终相信有人会和自己一样经历这个阶段。我们要的不是同情也不是指责，而是告诉他，他的人生之路并不孤单，有很多像他一样的人在努力奋斗着。我们并没有被生活所打败，只是遇到了人生的挫折，就算生活再糟糕，也不会比这个时候更糟糕了。

微言小语

本知道追求是无望的，还是心甘情愿地去追求，这就是诗人笔下的爱情。一字一句都在抒发自己离别的感伤和无尽的思念。爱情本是美好的东西，可是在失去了之后，还是万般不舍，思念无法控制，更多的是甜蜜、辛酸、无望、痛苦。

7. 范仲淹

——范仲淹微博：人不寐，将军白发征夫泪。

微博解意

——离人整夜难以入睡，将军头发变白，战士们落泪。

范仲淹（公元989～公元1052），字希文，汉族人。他是唐宰相范履冰的后人，祖籍在邠州。父亲范墉，在端拱初年曾经去徐州担任武宁军节度掌书记，家就迁居到苏州吴县，在父亲去世之后，母亲谢氏贫困无依，只能抱着两岁的范仲淹改嫁到山东淄州。他一生为政清廉，刚直不阿，体恤民情，主张政治改革，可是却因为多次遭奸佞诬谤，被贬官职，最后病逝在徐州，终年64岁。他所作的《范文正公集》一直流传于后世。

忧国忧民，先人后己

范仲淹从小读书十分刻苦，虽然生活的朱家是长山有名的富足人家，但是他为了励志，就经常跑去附近长山上的醴泉寺寄宿

微言微语话*历史*

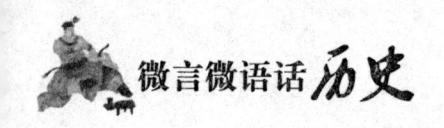

读书。他每天早晚都就读讽诵，因此给寺里的僧人留下了十分深刻的印象。那时候，范仲淹的生活极其艰苦，每天只能煮一碗稠粥，等它凉了以后划成四块，早晚各拿两块，拌几根腌菜，就这样吃，在吃完之后就继续读书。虽然过得十分贫苦，可是他对这种清苦的生活却毫不介意，反而将全部的精力放在书中，在书中寻找着自己的乐趣。就这样一直持续了将近三年时间，渐渐地长山乡的书籍已经不能满足他的需要了。这个时候，一个偶然的事件使得范仲淹知道了自己的家世。他发现自己原来是苏州范家的后人，而这些年来，他却一直靠继父的关照度日。范仲淹深受刺激和震惊，感到愧愤交集，于是他决心脱离朱家，自立门户，等到将来卓然立业之后再接母归养。于是他只匆匆收拾了几样简单的衣物，带上琴剑，全然不顾朱家和母亲的阻拦，流着眼泪，辞别母亲，离开长山徒步求学去了。在大中祥符七年，他通过了科举考试，中榜成为进士。不久之后，就被任命为广德军的司理参军。接着，又调任为集庆军节度推官。他就把母亲接来自己赡养，并且正式恢复了他的范姓，改名仲淹，字希文，从此开始了近四十年的政治生涯。

原来住在甘州和凉州一带的党项族人，本来是臣属于宋朝的。但是从宝元年起，党项族的首领元昊突然另建西夏国，并且自称皇帝，同时调集了十万军马，侵袭宋朝的延州等地。西夏的突然挑衅让宋朝措手不及，朝廷之内有的人主张进攻，有的人主张防守，吵成一团，而宋仁宗也举棋不定，莫衷一是。同时边境由于三十多年无战事，边防不修，士卒都没有经历过战阵，加上宋将范雍的无能，使得延州北部的数百里边寨，大多被西夏军洗劫或者夺去，狼狈不堪。面对这种情况，仁宗与吕夷简商议之后派遣夏竦去做陕西前线主帅，又采纳了当时副帅韩琦的意见，调用范仲淹作另一员副帅——即陕西经略安抚招讨副使，后来又把尹洙也调到了西线。

范仲淹那时候已经52岁了，他先被恢复了天章阁待制的职衔，转眼间又荣获了龙图阁直学士的职衔。范仲淹进京和仁宗辞别之后，便挂帅赶去延州，虽然仕途上的艰辛蹉跎使他早已霜染鬓发，但是他忠心报国的热忱却不减当年。到达延州之后范仲淹亲临前线视察，很快他就发现宋军的官兵、战阵、后勤及防御工事等，各方面都有很多弊端，如果不改革军阵体制，采取严密的战略防御，很难扭转战局。但是韩琦的看法却和范仲淹不同，他低估了西夏军优势，并且因为屡受侵扰，非常气愤，他主张集中各路兵力，大举实行反击。夏竦采纳了韩琦的意见，派韩琦和尹洙兼程回京请仁宗批准反攻计划。得获仁宗诏准之后，尹洙又奉命去见范仲淹，请他与韩琦同时发兵。虽然范仲淹与韩、尹是至交，但是他认为反攻时机尚未成熟，坚持不同意一起发兵。尹洙慨叹道："韩公曾经说过，'且兵须将胜负置之度外'。您今天却过于谨慎，看来你确实不如韩公！"范仲淹却说："大军一发，万命皆悬，置之度外的观念，我不知高在哪里！"

公元1041年正月，韩琦接到了西夏军侵袭渭州的战报。于是他立即派大将任福率军出击。最终西夏军受挫撤退，任福下令急追。可是追到西夏境六盘山麓的时候，却在好水川口遇伏被围。结果任福等16名将领英勇阵亡，士卒惨死一万多人。之后韩琦大败而归，半路上碰到了数千名死者的家属。那些家属们哭喊着亲人的

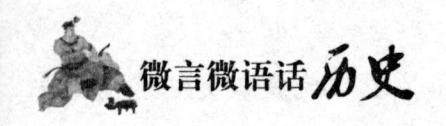

姓名，祈祷着亡魂能跟着韩琦归来。韩琦驻马掩泣，痛悔不迭。

　　范仲淹所主张的战略防御，并非单纯消极的防守措施。他刚刚去到延州的时候，便亲自检阅了军队，并且实行了裁汰和改编制度，先淘汰了一批怯懦无能的将校，接着选拔了一批经过战火考验并且有才干的人代替他们。因为原来守边的士兵都是从内地调来的已经腐化了的禁军，这些士兵既不耐劳苦，又因为长久在外当兵都很想念家乡，斗志很低，于是他从本地的人民中招募了一批士兵，这些本地人熟悉山川道路，并且强悍敢战，又因保卫家乡，斗志很强。加以训练之后就成为了精练的士卒，这提高了军队的战斗力。此外，范仲淹能以身作则，从不享乐，和士兵们同甘共苦，把朝廷赏赐给他的金钱财物都分发给了将士。同时他赏罚分明，奖赏勇猛杀敌的士兵，提拔重用那些立功的将领，而对克扣军饷的贪污分子则当众斩首，一点都不留情。就这样，在范仲淹的率领之下，西北军中涌现出了许多像狄青、种世衡那样有勇有谋的将领。加上训练出的一批强悍敢战的士兵，这支军队一直是宋朝的一支劲旅。他还取缔了按军阶低高先后出阵的机械临阵体制，将其改为根据敌情选择战将的应变战术。而在防御工事方面，他采纳了种世衡的建议，先在延北筑城，后来又在宋夏交战的地带构筑堡寨。范仲淹对沿边少数民族居民诚心交往，并且慷慨优惠，严立赏罚公约。这样一系列的政策落实之后，鹿延、环庆、泾原等路边防线上，渐渐地屹立起了一道坚固的屏障。庆历二年三月，有一天范仲淹密令蕃将赵明和长子纯佑率兵偷袭西夏军，得胜之后夺回了庆州西北的马铺寨。而他本人又随后引军出发，当部队快要深入西夏军防地时，他突然发令就地动工筑城，只用了仅仅十天的时间，就筑起了一座新城。

这就是坐落在宋夏边界间的那座著名的孤城——大顺城。西夏对于失利非常不甘心，可是当其派兵来攻的时候，却发现宋军已经以大顺城为中心，构成了堡寨呼应的坚固战略体系。

从大顺城返回庆州的路上，范仲淹觉得如释重负。他在延州派兵驻扎在青涧城，东北边防已趋稳定。而西夏军中商议之时也说"不能轻易攻取延州了，如今范仲淹军中有数万甲兵，不似以前那般好对付"。这时庆州北部的边防，也大体接近巩固。只是因为年岁已大，他自己的身体已经感到十分疲乏。面对当时的暮春季节，野花刚刚开放山畔，他想到了自己的家乡，便随口吟起四句诗："三月二十七，羌山始见花；将军了边事，春老未还家。"

转眼又是夏去秋来．范仲淹为了严密防务，再次前往大顺城等处踏勘。他那时候已逾54岁，满头的白发，在朔风中摇曳，望着天空南飞的大雁，心中有着无尽的感慨。深夜失眠之时他便挑灯填起词来："塞下秋来风景异，衡阳雁去无留意。四面边声连角起，千嶂里，长烟落日孤城闭。浊酒一杯家万里，燕然未勒归无计。羌管悠悠霜满地。人不寐，将军白发征夫泪。"

最终，在范、韩等人苦心经营下，边境局势大为改观。而这时西夏国内出现了各种危机，西夏军的将领中间也矛盾重重。到了庆历二年以后，边界从西夏来向宋朝投诚的人，已经陆续不断。宋夏两国的百姓都希望战争早日结束。同时双方议和的使节也开始秘密往返于兴庆府和汴梁之间。庆历四年宋夏双方正式达成了和议。重新恢复了和平，西北的局势得以转危为安。

今人跟贴

范仲淹始终都以百姓社稷为重，他为了国家安危和百姓生活一

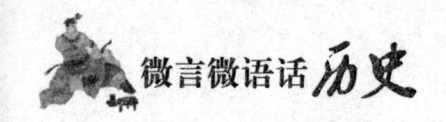

直守在边界。虽然战争是残酷的，可是武力也是解决问题的办法，就这样日复一日，年复一年，他始终坚守着心中的那一份执著，为北宋百姓谋求了一份安宁。人生有了目标之后就不会再迷茫，所有的一切在自己的目标面前就会变得容易起来。其实事情没有想像中的那么复杂，只是被现实的迷雾遮盖住了双眼，最害怕的不是解决不了问题，而是一直处在没有感知的环境中。在人生的路上你暴露越多的缺点，那么你就会进步越大。每个人都是从零开始的，并没有人天生就什么都会，既然别人能在有限的时间里做到，那么你也可以。话每个人都会说得很漂亮，可是事情并不见得每个人都会做好。世俗并没有强求我们要做到哪种程度，只是在每个人心中有一个标准。不要把自己的标准强加给别人，如果别人都和你一样，那么就是你，而不是别人了。

微言小语

我们总是为了这样那样的目标不断地努力着，想追求更有价值的人生。没有人愿意到老了的时候，还是一无所获。这个过程也没有想像中的顺利，甚至十分枯燥，但是只要有目标，那么前面的路都是清晰的，所做的一切牺牲也是值得的。

8. 李清照

——李清照微博：生怕离怀别苦，多少事，欲说还休。

微博解意

——我生怕想起离别时候的痛苦，（现在）有多少话要向他倾诉，可刚想说又不忍心开口。

李清照（公元 1084~公元 1155），号易安居士，山东济南人。她的父亲名叫李格非，是北宋著名的学者和散文家。李清照从小继承家学，她擅长书画，兼通音律，在当时颇有名气。李清照早年的生活十分优裕，所以词作大多写一些相思之情。在金兵入侵之后，突然遭遇到国家巨变，她的词作也开始感慨身世飘零了。她是南宋杰出女文学家，婉约派词人，历史上她和济南历城人辛弃疾并称"济南二安"。现存诗文及词为后人所辑，有《漱玉词》等。

微言微语话**历史**

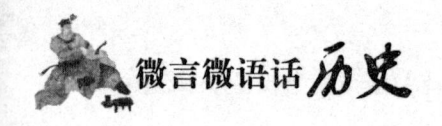

国破家亡，离别愁苦

　　李清照18岁的时候，和赵明诚结婚了。她和丈夫两人情投意合，婚后的生活如胶似漆。他们有着极为相似的爱好，就一同研究金石书画，过着幸福美好的生活。赵明诚的父亲是当时有名的政治家，担任右丞相。结婚之后的李清照把整个身心都放在文学艺术的深造和金石文字的收集研究之上。她同丈夫一起互相砥砺，进行词的创作，技法日臻成熟。在一年的重阳节，李清照作了那首著名的《醉花阴》，寄给在外地当官的丈夫："薄雾浓云愁永昼，瑞脑销金兽。佳节又重阳，玉枕纱橱，半夜凉初透。东篱把酒黄昏后，有暗香盈袖。莫道不销魂，帘卷西风，人比黄花瘦。"满纸的寂寞和闺人的惆怅得到抒发。丈夫赵明诚接到诗作之后，就一直叹赏不已，又不甘下风，就闭门谢客，废寝忘食，经过三日三夜之后，写出五十阙词。他把李清照的这首词也放在他写的词之中，邀请友人陆德夫一起品评。陆德夫把玩再三，说："只有三句十分之妙。"赵明诚就问是哪三句，陆德夫回答说："莫道不销魂，帘卷西风，人比黄花瘦。"

　　公元1127年，北方女真族攻破了汴京，徽宗、钦宗父子相继被俘虏，高宗向南逃走。李清照夫妇也随着难民流落江南。飘流异地，他们一起辛苦多年搜集来的金石字画在途中也丢弃了，这些事情给她带来沉痛的打击和极大的痛苦。后来金人挥师南下，南宋王

| 第七篇 | 诗人篇　挥毫泼墨　文采风流今尚存

朝腐败无能，只能四处逃窜。同年，赵明诚被任命为建康知府，一次城中叛乱，赵明诚弃城逃跑，使得李清照对他感到心灰意冷。在第二年逃亡去江西的途中，一行人来到乌江的时候，她写下有名的《夏日绝句》，其中赞叹项羽，暗中讽刺赵明诚。赵明诚感到十分羞愧，最终心情抑郁，后来死在上任湖州知事的途中。赵明诚去世之后，李清照的生活更加悲惨，经常独自感伤。在她孤寂的时候，张汝舟为了骗取取李清照的钱财，就趁虚而入，对李清照百般示好。李清照当时无依无靠，又看到张汝舟对自己这般好，就顶着世俗的压力嫁给了张汝舟。婚后，二人发现自己都受到了欺骗，张汝州发现李清照并没有自己预想中的那样家财万贯，而李清照也发现了张汝州的虚情假意。甚至到后来，张汝舟对她拳脚相加，她的日子过得十分辛苦。之后，李清照又发现张汝州的官职是因为他贿赂了别人得来的，于是她便状告张汝州。在当时的制度下，如果妻子要告发丈夫，证明丈夫有罪，妻子也要一同受牢狱之灾。事情败露之后，张汝舟被判入狱，李清照也跟着入狱了，但是由于家人收买了狱卒，在她入狱九天之后就被释放，这段不到百天的婚姻就此结束。

　　目睹了国破家亡的李清照，对于人生也没有其他的追求了。在她晚年的时候，她殚精竭虑，编撰《金石录》，一心想要完成丈夫赵明诚没有完成的事情。金兵的横行肆虐再一次激起她强烈的爱国情感，她积极主张宋军北伐收复中原，可是南宋王朝腐朽无能，偏安一隅，使李清照的希望最终化为幻影。在南渡初期，她还写过一首雄浑奔放的《夏日绝句》："生当做人杰，死亦为鬼雄。至今思项羽，不肯过江东。"借由项羽的宁死不屈来反讽徽宗父子的丧权

微言微语话历史

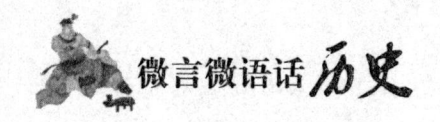

辱国。多年的背井离乡，颠沛流离的生活，又加上她的改嫁问题遭到士大夫阶层的闲言碎语，使得她那颗饱受风霜的心已经渐渐死去。她无依无靠，呼告无门，生活十分贫苦，情绪低落，到处漂泊，最后一个人寂寞地死在江南。

今人跟贴

生活在风雨飘摇的南宋末期，虽然有着满腔的爱国热情，可是始终改变不了自己的命运。多年的漂泊流浪在外的日子，使得她饱受风霜，在看尽了事态沧桑之后，还是坚强地选择生存下去，选择完成以前没有完成的事情。或许在梦中，她已经回到了那个久违的故乡，身边也有着自己的家人陪伴。

微言小语

为了生活，或许我们经常过着聚少离多的日子。身边没有家人陪伴，孤身四处漂泊，不知道有多少心事想要找个人来倾诉。现实是无奈的，可是我们还有选择，至少不会让自己过得这么辛苦。为了自己，为了家人，努力做一个有用的人，那些拼搏的日子将会成为你人生中值得珍惜的时光。

第八篇
稚子篇 稚语童言 学问见识不平凡

人总是有着很多的生活方法，而在少年时期的我们，便被教育着为人的道理和人生的意义，这些都是每人必须经历的阶段。但是在古代有这样一些孩童，他们有的英勇多谋，有的机智风趣，有的乖巧懂事，有的看尽世事沧桑，不得不让我们感慨。虽说童言无忌，可是童言中也有着真理的存在。在疲惫之时，如果我们能够走近这些活泼天真的小朋友，去领略一下他们的魅力和快乐，或许就在此时，我们人生中的很多事情都可以释然，当然我们就不会有那么多的执念以及痛苦。

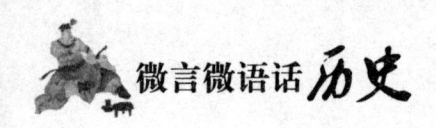

1. 李寄

——李寄微博：你们怯弱，为蛇所食，甚可哀怜。

微博解意

——你们怯弱，被蛇吃掉，好可怜呀。

李寄，女，秦国将乐人，出生年月日不详。生于一个普通的农民家庭，她是6个孩子中最小的一个。李寄在小的时候就十分喜欢听人讲有关侠士的故事，常常把那些侠士作为自己的偶像，当然她为人也十分勇敢。后来随着时间的推移，李寄也慢慢地长大了，在懂事之后觉得自己已经是大人，应该靠自己的能力让父母过上好日子。有一次，她听到官吏们正在寻求十三四岁的女童前去祭蛇，得知这个消息后，她决定前去应募。后来她以自己的胆识以及技巧成功地斩杀了那条蟒蛇，并且后来被越王纳为了王后。

斩杀蟒蛇，为民除害

据说在闽地中部的一个地方，有座山名叫庸岭，这座山绵延数十里，十分险峻，而当地百姓都互相传说着在这座山的西北石缝中有一条很大的蟒蛇，身长约七八丈，经常出来危害附近的百姓。鉴于此原因，当地的地方官就十分害怕，每年总是宰杀牛羊祭祀它，为的是保平安，可是虽然每年都祭祀，仍然得不到安宁。

话说某天，有一个人做了一个很奇怪的梦，说是那个蛇精每年都要吃十二三岁童女，这样大家才能相安无事。那些地方官吏在听了这样的话以后，因为实在没有办法，所以就相信了那个梦，在各个地方搜寻穷人家的女儿，在每年的八月用来祭祀蟒蛇。每一次，那些女孩就都被送到蟒蛇的洞口，当然蟒蛇出来吃掉小孩后也就回了洞，年年如此，这样的事情就这样持续了九年。

有一年，官吏照例搜寻女童去祭蛇，但是一直没有找到合适的人。当时李寄的家中共有6个姐妹，李寄是最小的一个，她虽然年纪小，但是下决心要前去应募作祭女，好找机会为民除害。父母看见她这么小，就不肯让她去。但李寄为民除害的心意已决，她就偷偷离开家，找了一把锋利的好剑和一只猎犬，一切准备好之后就等待时机的到来。这年八月，祭祀活动还是像往常一样举行，但是李寄却将好多粮食用蜜糖拌好之后，放在了蟒蛇的洞穴口。不久，蟒蛇闻到了香味就出洞来吃。只见那条蟒蛇头大如斗，目大如镜，生

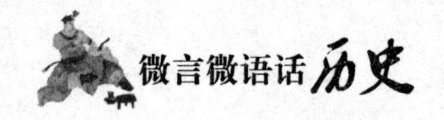

得十分狰狞可怕。李寄却是一点都不害怕。她先放狗去咬它，又从自己背后抽出利剑砍杀蟒蛇。蟒蛇痛得从洞里逃窜到洞外，李寄仍然紧追不舍地挥剑斩杀它，终于杀死了蟒蛇。李寄进入那个蟒蛇的洞穴去看，发现了那九具骨架，就全部搬了出去。李寄十分痛心地说："你们怯弱，被蛇吃掉，好可怜呀。"之后回到了家中。李寄斩蛇为民除害的事情传到了越王那里，越王听后十分惊奇，就让李寄做自己的王后，赐给她父亲为将乐令，她的母亲和姐姐们也都因此事得到了赏赐。

今人跟贴

李寄以一己之力来对抗蟒蛇，虽然是一个年龄十三四岁的女孩，但是她表现出来的那份勇气，我们很多人都是比不上的。在很多人一味妥协牺牲的情况下，她最终拿起了自己的武器，为民除害，从而成就历史上流传的一段佳话。其实在我们的生活中很多人活了那么久，有些事情还没有一个孩子看得清楚，并不是我们退化了，而是生活中有了太多的顾虑。那些最容易简单的道理对我们来说却是无法想得明白、看得清楚，并且生活中的有些事情在我们的人生中越来越难以实现。不知道这是一种好的发展还是坏的趋势，我们在不断地被生活同化，在逐渐失去自主性。每个月拿着微薄的收入，按部就班地生活、学习、睡眠，就像计算机一样机械地工作着，效率虽然越来越高，但是心情越来越差。如果没有兴趣那么就不要被生活继续欺骗下去，鼓起勇气选择自己热爱的东西，那样虽然会很艰辛，但至少心情是愉快的。人生没有那么多的时间去让你犹豫，与其不断地唉声叹气，还不如坚强勇敢地改变。我们都不是生活的奴隶，而是生活的主宰，不要被一时的不顺遂打败。

微言小语

智慧和勇气永远是最好的朋友，哪里有压迫哪里就会有反抗，这是不变的真理。只是在反抗的时候，有的人选择了愚蠢的办法，以至于最后还是被压迫，没有丝毫翻身的机会；但是有的人有着明智的选择，这样才会取得胜利。世界并不是公平的，很多时候结果往往在于自己。

2. 甘罗

——甘罗微博：夫项橐生七岁为孔子师，今臣生十二岁于兹矣，君其试臣，何遽叱乎？

微博解意

——项橐在7岁的时候就作了孔子的老师，而如今，我已经满12岁了，您还是让我去试一试吧，何必先急着呵斥我呢？

甘罗，生卒年不详，他是战国时期楚国下蔡人，著名大臣甘茂的孙子。据说当时甘茂因为在朝廷受到别人的排挤，迫于无奈之下就逃离了秦国，不久之后就死在魏国。甘罗从小就十分聪明，在当时也有着很大的名声，并且小小年纪就已经拜在秦国丞相吕不韦的门下，做了他的宾客。

微言微语话 历史

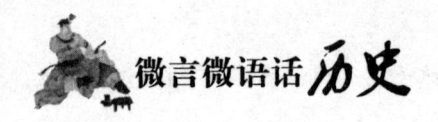

口舌之战，游说四方

　　甘罗是秦国著名大臣甘茂的孙子，在甘茂死去的那一年，甘罗才12岁。虽然他年纪还小，可是他已经拜在了秦国丞相文信侯吕不韦的门下。秦始皇派遣使臣刚成君蔡泽前去燕国，三年之后燕国国君喜派太子丹作为交换人质到秦国。秦国同时还准备派张唐前去燕国辅助作战，打算和燕国联盟一起进攻赵国来扩张自己的领土。张唐对吕不韦说："我曾经在燕王手下做事，替他进攻过赵国，因为这件事赵国的人都十分憎恨我，赵国国君曾经还说'谁要是能够逮住张唐这个人，他就将方圆百里的土地赏赐给谁'。而现在眼下的情况，出使燕国一定会经过赵国，所以我不能前往。"吕不韦听了之后就十分不快，但是他也想不出什么好办法让他心甘情愿地前去燕国，总不能勉强他去吧。甘罗看到吕不韦不高兴的样子就问："君侯您因为什么事情而这样闷闷不乐呢？"吕不韦就说："我想让刚成君蔡泽奉命去燕国三年辅佐燕国和秦国一起攻打赵国，燕国已经遵照约定派太子丹来秦国做人质了，我亲自前去恳请张卿去燕国担任丞相，可是他自己一点都不愿意去。"甘罗就说："请您允许我前去说服他吧。"吕不韦听了他的话之后，就呵叱着说："快走开！以我的身份亲自前去请他，他都不肯，你能有什么办法让他去？"甘罗说："项橐在7岁的时候就当了孔子的老师，而如今，我已经年满12岁了，您还是让我前去试一试，何必先急着呵叱我呢？"于

244

是文信侯就答应他的请求了。

甘罗拜见张唐并对他说:"您的功劳十分之大,我们秦国的百姓都很尊重你,但是和武安君白起比较起来,你们两个人谁的功劳更大呢?"张唐就说:"武安君在秦国的时候,他南面挫败楚国,北面震慑燕、赵两国,只要是他参与的战斗就一定会胜利,他所占领的土地不计其数,我的功劳肯定比不上他。"甘罗又说:"应侯范睢任相的时候和现在的文信侯吕不韦相比,谁的权力更加大呢?"张唐说:"应侯的权利不上文信侯的。"甘罗进一步说:"您确实知道应侯的权利比不上文信侯的吗?"张唐肯定地说:"确实是这样的。"甘罗接着说:"应侯在打算攻打赵国的时候,武安君故意为难他,结果武安君就因为这件事情在他刚离开咸阳七里地的时候就死在了杜邮。而现如今文信侯亲自请您前去燕国担任丞相,而您现在一直执意不肯前去,我不知道您会在什么地方死去。"张唐说:"这样的话那就按照你这个童子的意见,我还是去燕国吧。"于是张唐就下令让手下的人整治行装,准备上路前往燕国了。离开的日子已经确定了下来,甘罗就对吕不韦说:"请您借给我五辆马车,允许我先到赵国打个招呼,说张唐要去燕国了。"吕不韦自己做不了主,于是就进宫把甘罗的请求报告给秦始皇,他说:"过去的秦国大臣甘茂有个孙子叫甘罗,年纪很轻,但是他是著名门第的子孙,所以各个诸侯都有听过他的名声。最近,张唐推托一直不愿意前去燕国,甘罗知道这件事情之后就说服了他,让他心甘情愿前往燕国担任丞相。但是甘罗想要先到赵国把张唐的事通报一声,所以我前来请您答应让他去一趟赵国。"秦始皇因此召见了甘罗,并且派他去了赵国。赵襄王得知这件事情之后,到郊外前去迎接甘罗,甘罗开

微言微语话历史

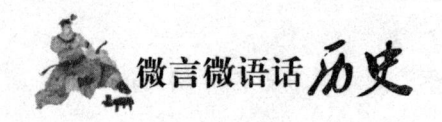

始劝说赵王，问道："大王您听说了燕太子丹到秦国作人质的事情没有？"赵王回答说："我知道了这件事情。"甘罗又问道："那你听说张唐要到燕国担任丞相的事情没有？"赵王回答说："这个也听说了。"甘罗接着说道："燕太子丹到达秦国，明显燕国没有想要欺骗秦国的意思。同时张唐到燕国去，也表明秦国没有欺骗燕国。燕、秦两国都是诚心实意想要联盟，一起攻打赵国，这样一来的话赵国的处境就危险了。燕、秦两国相互联盟，没有别的原因，很明显扩充自己在河间一带的领地，而河间一带现在是属于你赵国的。大王您不如送给秦国五座城池来表明善意，我就向秦王请求不和燕国联盟攻打赵国，反而帮助赵国来一起攻打燕国。"赵王觉得很有道理，立即划出五座城邑送给了秦国。秦国也兑现了诺言，送太子丹回到了燕国，不和燕国联盟攻打赵国了。之后赵国就有恃无恐地开始进攻燕国，一共取得上谷三十座城邑，并且分给秦国十一座。甘罗回去之后就把情况报告了秦王，秦王听了十分开心，于是封赏甘罗做了上卿，并且还把原来甘茂担任丞相时候的田地房宅赐给了甘罗。

今人跟贴

甘罗虽然年纪很轻，但是不可置疑，他是秦国的一个很有胆识的谋士。他以一己之力，不花一兵一卒为秦国谋得领土，我们不得不感叹他的聪明睿智。其实一个人的勇气以及智慧是很重要的，不管是做什么事情我们都需要经过一番思考，在自己确定能够做到这件事的时候千万不能胆怯，而应该勇敢向前，因为很多时候即使我们有智慧，即使我们有自己独到的优势，可是只要我们胆怯，不去发挥自己，那么即使是再有优势也只是一种浪费。其实在我们的人生中，很多时候的成功，很多梦想的实现都需要我们的智慧以及我们的勇气。只有我们有了智慧我们才能想到别人不能想到的方法，在想到方法后只有我们有了勇气我们才能去行动，进而实现自己的梦想。勇气以及智慧对我们的人生至关重要，所以在我们的人生中，千万不能丢弃其一。

微言小语

机会面前人人均等，并不会因为哪个人特殊而有所限制。在讲求效率的当今社会，别人并不会在乎你的过程，他们所关心的仅仅是结果。所以只有我们在拥有了智慧以及勇气之后，我们才能够把握住时机，赶在别人的前面去赢得成功，去实现自己的梦想，去有所作为。在我们的人生中不管遇到怎么样的困难以及挫折，我们都不要丢失自己的智慧以及勇气，因为想要走遍天下，想要在荆棘丛生的社会中实现自己的梦想，我们一定要时刻带着自己的智慧以及勇气，让它们为我们的梦想开路，为我们的人生清除障碍。

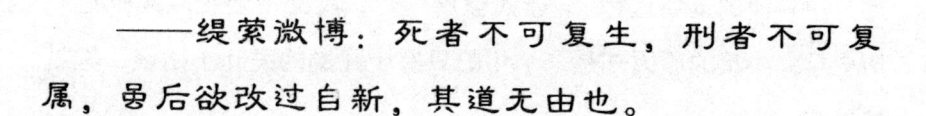

3. 缇萦

——缇萦微博：死者不可复生，刑者不可复属，虽后欲改过自新，其道无由也。

微言微语话历史

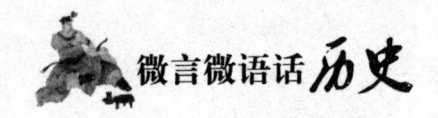

> **微博解意**
>
> ——死了的人就不会再生还,那些受了刑罚的人不可能再恢复,即使他们想要改过自新也是不可能了。

缇萦生活于公元前206年到公元8年之间,汉文帝时期人。她是西汉名医淳于意的女儿。父亲淳于意之前当过太仓令,后来就辞去官职行医济世,深受民间百姓爱戴。当时很多人从四面八方长途跋涉过来,找他求医。后来因为父亲犯事,为了救助父亲缇萦就上书汉文帝,在救助父亲的过程中展现出来的毅力和勇气,不但使父亲免受肉刑之苦,而且也使得汉文帝深受感动,最终废除了肉刑这种残酷的刑罚。

上书救父,废除酷刑

公元前167年5月,汉文帝刘恒颁发了一条诏书,内容大概是说:"现在有人触犯了王法,但是我十分同情他。本来罪当受肉刑,但是肉刑要砍断他的肢体,残害肌肤,破坏身体机能,这是相当的疼痛和不道德的,这难道是我们原来的意愿吗?所以决定废除肉刑,用其他的刑罚代替。"让人惊讶的是,汉文帝要废除肉刑这一历史重大决策的原因却是一个年龄只有十几岁的民间小姑娘,她就是缇萦。

话说在汉文帝时期,有一个叫淳于意的人,曾经担任太仓令,为官十分清廉，后来辞去了官职专心研究医术，并且到处游历给人治病。可是有一次在为一个有钱人家的夫人诊治的时候，因为那个妇人已经病入膏肓，无药可救，所以后来就去世了，当然淳于意也因为这件事情遭到了诬陷。昏庸的官吏听了别人的谗言，判他有罪，根据当时的律法他必须受肉刑。因为淳于意曾经担任过官职和普通百姓不一样不能就地正法，所以应该被押送到长安受刑。在和家人道别的时候，淳于意眼看着哭泣的家人，心里忍不住一阵悲伤，感叹着说："哎！可惜我没有生养一个男孩，在现在遇到紧急事情的时候，没有一个有用的！"在听到父亲讲这些话之后，女儿们哭得更加厉害了。这时，缇萦就走上前来对淳于意说："父亲，孩儿虽然是一介女流之辈，但是也不会看着父亲受难。我请求和父亲您一起去长安。我要上书皇上，替您洗刷冤屈。"淳于意万万没有想到缇萦如此勇敢，于是心中感到十分宽慰，但是从齐地到长安之间路途遥远艰险万分，所以他坚决不同意女儿的提议。最后缇萦只好以死相求，押解的官差也是害怕闹出人命来，只好同意带她一同前去。经过长途跋涉，他们一行人终于来到了长安。缇萦怀着一定要替父亲洗刷冤屈的决心，和对很多受刑者的同情，请人代写了一份奏章，在万般努力之下，最终将奏章递给了皇上。她大胆上书汉文帝，并且陈述冤情："我的父亲淳于意曾经担任过太仓令，并且他在当地有着清正廉洁的好名声，现在不小心因为事情受到了牵连，按照当朝律应当受肉刑。我不但为自己的父亲感到难过，也为所有受肉刑的人感到伤心。如果一个人被砍去手脚，那就等于变成了残废；被割去了鼻子，就不能再长出来，即使他们诚心悔改也是没有任何办

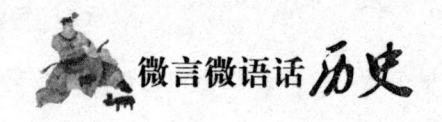

法。我情愿为奴为婢，只求能为父亲赎罪，请求皇上宽恕，让他有机会改过自新。"这封上书语气委婉，又加上缇萦年纪十分小，书信在经过好多波折之后才到达汉文帝手中，汉文帝很同情她。当时官府中的奴婢生活是十分凄惨的，她们没有任何的自由，只能一直劳作，和一般的奴隶没什么区别。缇萦为了让自己的父亲免遭酷刑，冒死上书的胆识孝心，和这种自愿为奴为婢的精神，深深地打动了汉文帝。与此同时，汉文帝也意识到，如果现在继续沿用秦代的肉刑，根本不利于社会的统治和安定。于是，他在了解了事情的原委之后，就下令免除了淳于意的刑罚，也没有让缇萦去官府当奴婢，并且还下诏废除肉刑这一酷刑，让大臣重新修改法律。同年，新的刑律修成并颁行天下。

汉文帝当时的废除肉刑的政策，既顺应了民心，又有利于国家的统治。而缇萦为父亲不怕辛苦千里迢迢去到长安为洗刷冤屈，勇敢地上书皇帝的事情，不仅为汉文帝废除肉刑提供了良好的契机，而且为天下百姓做了一件好事，最终使得肉刑被废除。汉文帝也因此成为中国历史上第一个废除酷刑的皇帝。这一举动在中国刑罚的发展史上有着重要的作用。而缇萦上书救父的故事也成为中国百姓遵守孝道的典范，因此广为流传。

今人跟贴

缇萦虽为一介女流，并且只是一个小女孩，但是在父亲遭受诬陷的时候却能够勇敢地舍身而出，陪同父亲到长安，上书皇帝，让自己的父亲免受肉刑。正是缇萦的孝顺以及大无畏的精神感动了皇帝，也让皇帝意识到了肉刑的残酷，从而废除了肉刑这种残酷的刑罚，促成了中国刑罚史上的第一次改革。缇萦的德行和勇气是不输任何男儿的，也是我们每个人都应该学习的。我们知道，人只要一直活着，就会不断地接触到新的事物，犯错也在所难免。但是犯了错误就一定要负责到底，没有人会替你收拾残局。之所以有刑罚就是要督促人们不要轻易地犯错，这样才能起到良性的作用。不论如何，任何法律的制定归根到底都是为了人考虑，有人犯错就会有人损失。我们生活的环境是一个大群体，任何的事情都会有着连锁反应。周围的人和事情很可能会影响到你，但是自己心中还是要有个标准。试着去坚持自己内心所想，不要被周围的一切那么容易地影响，做自己想做的事情，做自己想成为的人。

微言小语

人生在世，有些事情并不是我们可以掌控的，所以我们只能尽自己的力气去做自己该做的事情，从而让自己免于后悔。当然在人生的旅途中，我们每个人也都会犯错，所以对于那些犯错的人，我们应该以宽容的态度去对待他们，而不是苛责。可能在我们的生命中感觉到用宽容去对待别人只是一件微不足道的事情，但是这对于别人来说很可能就是影响他一生的大事。所以不管我们遇到什么，都应该用宽容与冷静去处理一些事情，千万不要因为自己的一时失控而酿成大错。

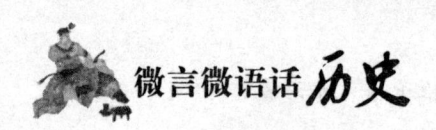

4. 孔融

——孔融微博：树有高低，人有老幼，尊老敬长，为人之道也！

微博解意

——大凡树木都有高低，人也有老幼之分。尊敬长辈，这是做人的道理。

孔融（公元153~公元208），鲁国人，字文举，东汉文学家，同时他也是建安七子之首。据说他是孔子的二十世孙，父亲叫做孔宙，曾经做过泰山都尉。孔融在少年的时候就已经很有名，曾经担任过虎贲中郎将、议郎、北海相等职，后来因为曹操的猜忌，遭到了杀害。

尊老爱幼，巧言善辩

孔融在小的时候，不仅学习刻苦勤奋，而且还善于思考。在孔融七岁的时候，有一次他的祖父要过六十大寿，那天来了很多客人，十分热闹。在寿宴期间，孔融的母亲把一盘梨子放在寿台上，让孔融拿了分给大家吃，于是他就按着长幼的次序一个个分给每个人，只有自己拿了最小的一个。他父亲看见了之后就十分惊奇，问他说："你为什么把大的梨都分给了别人，留给自己的却是最小的？"孔融觉得这没有什么，就很平常地说："大凡树木都有高低，人也有老幼之分。尊敬长辈，这是做人的道理。"他的父亲听了之后，就十分开心。

自此之后父亲每次外出前去拜客总会带着孔融一起前去。在他10岁的时候，孔融和往常一样跟着父亲去洛阳拜访友人，当时正好遇到李膺担任洛阳太守一职，孔融没有等看门的人通报就直接向李府之内走去。守门的人看到一个十几岁的小娃到处乱闯，怕得罪了太守的客人，于是急忙拉住他并问道："你是哪家的小孩，这里是太守府，不得入内！"孔融就一本正经地回答他说："麻烦请你们进去通报一声，就说山东孔融前来拜访。"守门人看他十分严肃，一时也不知道他是什么来头，于是就笑着问："小公子，你有没有太守府的拜帖？"孔融说："我家里和你家主人世代都一直保持着来往，并且还有师生的情谊，不需要什么拜帖，你只管通报就好了。"守门人也是十分识趣，害怕自己不小心怠慢了这位贵客，只好进去通报。李膺正和许多文人雅士交谈的十分开心，这时听了守门的通报之后，他一时也没有想到这位孔融和自己究竟有什么关系，只好哈哈大笑着请他进府来。孔融兴冲冲地走进大厅，他一边向主人问好，还一边拱手招呼在座的各位宾客，礼数十分周到，态度不亢不卑，让得很多人都十分惊讶。像他这样小小年纪就有如此胆识，很不常见。李膺一边客气地让座，一边还打量着这位俊才少年，心里

253

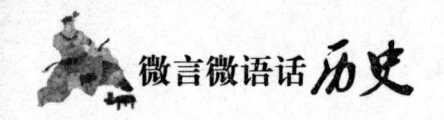

也是十分好奇：面前这个小孩他从来没有见过，但是为什么他说和自己是世交呢？于是，李膺就问道："小公子，你说我们两家是世代之交还有师生情谊，我怎么一点都想不起来啊！"孔融微笑着说："在500年前我的祖先孔子曾经向您的祖先老子请教了有关礼的事情，孔子姓孔，老子姓李，这就说明我们孔、李两家早在500年前就有了师生之谊。这样算下来我们两家难道不是世交吗！"

孔融一语惊人，在座的宾客都暗自称奇。李膺为人也十分爽快，忍不住哈哈大笑起来说："小公子你真是神童啊。"在当时只有太中大夫陈韪很不以为然，冷冷地说："人在小的时候聪明，长大之后未必会有所作为。"孔融也听出了他话中的意思，面对这样的挑战，他一点也不意外，还笑着说："这样说来，先生您在小的时候一定是非常聪明了。"这一巧妙的对答，弄得陈韪当场面红耳赤无话可说，只能坐在一旁生闷气。孔融则是目不斜视，俨然一副大人的模样，悠闲地坐在那里只管喝茶，引得众人哈哈大笑。

今人跟贴

孔融在小小年纪就知道尊老爱幼，不会为了自己的利益而损害别人的利益。在挑战面前，他也从不畏惧，而是正面迎接，以最巧妙的方式来表达自己的意思，从而得到了意想不到的收获，这是值得我们学习的地方。孔融在这样的年纪就有这样的才华和胆识，不得不让人感到惊叹。其实一个人的品行并不是天生带来的，后天的教育也很重要。所以想要自己生活得更加美好，我们就要懂得给自己创造一个良好的环境，让自己学习更多的知识，同时不废弃道德方面的修炼。也许今天我们只是迈出了一小步，但是经过这样不断地积累，总有一天会达到自己预期的目标。要知道，很多时候都没有任何捷径可走，有的只是脚踏实地，只有脚踏实地地去做，我们才能不断地接近自己的梦想。

微言小语

约束我们每个人行为的不仅仅是法律，还有无形之中的道德。法律不讲人情，它虽然是按照大多数人的意志制定的，但它也有不完善的地方。特别是我们中华民族的传统美德，在经历了时间的筛选之后，留给后人的都是精华。同样，一个民族如果想要强大就必须保护自己的文化，一个人想要强大就必须向先贤看齐。去掉世俗的浮华，去真心地寻找那些祖先们留给我们的宝贵财富，那将会是伴随我们一生的珍宝。

5. 曹冲

——曹冲微博：置象大船之上，而刻其水痕所至，称物以载之，则校可知矣。

微博解意

——把大象放在船上，在船身和水面的交界处刻下痕迹，再把装在上面的东西称量重量，就可以知道大象的重量了。

微言微语话*历史*

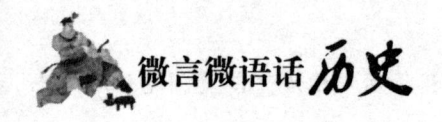

曹冲（公元 196～公元 208），字仓舒，谥号邓哀王，东汉末年沛国谯人。他是曹操的儿子，从小就十分聪明并且仁爱，与众不同，深得曹操宠爱。曹操曾经好几次对身边的大臣们夸耀他，想让他继承自己的位置。但是曹冲在未成年之前就因病去世，年仅 13 岁。后来他和甄氏亡女葬在一起，被"追赠骑都尉印绶，黄初二年追赠谥邓哀侯，追加号为公。留给后世的有"曹冲称象"的典故。

曹冲称象，善借外物

曹冲从小就十分聪慧，五六岁的时候，他的智力就和一般的成年人差不多。曾经有一次，东吴的孙权为了示好送给曹操一只大象，曹操知道之后十分高兴。在大象运到许都的当天，曹操迫不及待地带领着文武百官和小儿子曹冲一同前去观看。当时很多人包括曹操都没有见过大象，在看到大象之后，只是觉得它又高又大，光腿就有大殿的柱子那么粗。人们走近前去比了一比，连它的肚子也够不到。曹操一时兴起就对大家说："这只大象这么大，到底它会有多重呢？你们谁有好的办法来称它一称？"面对这么一个庞然大物，要如何去称重量呢？大臣们纷纷议论开了。其中一个人说："只有造一杆可以和它匹配的秤来称它。"又有人说："如果这样的话那究竟要造多大的一杆秤才行啊！再说了，就算你真的造出了那杆称，但是这个大象是活的，一直会动，你也没办法称！依我看来只有把它给宰了，切成块儿之后再一一称重。"后面那个人的话刚

第八篇 稚子篇 稚语童言 学问见识不平凡

说完,在场的所有都哈哈大笑了起来。大家说:"你这个办法,十分笨啊,为了称一下大象的重量,就把它活活地宰杀了,这不可惜吗?"大臣们绞尽脑汁想了许多办法,但是一个个都行不通,真叫人十分为难。这个时候,从人群中走出了一个小孩,对曹操说:"相父,孩儿有一个办法可行。"

曹操一看,原来是他最疼爱的儿子曹冲,于是就笑着说:"你年纪小小,会有什么好方法呢?倒是说来让我听听,看行不行得通。"曹冲把自己想的办法说给了曹操,他一听连连叫好,赶紧吩咐手下的人准备称象,然后对大臣们说:"大家一起,我们到河边看称象!"众大臣跟随着曹操来到了河边,只看到河里停着一只大船。很多人起初都看不明白是怎么一回事。曹冲叫人把大象牵到了船上,等到那个船身稳定了之后,就将船舷上和水面平齐的地方,刻了一道痕迹。又叫人把大象牵到了岸上,派人把大小不一的石头,一块一块地往船上装,船身也随着一点一点往下沉,等到船身刚好沉到先前刻下的那条痕迹和水面一样齐了,曹冲就叫人停止填装石头。大臣们一个个都睁大了眼睛看得目瞪口呆,不由得连声称赞:"好办法!真是好办法呀!"看到这里大家都明白了,只要把船里所有的石头称一下重,再把重量加起来,就知道大象有多重了。曹操自然十分开心,没想到这一个让大家为难的问题,自己的儿子就这样轻松地解决了,从此之后他更加喜爱曹冲了。后来曹操还和身边的大臣们提起要让曹冲继承嗣位的事情。可是偏偏曹冲在13岁的时候因为疾病去世了。曹操悲痛异常,这么一个优秀的儿子死于病痛,真可谓是世事难料啊!

微言微语话历史

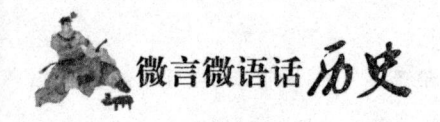

今人跟贴

擅长借用外物，来达到自己的目的，这正是曹冲的高明之处。他虽然只是一个小孩，却能用自己的聪明才智解决问题，不得不说是一个天才式的人物。可惜的是他少年薄命，在13岁就夭折，可谓是天妒英才。有人说优秀的思维能让人事半功倍，懒惰的思维只会引人进入地狱。有人说过如果我不会思考，那么我的生命也将结束。也许生活太过安逸没有丝毫波折，这会让你一直放松自己，懒于动脑。懒惰是毒药，它会让人失去热情，失去斗志，失去理性，最后只能自暴自弃，逃避现实。所以杜绝懒惰，做一个勤快的人、勤于思考的人，那样你会发现所有的一切都是清晰可循的，并不是没有规律一团乱麻。任何事物都以自己的方式存在着，你不了解并不代表它不存在。只有在了解了事物存在的规律之后，你才可以运用规律，让它向着有利于自己的方向发展。

微言小语

曹冲以自己的聪明才智，解决了难题，但是很多人有没有想一想，为什么他会想到这样的方法，而我们很多时候都想不到。其实我们跟曹冲之间并没有多大的区别，如果硬要说区别那就是在于思维方式。我们每个人都有着不同的思考方式，所以会造就不同的结果。所以，在我们遇到困难的时候，不妨试着换个角度，这样或许困难就会迎刃而解；在做事的时候有了挫折，就多思考多动脑筋，其实有时候很多事情并没有我们想像中的那么难，只是我们不了解规律罢了。

6. 何晏

——何晏微博：晏乃画地令方，自处其中。人问其故，答曰："何氏之庐也。"

◆微博解意◆

——何晏于是就在地上画一个方形，自己待在里面。有人问他为什么这样，他回答说："这是何家的房子。"

何晏，生卒年不详，字平叔，南阳宛人。在三国时期，很多文人十分崇尚玄学，他也是魏国的玄学家之一。何晏的父亲去世得很早，之后曹操就纳了他的母亲尹氏为妾，他就这样被收养了。因为自身的聪明才华，何晏很是受曹操的宠爱，在当时也有一点名气。他本人很喜欢老子、庄子的哲学。后来何晏和夏侯玄、王弼等倡导玄学，经常一起聊天谈论。在当时玄学风靡一时，何晏也成为魏晋玄学的创始者之一。但是他的仕途一直不是很顺利，在文帝的时候并没有授予他官职，后来明帝，一直到曹爽执政的时候，因为关系才得到了重用。他的主要著作有《论语集解》十卷、《道德论》二卷等。

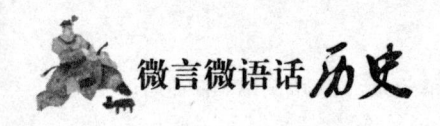

寄人篱下,不忘根本

三国时期是一个战乱的时代,形成了鼎立的局面。故事没有发生在吴地,更没有在蜀营,而是在魏国曹操的家中。曹操虽然天生多猜疑,可是他也喜欢广揽人才为自己所用,大凡有才之人,他都是不问出身,对于身边的女人也是这样。在征战的过程中,只要被俘获或者被杀的官员的家眷中,有他看中的,他就会纳来做自己的小妾,也不认为这样做有什么不妥当的地方。当时何晏的母亲尹氏就这样被曹操看中了,同时因为何晏年幼,尹氏自己一个人没办法养活他,所以万般无奈之下就改嫁给了曹操,何晏也跟着自己的母亲一起去了魏王府,成了王子。

何晏随着母亲尹氏刚到曹府的时候,年龄还很小,他天生看起来伶俐可爱,曹操十分喜欢他,一直想让何晏改姓当自己真正的儿子,原本以为何晏年龄还小,不懂事,会很容易融进曹家,成为曹家的一分子。但是何晏虽然年幼,却很清楚自己的处境,他个性倔强不容易被笼络,在他得知曹操想要收他为义子之后就在曹府的地上画了一个小块方形,自己一个人待在里面不出来,同时也不许别人进去。如果有人踩到了就会被他赶走,谁要是想进去他那里就必须通报。别人看了之后就十分好奇,问他为什么这样做,他说:"这是我何家的房子。"于是在曹府之中,他一直有着这么一个只属于他何家的地方。

但是生活并不是那么如意，何晏这个从外面来的王子经常受到欺负。曹操的大儿子曹丕特别讨厌何晏。有一次在所有的小孩子们出去游玩的时候，曹丕一边打着呼哨跑得飞快，一边对着落后自己的何晏喊道："喂，假子！跑快一点！"在他的眼里，何晏连名字也没有，他只是相父收养的一个小妾的孩子。何晏就在这样的环境中长大，虽然可以不担心温饱，可是他的心里一直都认为自己是何家的孩子。

何晏觉得自己一定要有所作为，这样之后他就可以名正言顺地做何晏，而不是曹家的王子。同时他也十分热爱老庄的哲学，认为自己很有学问，还经常找一些朋友在家里谈论政事，尤其喜欢发一些玄谈怪论，主要谈论用道家修身治国的思想和自己的一些感悟。由于生活环境一直十分复杂，何晏的个性让人很难捉摸。在曹家这个复杂而又强悍的家族里面，他不甘示弱，不愿意落在人后，希望自己在政治上有所作为。但是因为他天生外表清秀，所以看起来一副文弱书生的样子，就经常不被人信任，这使得他不得不依附强势的人物。在后来金乡公主嫁给他之后，他的这种情况也没有什么改变，但是在心底里还是很在意自己的童年时期。明帝执政的时候，因为他浮华的个性，并没有授予他十分重要的官职，只是给他一个闲官做一下。后来曹爽继位之后，因为他和自己的一帮朋友在当时都是曹爽的宾客，因此受到重用，曾经先后担任侍中、吏部尚书等，后来还赐予他侯爵。在司马懿篡权之后，因为他依附曹爽而获罪被杀。

微言微语话历史

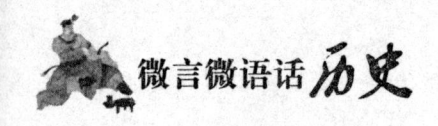

今人跟贴

何晏小的时候一直生活在曹家，过着寄人篱下的日子。后来逐渐长大之后，因为才识受到曹操的赏识。曹操想要让他加入曹家，改名换姓，但是被他断然拒绝了。虽然那样可以拥有荣华富贵和美好的前程，可他始终记得自己是何家的人，这是一种精神的归宿，并不是任何物质能够换取的。由于不同的人生经历从而造就不同的性格，有了差异才会有冲突，但是在冲突的时候还是希望问题能够得到解决，这才是关键。不要因为害怕冲突而一味地隐忍，大胆说出自己心中的想法，相信很多人还是能够理解的。人本来就是在不断地改变中慢慢成长起来的，并不会一蹴而就，每个人都有着自己的经历。遇到事情不要自己闷头一直乱想，这样只会让自己陷入死角。想想别人是怎样做的，你会从中得到收获。

微言小语

现实生活中，很多人为了自己的利益而争得头破血流。更可悲的是一些人给自己打上一个标签，表明自己是"海归""富二代"等。这一系列的标签并不代表什么，最重要的是每个人都应该有自己的原则，不要被一种浮华的东西诱惑了心灵。

7. 诸葛恪

——诸葛恪微博：昔姜尚父年九十，秉旄仗钺，未尝言老。今临阵之日，先生在后；饮酒之日，先生在前：何谓不养老也？

微博解意

——想当年姜太公在九十多岁的时候，还带兵打仗没有说自己老了。现在前线还在打仗，您却是安歇在后方，饮酒吃饭。敬您在前，怎么能说这是不敬重您呢？

诸葛恪（公元前203~公元前253），字元逊，琅邪阳都人。他是三国时期吴国的臣子，但是他有另外一个身份，蜀国丞相诸葛亮的侄子，吴国大将军诸葛瑾的长子。从小就因为聪明机智而被称为神童，很得孙权的赏识，在弱冠之年就拜官骑都尉。当初孙登为太子的时候，诸葛恪担任左辅都尉，为东宫幕僚领袖。他还曾经担任过丹杨的太守，平定了山越之地。在陆逊病逝之后，诸葛恪就率领他的部下，担任大将军，主管上游军事。孙权在临终前让孙亮重用他。孙亮继位之后，诸葛恪就一直掌握着吴国的军政大权，在初期他还改革了政治制度，并且率领军队抵抗魏国取得了东兴大捷，在

263

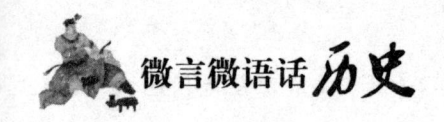

军队中很有威望。但是在这件事情之后诸葛恪就开始刚愎自用，轻视敌兵，大举兴兵伐魏，在新城兵败损失惨重。回到军营之后为了掩饰自己的过错，就变得更加的独断专权，后来被孙峻联合孙亮一起设下计谋杀害，惨遭灭门之祸。

从容应对，巧舌如簧

诸葛恪在少年时期因为聪明才智而远近闻名。在他弱冠之年就已经拜官骑都尉，和当时的顾谭、张休等人在太子身边做事，并成为了他的宾客。话说诸葛恪的父亲诸葛瑾因为脸孔长得十分狭长，很像驴脸，所以有时候遭到人们的奚落。有一次孙权召集大臣，他派人牵了一头驴子进来，并且在那头驴的脸上挂了一个标签，写着"诸葛子瑜"。这时候诸葛恪连忙跪下来说："恳请大王赐给我一支笔来增加两个字。"于是孙权就给了他一支笔。诸葛恪接下去写上："之驴"。在场的人看了之后都暗自点头称赞。于是孙权就把那头驴赐给了诸葛恪。后来还有一次孙权在偶然中遇到诸葛恪，于是他就问诸葛恪说："你的父亲和叔父谁更高明呢？他回答道："肯定是家父更优秀。"孙权就问他原因，他说："家父懂得侍奉贤明的君主，但是叔父却不懂得这个道理，所以家父更加高明。"孙权听后又是大笑。

曾经有一次孙权宴请群臣，在席间就让诸葛恪行酒令，等到了张昭的面前，因为张昭在先前就已经喝了很多酒了，所以他不肯喝，并说到："这可不是对待长辈的礼数啊！"孙权于是就对诸葛恪说"你如果能够让张昭无言以对，就让他把酒喝了。"于是诸葛恪对张昭说："想当年姜太公在九十多岁的时候，还带兵打仗没有说自己老了。现在前线还在打仗，您却是安歇在后方，饮酒吃饭。敬您在前，怎么能说这是不敬重您呢？"张昭听后知道自己辩不过他，没办法推脱，只好把酒喝了。

后来蜀国派使者前来与吴国结好，当时群臣汇集在一起，孙权就对使者说："这可是让诸葛恪得到一匹好马的使者啊，请回去告诉丞相诸葛亮，请求赐给诸葛恪一匹好马。"诸葛恪就出来感谢孙权，孙权说："马还没有到你面前，你现在为什么要谢我呢？"诸葛恪就回答说："蜀国现在就像是您的宫外马房一样，现在您说要赐给我马匹，他们就一定会给我的，我怎么敢不谢您呢！"这件事情之后，孙权对诸葛恪有了新的认识，就想着应该交代一些事情来让他做，试试他是不是真的像自己嘴中说的那样有本事，让他担任节度。在当时节度是掌管军中粮草的官职，文书工作非常烦琐杂乱，这并不是他所擅长的。诸葛恪在军中待久了，也是觉得十分无聊。他一直认为丹杨那个地方山势险峻，民风十分彪悍，虽然以前在那里征发过士兵，但征发的只不过是它边缘一些县城的平民百姓，一直没有机会接触到那里有深远见识的能人。于是，他决定前去那里征兵，并多次向孙权请求让他担任丹杨的地方官，想去把那里的兵员全部都调发出来，并且还说，只要孙权给他三年的时间，他就能够征到四万甲等士兵。当时这件事情也在朝中引起了轩然大波，很多官员议论纷纷。大家都一致认为丹杨这地方地势险阻，有着天然的地形优势，是一个非常好的交通中枢转接地，再加上那里的百姓

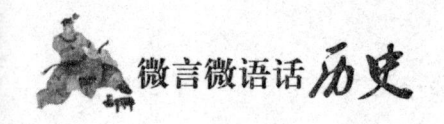

大都能炼制兵器，崇尚武学，并且还听说有很多人跑到山里当了强盗，以前朝廷也多次派兵前去镇压，但是他们看到官兵之后就躲到山中不见踪影，自从汉朝以来就一直没有办法管制他们，所以这样推断下来诸葛恪的计划很难成功。他的父亲诸葛瑾知道这件事情之后，也认为此事十分艰难，就叹息着说："诸葛恪不会使我诸葛家兴旺，反而很可能会让我家遭受灾祸啊！"后来孙权还是被他说动，就让他担任抚越将军。诸葛恪到任之后，先采用了武力围困和招抚并用的计策，随后，就开始调集各路将领，派兵守在险要的关口，开始修筑围困工事，但是一直按兵不动，同时又下令士兵全部抢收田野成熟的稻谷以备不时之需，使得山越人新谷颗粒无收，以前的屯粮也已经吃完，因此而被迫出山归降。这个时候他就下令说只要迁到外县的山民，官府一律不得随便怀疑他们，也不得拘禁他们。当时有个叫周遗的山民，因为过去横暴经常为恶，如今被迫无路可走，只好出山，但是他仍然心存异志，准备伺机为乱。臼阳县的县官胡伉在得知他有这样的想法之后，就把他绑送到郡府。诸葛恪认为这是胡伉违反了"不得拘禁山民"的教令，于是就将胡伉斩首示众。山民们在听说这件事情之后，都前来归降。三年之后，诸葛恪先后收服山民多达10万之数。孙权得知此事之后，嘉赏诸葛恪的功绩，派尚书仆射薛综去军中慰劳他，并拜诸葛恪为威北将军，封都乡侯。

之后诸葛恪官运亨通，特别是在取得东兴大捷之后，后来孙权病故，他辅佐孙亮，在期间做了很多政治上的革新。可是诸葛恪在位高权重之后，就开始得意忘形了，后来被孙亮设计杀害，株连三族。

第八篇 稚子篇　稚语童言　学问见识不平凡

今人跟贴

诸葛恪是一个既聪明有才又有点刚愎自用的人，但是也是因为这样他才得到孙权的重用，取得后来的成绩，也为后来的株连三族埋下祸根。他本身礼法观念比较淡薄，善于言辞，经常和孙权开玩笑，以致很多人当场捧腹大笑。一定的自信会让你的生活变得容易起来，但是过于自信就会显得自大，这样被虚荣充斥内心，危机就会到来。

微言小语

我们应该中肯地对自己做一个评价，好的方面继续保持，差的方面尽量弥补，这样才能向着好的方向不断前进。而不是在取得了一点成功之后就开始沾沾自喜，夸大荣耀，从而蒙蔽了自己的双眼。外界有太多的诱惑在等着你，如果谁能够最终在诱惑之中坚持自我，谁才会是最后的赢家。任何事情都有着因果关系，在做一件事情的时候，一定要想清楚后果，虽然那种不可预知的结果会让人大感意外，但是要有一定的感知范围。事情在一个可控的范围内，那样才能承受结果。

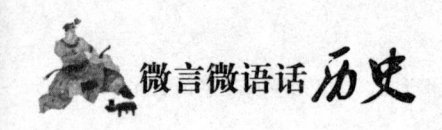

8. 王戎

——王戎微博：树在道边而多子，此必苦李。

微博解意

——这李子树就长在路边但却结满了那么多果实，其果实必定是苦的。

王戎（公元234～公元305），字濬冲，琅琊临沂人。他是西晋时期有名的大臣，曾经官至司徒、封安丰县侯。他是魏国幽州刺史王雄的孙子，晋凉州刺史王浑的儿子，世代为官。同时他也是"竹林七贤"中年龄最小的一位。他从小就十分聪明惹人喜爱，身材并不是十分高大，但是却很有风度气质。

察言观色，明哲保身

王戎小的时候，有一次和其他小朋友出去游玩，看到了路边有一棵李子树，在枝头结满了新鲜的李子，多到都把树枝压断了。很多小朋友看到之后，就争着跑到树下摘李子，只有王戎一个人不动。有人问他为什么不去摘李子？他说："这李子树就长在路边但却结满了那么多果实，其果实必定是苦的。"后来别人摘来果实一尝，果然如此。幼年时期的王戎不但十分机灵，同时他也很是大胆，在其六七岁的时候，当时魏明帝把一只去掉爪牙的老虎放在广场之上，让众人前来观看。王戎也跟着去看稀奇。突然，笼子中的老虎大吼一声，似乎震得大地都抖动起来了。围观的人听了之后，吓得四散逃走，但是王戎却是一动不动地站在那里，神态十分自然，好像什么事情也没有发生过一样。魏明帝在酒楼之上看到这一幕之后，就十分惊奇，为什么这个几岁的小孩子一点都不怕，同时他也为这个小孩的胆量深深折服。

王戎和自己父亲的朋友——年长他二十四岁的阮籍交好。当时阮籍和王浑同为尚书郎，有一次他造访王浑的时候说："和您一起聊天，还不如和王戎一起自在惬意。"后来王浑去世之后，他的旧交好友想要赠钱百万，但是被王戎拒绝，因此得到众人的好评。王戎本人擅长清谈，因精辟的品评和鉴赏而著称，他继承了自己父亲的贞陵亭侯，而被司马昭任命为掾属，历任吏部黄门侍郎、散骑常侍、河东太守。在公元276年，迁升荆州刺史，四年又改为豫州刺史，加建威将军。咸宁五年十一月的时候，晋武帝开始讨伐吴地，王戎派遣参军罗尚、刘乔领军进入吴地。吴地江夏太守刘朗投降，他因此立了大功，升迁为安丰县侯，增邑六千户，人称王安丰。后来因为家中母亲去世而辞官，在家守孝。

在当时，王戎是有名的孝子，他与和峤同时丧亲。王、和二人都是当地出了名的孝顺之人，此时王戎因为给母亲守丧，好多天都没有怎么吃饭，瘦得皮包骨头，几乎支撑不住自己的身体；和峤因为伤心就一直哀号哭泣，所做的一切都合乎丧葬的礼仪。晋武帝司

微言微语话**历史**

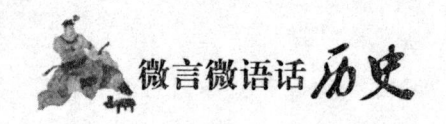

马炎知道之后就对刘仲雄说："你经常去看望王戎和峤吗？我最近听说和峤十分悲伤，这让人很担心。"刘仲雄就回答说："和峤虽然礼数十分周到，但是他的身体和精神并没有受到任何损害；王戎虽然没有拘于守礼法，但是因为哀伤过度已经体力不支，瘦得皮包骨头了。所以我认为和峤是十分孝顺，尽了作为后辈的礼数，没有因此损坏自己的身体，但王戎却是用自己的生命在尽孝道。陛下您不必担心和峤，而应该为王戎担心呀。"

王戎的族弟王敦在当时十分有名，但是王戎却知道他的弱点。每当王敦到他家里来拜访他的时候，王戎都是借故推脱不肯见面，这样做只是想和王敦划清界限，以免以后东窗事发有所牵连。后来，王敦的野心逐渐开始出现，他计划叛乱，但是被镇压了下来，因此也遭到了灭门之灾。但是之前王戎一直和他没有什么交往，因此也就没有受到责罚。在孙秀担任琅琊郡吏的时候，王戎就觉得孙秀并非一般之人，以后肯定会有大的作为，于是劝诫自己的弟弟王衍不要轻易得罪孙秀。果然孙秀在后来得志，当时很多的官员因为先前得罪他而被杀害，唯独王戎和王衍安然无恙。正是他的眼光独到和有舍有得，才使得他在祸事发生之后，能够大难不死地避过一劫又一劫，不得不佩服他的聪明才智。

今人跟贴

王戎生在一个战乱四起的时代，虽然他少年时期就很有名望，但是他的一生也是在多种选择之后，才步入正轨的。为官在朝，很多事情都是身不由己，正是因为他独到的眼光和见识，善于察言观色，能够随机应变，使得他一次次地为自己化解灾祸，最终得以明哲保身，辞官退隐。面对每一个十字路口，都是一种艰难的抉择，每个人都想走那个最容易、最安全的，可是又有谁知道哪条是最好的。在这样一个不可预知的人生旅途之中，我们经历了喜悦、恐惧、迷茫、清醒，等等。虽然生活中充满变化，但是始终会有好的事情出现。能在选择错误的时候及时改正方向，调整好心态继续前行，才会赢得这场人生。我们都不希望被统一化，那么就各自去寻找自己的人生，即使在老了之后，也会有珍贵的回忆。

微言小语

人生就像一场戏，每个人在这个戏中都有着自己的角色，但是很多人不见得会把自己扮演好，这需要技巧和智慧。善于观察周围的人，会发现其实戏如人生，陶醉在其中的并不是众人，而是众人搭建的这个大舞台。在自己了解了这一切之后，才会慢慢发现，生活的本意只是乐在其中，我们既是观众也是演员。